U0899119

构建和平

从欧洲协调到联合国

BUILDING PEACE

From the Concert of Europe to the United Nations

贾烈英◎著

时事出版社

图书在版编目（CIP）数据

构建和平：从欧洲协调到联合国/贾烈英著．—北京：时事出版社，2013.6
ISBN 978-7-80232-616-3

Ⅰ.①构… Ⅱ.①贾… Ⅲ.①国际组织—研究—世界
Ⅳ.①D813

中国版本图书馆 CIP 数据核字（2013）第 113184 号

出版发行：时事出版社
地　　址：北京市海淀区巨山村 375 号
邮　　编：100093
发行热线：（010）82546061　82546062
读者服务部：（010）61157595
传　　真：（010）82546050
电子邮箱：shishichubanshe@sina.com
网　　址：www.shishishe.com
印　　刷：北京昌平百善印刷厂

开本：787×1092　1/16　印张：19　字数：274 千字
2013 年 6 月第 1 版　2013 年 6 月第 1 次印刷
定价：52.00 元

本书受中央高校基本科研业务费资助
北京语言大学出版基金资助

此书献给我的母亲

序

跨越理论范式的国际制度研究

秦亚青*

《构建和平—从欧洲协调到联合国》是作者经过多年的积累研究、修改充实而成。本书的主题是探讨国际制度与国际无政府性的关系，并结合三个经典案例——欧洲协调、国际联盟和联合国进行实证研究，论证了国际制度对弱化无政府性、加强国际合作所起到的作用。

一

合作是人类迄今为止未能解决的问题。宇宙万物之间为什么能够进行合作，如何进行合作，这是一些根本性的问题。我们看到人类在日常生活中表现出诸多合作行为，也看到自然界各种各样的合作。当然，无论在人类社会还是自然界，能看到许多的冲突甚至残酷的战争。人们需要明白，为什么会有合作，为什么会有冲突，然后才能够有针对性地促进合作、减少冲突。在国际关系领域，这些问题也就成为国家为什么合作、如何进行合作的原因。这从一个侧面反映了人们对合

* 秦亚青：现任外交学院党委书记、常务副院长，教授，博士生导师。

作问题的思考和探索。合作是国际关系学界的重大课题，更是人们的一种希望和理想。

无政府性是国际关系理论的一个重要假定，基本定义是没有集中的权威权力机构。每当提到国际关系的基本性质，许多学者使用无政府性或是无政府状态来加以界定。这也就是霍布斯描述的“丛林状态”，亦即“弱肉强食”或是“每个人反对每个人”的战场。西方国际关系学界大多将国际体系和国内体系分割开来，认为国际体系是一个典型的无政府体系，因为在这个体系中，没有权威的政府可以对其进行管理，也没有权威机构对国家之间的事宜加以有效管理。既然没有一个强大的足以治理“丛林”的利维坦，国家只能靠实力说话，靠实力争得国家利益。

但同时，人们也发现，即便是在国际关系这样的“霍布斯丛林”之中，也存在合作，在你死我活的敌人之间也表现出合作行为。比如，冷战时期的苏联和美国，一方面展开了激烈的核军备竞争，双方都拥有可以毁灭世界数次的核武器，但同时也签署了一系列限制核武器的协定。对于无政府状态下合作问题，虽然已有许多研究成果，但是仍然没有一个使人们感到十分贴切的完整答案。所以，无政府条件下的合作问题仍然是学界关注的重大问题。

二

从国际关系理论发展的历史轨迹来看，国际关系的主流理论学派都试图对无政府状态下合作问题做出回答。现实主义认为，权力促成合作。现实主义并不否认国际合作的存在，也不完全否认国际制度的作用，但认为权力造就制度，制度促成合作。没有权力，也就没有制度以及制度性合作。无政府性是国际关系的基本特征，标志就是“丛林”原则。这是国际体系不同于国内体系的根本所在，因此也是国际关系的第一推动力。国家生来就处于弱肉强食的霍布斯文化状态，这种状态是无法改变的先验存在。正因为如此，国家之间的冲突是第一性的，合作是第二性的；冲突是绝对的，合作是相对的。现实主义学者克拉斯纳在研究国际机制的时候，将国际机制界定为干预变量。这虽然弱化了强现实主义者的观点，但毕竟国际机制与国际权力结构是毛和皮的关系。国际机制固然可以在权力结构允许的情况下起到促进合作的作用，但权力结构是根本。一旦权力不存，机制自然失效。

新自由制度主义则认为制度本身可以促成合作。这就在国际合作问题上与新现实主义发生了根本的分歧。以基欧汉的著作《霸权之后》为基本标志，新自由制度主义提出了国际制度可以在促成国际合作方面发挥重要的作用。首先，国家需要合作。在国际体系之中，国家都需要实现国家利益，而国家利益的实现在合作环境中更容易实现。其次，国际制度不仅仅是权力的附属品，而且也是国际体系成员需求的物品，由于需求存在，即便在没有霸权的条件下，国际制度也会得以维护和发展。再次，国际制度规范了国家行为，提高了信息透明度，降低了交易成本，因之促成了国家之间的合作。

新自由制度主义提出了国际制度促成合作的基本命题。其后展开了一系列的研究，验证这一基本命题是否成立、是否具有高效度等问题，产生了一大批优秀的研究成果。后来建构主义崛起，提出了国际制度不仅仅约束国家行为，而且建构国家身份的命题。认同成为国际合作的一个基本要素。也就是说认同促成合作。如果国际社会成员具有高度的认同感，这个社会就成为一个康德文化主导的社会，社会成员之间的关系特征是友谊，合作也就成为这种身份的衍生物，是自然而然的事情。

无论是权力促成合作、制度促成合作，还是认同促成合作，都是国际关系研究中对无政府状态下合作的研究成果，反映了人们对合作问题的不同认识。目前，国际合作仍然是国际关系研究中的重大问题，也是国际关系理论争论的一个焦点。

三

从改革开放以来，尤其是20世纪90年代之后，国际制度在中国成为重要的研究领域，出现了不少优秀的研究成果，反映了中国学者对国际制度的认识和解读。作者长期致力于国际组织的研究，同时作者的工作单位北京语言大学是国内学术界从事联合国研究的一个重镇。本书是一本理论检验型的著作，通读全书可以发现下面几个特色：

第一，跨范式的理论取向。我认为这是本书最大的一个特点，也是中国学者不拘泥于一种理论、探讨理论间研究的一种尝试。从书中可以看到，作者借鉴了制度主义的基本假定，认为国际制度可以弱化无政府性，加强国际合作；使用了建构主义的概念，将认同视为合作的重要因素；也考虑了现实主义的权力平衡理论，将其视为合作的重要因素之一。所以，书中有现实主义的权力均衡概念，有自由主义的制度概念，也有建构主义的认同和规范概念，目的都是为了分析国际制度如何弱化无政府性的问题。这种结合的使用，反映了一种不受理论范式束缚的研究路径。最近希尔和卡赞斯坦专门出版了《超越范式：世界政治中的折中主义分析方法》一书，对超越范式、跨范式研究予以高度评价和系统分析。

第二，变量关系清晰。作者运用实证主义的方法，验证影响国际制度发挥作用的主要因素。他主要分析了国际权力分配、国际规范与国际制度有效性的关系，认为权力结构均衡与否，大国认同度的高低是决定国际制度有效与否的关键变量。权力结构与国家认同的不同结合，影响了制度效力的高低。如果以Power1代表权力均衡，Power2代表权力不均衡，Identity1代表大国认同度高，Identity2代表认同度低，那么决定国际制度有效性高低的结构组合将以下面的方式排列，$P_1I_1>P_2I_1>P_1I_2>P_2I_2$。影响国家认同度的因素是国际规范的性质，制约性规范只影响国家的行为，而构成性规范建构国家的认同，制约性规范离不开权力的支撑，而构成性规范可以在权力不足的情况下单独发挥作用。

第三，案例选择精巧，史料驾驭娴熟。我们知道国际制度的研究千头万绪，经验世界丰富多彩，如何精准的剪裁设计，需要匠心。作者选择了在国际安全领域验证国际制度的有效性，因为在这一领域国际制度发挥作用更加困难。如果在高级政治领域弄清了国际制度发挥作用的条件，那么更有助于在低级政治领域的解释。欧洲协调、国际联盟和联合国是国际组织的肇始者、中继者和集大成者，考察它们发挥作用的条件很有代表性，作者对三个案例的解析如庖丁解牛，层层深入，从中可以看出他对史料运用驾轻就熟的能力。

第四，国际法与国际关系理论的结合。国际关系是一门综合学科，从它诞生之日起就集历史学、政治学、哲学、法学于一身，今天其跨度在广度和深度上日益向前推进，产生了国际政治经济学、国际政治心理学、国际政治社会学、国际政治语言学等交叉学科。这当中国际法与国际政治的综合也是一个很有希望的发展趋势。作者熟悉国际关系理论，他运用国关主流理论的多种视角，结合国际组织的功能与演变，挖掘深嵌的规范，验证国际制度的效力。这说明国际关系学科是一个开放性的学科，其实任何学问不都是如此吗？“问渠那得清如许，为有源头活水来。”学术的过程就是一个创新的过程，因为它永远是一个开放的过程，以开放的心态汲取各种营养，以开放的心态生产各种知识。

国际关系研究中，有老问题，也有新困惑；既有老方法，又有新工具，问题与方法的选择与学术的大环境分不开，更与学者的个性息息相关。贾烈英是我第一届的博士生，他的求学和生活道路也使我深受感动。作者对和平的偏爱，既契合国际政治的主题，也体现了他对人生的感悟。这些年来，他克服生活上的重重困难，坚持自己的学术理想和志向，在生活、工作和学术上不断取得进步，我感到由衷的高兴。希望他在学术的道路上思想与技术并重，风骨与气韵共存，有更多的好作品问世。

2013年1月1日于京西厂洼

目 录

前 言

一、问题的提出

20世纪是人类历史上充满了劫难的一个世纪。第一次世界大战、第二次世界大战、冷战都发生在这一时期。不记得哪位专家说过，国际安全对于人类就像氧气一样，只有缺少了它才懂得它的宝贵。实际上人类社会自从有史以来，安全一直是一种稀缺资源。尽管不同时期，安全的主要行为体并不一样，安全的内涵与追求安全所用的手段也并不一样。

国际冲突、国际战争、世界大战是对国际安全的最大威胁，国际暴力的不断升级也就是国际安全的不断恶化，是国际无政府性的逐步提高。在世界大战期间，主权国家到了生死存亡的关头。古往今来，人们一直在苦苦研究着人类冲突的深层次原因，比较冲突所发生的不同环境，并试图提出各种秩序方案以维持国际和平与安全。

国际政治的众多理论流派，对国家间冲突与合作的看法有着很大的不同。现实主义、革命主义偏重于认可国际体系的冲突本性，而自由主义、建构主义强调合作的需要与可能。实际上冲突与合作、变迁与稳定，是任何社会关系的共有属性，国家间关系也是如此。法国学者雷蒙·阿隆如是说：“国际关系有别于其他社会现象的根本要素，即是各国诉诸自身武力的合法、合理性，所有高等文明的社会关系中，只有国际关系承认暴力为正常行为，国际社会缺乏一个合法垄断暴力的最高当局。缺乏一个国际警察或国际法庭，从而造成许多自我决定的中心，造成一种和平与战争的持续或交替。"[1] 这也就是我们常说的国际关系处于无政府状态，国家之上没有一个统一的中央权威。这一事实被霍布斯、华尔兹等现实主义学派所格外强调并赋予了永恒的意义，而其他学派的学者却不以为然。

一部国际关系史就是一部战争与和平循环交替的历史。这当中战争的烈度与范围在不断扩大，尤其是核武器发明以来，其巨大的杀伤力所造成的恐惧始终是人类社会挥之不去的，而2001年"9·11"事件以来，国际恐怖主义的猖獗更使人们担心国家对合法暴力垄断的失控。在战争的巨大阴霾中，有识之士积极思考维持和平、控制冲突、削弱国际社会无政府性的良策。现实主义者诉诸均势，马克思主义者寄希望于消灭剥削阶级和铲除私有制，建构主义强调观念与认同所造成的不同的无政府逻辑。反思1648年以来的国际关系史，自从主权原则被承认并逐渐普及以来，主权国家如何相处？要不要遵守共同的规范、原则，要不要建立并维持某种制度？建立什么样的制度，它的基础是什么？如何维持制度的有效性，克服局限性？这些问题到目前也没有清晰的答案。

现代类型的民族国家发源于欧洲，欧洲从17世纪以来在300年间一直是国际政治的中心，欧洲给世人带来了工业革命、主权原则、国际法，也带来了权力政治、殖民主义和无休止的战争。国际社会从欧洲到全球的拓展包含了太多的含义，这当中伴随着经济的全球化也带来了无政府状态的全球化，带来了其他区域秩序的瓦解，东方式的"鸡犬之声相闻，民将老死不相往来"田园诗画荡然无存。1618—1648年，在30年战争的废墟上，中世纪的教权独尊让位于神授的君权。建立在均势基础上的威斯特伐利亚体系标志着一种新的国际秩序的开始，这种秩序的性质是主权约定下的无政府体系，各国存在着主权共识，亦即温特所说的"霍布斯自然状态中不是杀人就是被杀的逻辑已经被

① 转引自风笑天：《西方社会学理论》，南京大学出版社1997年版，第56页。

洛克文化无政府社会的生存和允许生存逻辑所替代”。[1] 这种体系的性质至今依然未变，但国际秩序的形式已经面目全非。

1796—1815 年的拿破仑战争，是一场打破均势与恢复均势的大搏斗。战争的结果是法国称霸的企图彻底失败，欧洲建立了英、俄、普、奥主导的维也纳体系。这种体系建立在新的均势基础上，法国又回落到一个普通国家，成为均势体系中的一环，被其他四强所接受。维也纳体系与威斯特伐利亚体系比起来有两点不同：其一是大国协调制度，五大国约定，通过定期会议以维持欧洲和平，这无疑是朝向建立国际组织的第一步；其二是有一种明确的共同信念，尤其为神圣同盟所体现的强烈的道德色彩，即维护君主的正统政权和基督教教义，反对革命运动和民族独立运动并相约互相支持。而威斯特伐利亚体系正是在抛弃中世纪道德与宗教束缚，信奉国家至上的基础上建立的，这一点可引当时法国大主教、首相黎塞留的话为证：“人可不朽，救赎可待来日。国家不得永生，救赎唯有限下，否则万劫不复”。[2]

欧洲协调在实践中，尽管充满了结盟、背叛、挑拨离间，但这种制度在维持欧洲的稳定上无疑是有效的。有的学者认为欧洲协调带来了欧洲的百年和平（1815—1914 年）。虽然克里米亚战争和德意志第二帝国建立的过程中曾短暂地破坏了欧洲协调，但动荡过后，欧洲又复于均势。德国首相俾斯麦更是小心翼翼、费尽心机地维持这种多极均势，欧洲始终没有爆发体系性的战争。随着德国势力的逐步上升，俾斯麦的后人没有能力也没有意愿再维持欧洲的复杂均势，后来终于酿成了第一次世界大战。在这当中欧洲协调作为一种制度遭到遗弃是引发一战的一个重要原因，虽然 1899 年和 1907 年召开了两次裁军会议，但“1907 年在海牙召开了第二次和平会议，制定了尽可能人道的战争

① 亚历山大·温特著，秦亚青译：《国际政治的社会理论》，上海人民出版社 2000 年版，第 350 页。

② 转引自亨利·基辛格著，顾淑馨、林添贵译：《大外交》，海南出版社 1991 年版，第 42 页。

行为准则。准则非但没有阻止战争，反而承认了战争的合法性”。[①]

一战爆发前的欧洲，到处弥漫着好战的狂热，正如约瑟夫·奈描述的，“在 1919 年时，战争被认为是不可避免的，社会达尔文主义观点进一步支持了这种宿命论的观点。社会达尔文主义者认为，人们应该欢迎战争，因为战争就像暴风雨一样，可以净化空气”。[②]

第一次世界大战以欧洲人没有想到的方式结束了。首先它是一场全面的持久战，不是以前战争的翻版；二是美国人跨过大洋，介入这场战争才保证了协约国的胜利；三是俄国发生了革命，建立了社会主义政权并退出了当时的欧洲体系。这几种因素都对一战后的国际秩序产生了深刻的影响。因为美国崛起，所以它对战后建立什么样的秩序有很大的发言权。可以说凡尔赛体系是美欧战胜者妥协的产物，美国人决心按照自己的样子改造世界，从此开始了美国国内制度国际化的过程，国际联盟是第一个世界性的全面的国际组织，反映了美国人的价值观，即外交公开、民族自决、反对权力政治、反对割地赔款、坚信国际组织、国际法和集体安全的作用。

国际联盟是集体安全机制的一次实验。它从成立伊始就注定了失败的命运。从某种角度上讲它是一个早产儿。首先凡尔赛—华盛顿体系本身就是非常不稳定的，欧洲最强大的国家德国、苏联被排斥在外，这一点同维也纳体系对法国的安抚有很大的不同，后来德、意、日大国都成为体系的有力挑战国；其次国联所倡导的观念远远没有被大家所接受，美国国会予以拒绝，德、苏在组织之外攻击它，而英、法的政治家骨子里更加信奉权力均衡，而不是集体安全，这一点更不及欧洲协调的道德共识；最后是国联的内部机制有着巨大的缺陷。但不管怎么说，国联作为世界上第一个全球性的国际组织，还是给后人留下了很多遗产，这点我们将在后面的章节里详细分析。

---

① 德尼兹·加亚尔等著，蔡鸿滨等译：《欧洲史》，海南出版社 2002 年版，第 522 页。

② 约瑟夫·奈著，张小明译：《理解国际冲突：理论与历史》，上海人民出版社 2002 年版，第 121—122 页。

两次世界大战仅相隔20年。对此，英国伟大的学者E.H.卡尔写道："1919年至1939年20年间危机的特征是，从第一个十年的满怀希望突然跌入第二个十年的凄惨绝望。从一种几乎不考虑现实的乌托邦跌入了几乎完全排除乌托邦因素的现实。"[①] 二战后建立的国际体系——雅尔塔体系依旧是一种均势秩序，其表现形式是两极结构。由于二战的后果更加惨烈，当时的政治家更加坚定决心建立有效的国际机构，以集体安全的形式维护世界和平，之后建立的联合国是对国际联盟的扬弃，尤其是庞大的联合国家族，在和平与安全、经济与社会、非殖民化和制定国际法规方面所起的作用都大大超过了国联。虽然在牵涉到大国时，安理会屡屡陷入困境，但联合国在维和方面顽强地寻找机会，发挥作用。联合国成立近70周年了，还承载着众生的希望，屹立在国际舞台上。冷战期间，大国间鲜见战争，这当中联合国扮演的角色还有待探讨，但联合国的集体安全机制无疑起了正面的促进作用。可以说联合国是当今代表性最广泛的国际组织，如何进一步发挥它的作用，完善其机制是我们应仔细研讨的问题。

综上所述，从1815年以来国际制度体系经历了欧洲协调、国际联盟到联合国的变迁。这当中我们可以清晰地看出国际政治的演变规律是冲突—新均势—制度变迁—稳定—均势失衡—新冲突—新制度的嬗变。如果对三大制度体系有一个比较的话，基辛格的评述可供我们参考："国际秩序是稳定，如维也纳会议后的情势；或是动荡不安，如威斯特伐利亚和约及凡尔赛和约后的情势……最稳定的两种国际秩序，即维也纳会议的产物及美国在二次大战后主导的国际秩序，占了观念一致的优势。"[②] 这三大国际制度体系都存在于无政府状态中，创立于战争之后，建立于均势之上，都是战胜国的集体选择。本文要探讨的问题是：这三种类型的国际组织是否削弱了无政府性？为什么在维持

---

① 转引自托布约尔·克努成著，余万里、何宗强译：《国际关系理论史导论》，天津人民出版社2004年版，第212页。

② 亨利·基辛格著，顾淑馨、林添贵译：《大外交》，海南出版社1991年版，第10页。

国际秩序方面，欧洲协调最为成功，联合国次之，国联彻底失败？什么是保证国际组织起作用的关键变量？这些变量之间的关系是什么？通过考察历史个案，本书试图理解这些问题。

二、研讨目标和方法

国际关系的研究视角种类很多，有以意识形态划线的，分为保守主义、自由主义和激进主义；有以学科划线的，分为历史学、经济学、社会学或哲学；有以方法论划分的，分为科学的、人文的、科学与人文契合的，或者称呼实证主义和规范主义。[①] 本文采用的方法是实证主义的政治学方法与历史比较法的结合。

对国际制度的看法，当前主流学派既有共同点，又有不同点。最有代表性的三大流派即新现实主义、自由制度主义和建构主义，分别形成了一个庞大的学术阵营，它们都承认制度是起作用的，分歧在于其有效性有多大。[②] 下面以它们的领军人物为代表，简单勾勒其关于国际制度的核心观点。

（一）肯尼思·华尔兹和罗伯特·吉尔平为代表的新现实主义

他们强调体系结构决定国家行为，而体系结构主要表现为大国实力分布，认为国际制度是大国的工具，它起作用的动力来自大国。华尔兹甚至称呼联合国为慈善组织，可见新现实主义突出国际制度的从属性，而罗伯特·吉尔平的霸权稳定论对这点进行了严密的论证。

（二）罗伯特·基欧汉及其自由制度主义

在肯定体系结构所起作用的前提下，添加一个国际制度变量，认

---

① 秦亚青：《国际关系研究方法论笔谈》，载《中国社会科学》，2004年第1期，第78—93页；《“国际关系研究方法”研讨会发言摘要》，载《世界经济与政治》，2004年第1期，第14—30页。

② 大卫·A. 鲍德温主编，肖欢容译：《新现实主义和新自由主义》，浙江人民出版社2001年版。其中包括各方关于制度作用的精彩争论。

为在体系结构不变的情况下，国家的行为并不一样，这当中国家间的互动进程在起作用。在基欧汉眼中，国际制度是一个独立变量，在其产生时离不开霸权国的权力，但它一旦运转，霸权国也要受到制约。即使在霸权国衰落后，由于国际社会的需要，国际制度还能存活下去，国际制度通过降低被欺骗的可能性，使合作成为更加明智的选择。[①] 自由制度主义强调制度的有效性源于国家对利益的考量。罗西特的《三角和平：民主、相互依赖和国际组织》，用定量的方法考察了民主政体、经济相互依赖与国际组织三方面对和平的促进作用；伊肯伯里的《大战胜利之后：制度、战略约束与战后秩序重建》强调大战后，战胜国为了自己的长远利益，用自我克制建立制度，兼顾小国的利益而获得小国的支持。

（三）温特及其建构主义

温特也同意体系结构决定国家行为，但他的体系结构的内容主要是文化，同时他更强调体系结构对国家身份的建构。国际制度也是体系文化的一部分，国际制度可以建构国家的认同与利益观，可以规范国家的行为，所以建构主义对制度的评价最高，认为“导致产生无政府体系结构和逻辑的是文化结构，不是无政府体系本身。无政府状态是虚无状态，虚无状态不能成为结构”。[②] 这意味着温特高度重视人的主观能动性。温特在《世界国家的出现是历史的必然》一文中，从逻辑的角度证明了人类社会经历国际体系、国际社会、世界社会、集体安全之后，世界国家必然出现，从而完成对全球暴力的合法垄断。[③]

---

① 罗伯特·基欧汉著，苏长和译：《霸权之后：世界政治经济中的合作与纷争》，上海人民出版社 2001 年版，第 118 页。

② 亚历山大·温特著，秦亚青译：《国际政治的社会理论》，上海人民出版社 2000 年版，第 383 页。

③ 温特著，秦亚青译：《世界国家的出现是历史的必然》，载《世界经济与政治》，2003 年第 11 期，第 57—62 页。关于对三大流派的机制理论的综述，可以参考江忆恩著：《简论国际机制对国家行为的影响》，载《世界经济与政治》，2002 年第 12 期，第 21—27 页。

中国学者对于国际制度尤其是全球性国际组织的研究，从20世纪90年代起步，基本上形成了国际法视角、历史视角、经济学视角与策论视角，从国际关系理论角度进行分析的较少。比起大陆的国际组织研究，台湾学者的几部专著更显理论功底，如朱建民的《国际组织新论》。目前比较全面的从理论与实证相结合的角度，分析国际组织兴衰的专著非常少见。

三、分析架构与基本结论

导言：提出文章的基本问题，论证论文思路。

第一章：概念、理论与分析框架。首先界定无政府状态、无政府性、制度体系、国际冲突等核心概念的含义，比较国内外关于无政府性问题的研究成果，重点以制度主义的视角，辅之以权力结构和集体认同来剖析削弱国际无政府性的各种制度体系，找寻其中的关键变量及其因果关系。

第二章：个案1——欧洲协调与国际无政府性。本章在主权体系的大背景下，分析欧洲协调所带来的百年和平，阐述欧洲协调的历史、功能和性质，论证权力均势、共同价值观及制度安排间的互动关系。

第三章：个案2——国际联盟与无政府性。与欧洲协调相比，这短暂的20年充满了危机，不能反映大国权力对比，缺乏道德基础，激烈的价值观冲突，再加上国联的制度缺陷，共同促成了制度的失败。超前理想的实验虽然失败了，但其思想薪火在二战的废墟上再次得以真正传承。①

第四章：个案3——联合国与无政府性。鉴于国联的教训，罗斯福等领袖在二战的进程中缔造了联合国，并从制度上予以完善。这次的联合国又建立在权力均势的基石上。冷战时期，不同于欧洲协调动态的多极均衡，这次是僵硬的两极均势。价值观的对立和核恐怖的均

① 代兵、程晓燕著：《论威尔逊国际政治思想的理论源泉》，载《世界经济与政治》，2004年第2期，第31—35页。

衡更强化了这一体系。缺乏道德上的共识，联合国安理会陷入瘫痪之中。联合国背负着大国对抗，艰难行进，走出了有特色的维和之路。冷战结束后，联合国复兴，尤其是全球公共问题的兴起，联合国面临着从大国协调到全球治理的机遇，在一极与多极的演变中，联合国发挥着不可替代的作用。

从以上案例的分析中，可以得出下面的结论。权力结构均衡与否，大国认同度的高低是决定国际制度有效与否的关键变量。权力结构与国家认同的不同结合，影响了制度效力的高低。如果以 Power1 代表权力均衡，Power2 代表权力不均衡，Identity1 代表大国认同度高，Identity2 代表认同度低，那么决定国际制度有效性高低的结构组合将以下面的方式排列，$P_1I_1 > P_2I_1 > P_1I_2 > P_2I_2$。影响国家认同度的因素是国际规范的性质，制约性规范只影响国家的行为，而构成性规范建构国家的认同，制约性规范离不开权力的支撑，而构成性规范可以在权力不足的情况下单独发挥作用。

第一章

概念、理论与分析框架

概念是社会科学的基本元素，没有概念，就不可能有表达意思的句子，更谈不上有逻辑推演和理论的建构。理论是分析问题的工具，是由概念、判断和推理构成的知识体系。没有理论的指引，我们就无法认识错综复杂的世界。概念和理论如此重要，可恰巧它们的内涵都是多元的、有争议的。如果不说清了所用概念的定义，就会给别人造成很大的误解；如果不阐释你的理论框架，就无法解释你为什么从这个角度研究问题，和为什么你得出这样的结论。

因此，本章梳理无政府状态、国际制度及其有效性的概念定义，国际关系主流理论围绕这些核心概念的不同看法，国内外相关研究成果的评介，解释笔者的概念界定、理论视角，案例选择及其全书的章节架构，以期给予读者一个本书的全貌。

第一节　概念厘定：无政府状态与国际制度

一、无政府状态、无政府社会和无政府文化

无政府状态是当今西方主流国际关系理论中的一个核心假定。对应的英语词汇为“ANARCHY”，此词来源于希腊语“anarchia”，其中“an”表示没有，“archos”意为通知者。在《牛津现代高级英汉双解词

典》中，对“anarchy”一词的解释为“absence of government or control; disorder; confusion”，即无政府状态；无秩序；混乱。[①] 因此，无政府状态一词有多种含义，在国际关系理论领域，大部分人接受的是第一种含义，即世界上缺乏一个共同的政府。本文也接受这一定义。

最早在这个意义上使用 anarchy 一词并用来分析国际政治关系的是迪金森（G. Lowes Dickinson），这从他的两部著作的书名中可见一斑，一部是 1916 年的《欧洲无政府状态》（*The European Anarchy*），一部是 1926 年的《1904—1914 年的国际无政府状态》（*International Anarchy*，1904—1914）。[②] 之后，古典现实主义者赫兹和摩根索都使用了这一概念。但真正把这一概念置于理论核心地位的是华尔兹，无政府状态成为华尔兹国际政治体系的第一推动力，从无政府状态演绎出国家自助，演绎出安全困境、权力政治和国际冲突。新自由主义也承认世界处于无政府状态，但再往前走一步就不同了，在无政府状态的性质和结果上，他们不认可新现实主义的结论。他们认为国际无政府状态不必然意味着冲突与纷争，也可能是合作，虽然无政府，但是有社会，所以无政府秩序、无政府社会、无政府状态下的合作更为新自由主义所强调。20 世纪 90 年代异军突起的建构主义首先质疑了华尔兹无政府状态这一核心概念含义的正确性，赋予了无政府状态以文化的内涵，之后三种无政府文化成为了广为流行的话语。

英国学派否认无政府状态等同于混乱和无序，赫德利·布尔认为国际社会始终存在秩序，而且指出这种秩序是共同的利益观念、规则和制度的结果。在英国学派那里，虽然无政府，但是有社会，国际社会一直处于有秩序的无政府状态。

在中国学术界，对国际无政府状态的专题研究始于 21 世纪初。截

---

① 《牛津现代高级英汉双解词典》，商务印书馆、牛津大学出版社 1995 年版，第 40 页。

② Dickinson, New York, Macmillan Compony, 1916;“*International Anarchy*, 1904—1914”, New York, Century Co. 1926. 转引自中国人民大学硕士生丁韶彬的硕士论文，《国际无政府状态：一种思想史的考察》，2003 年。

止2013年3月10日，笔者经过国图网站搜寻，可以找到近70篇与国际无政府状态相关的文章。秦亚青作为把建构主义引入中国的学者之一，对本问题的研究起到了很大的推动作用。《国际体系的无政府性》一文浓缩了温特理论的精华，秦先生认为温特在国关理论方面的一个重要贡献就是提出无政府性是文化因素，在证否了无政府性为国际关系的第一推动因素的基础上，他阐述了三种国际体系无政府文化的理想模式，指出无政府文化是国家建构的，[①] 而《国际政治的社会建构——温特及其建构主义的国际政治理论》一文，[②] 把建构主义放在国际关系理论的宏大知识谱系中，对其学理进行了透彻的介绍。他在作品中较多的使用了“无政府性”一词，他认为无政府状态是无政府性的外在表现，而无政府性是无政府状态的性质。关于无政府性与国际暴力、国际秩序和无政府文化的关系，他的观点如下：[③]

表1.1 无政府性与国际秩序、国际暴力

文化类型	无政府性	秩序状态	国际秩序	国际暴力
霍布斯文化	高强度	无序状态	国际体系	绝对暴力
洛克文化	中强度	准秩序状态	国际社会	有限暴力
康德文化	低强度	有序状态	安全共同体	非暴力

宋秀琚梳理了国外学者对无政府状意义的最新解读；俞正梁认为国际无政府状态是国际结构的基本特征，从本源上说，它取决于生产力的发展水平及其所决定的国际结构，国际无政府状态不是先验给定

① 秦亚青著：《国际体系的无政府性》，载《美国研究》，2001年第2期，第135—145页。

② 秦亚青著：《国际政治的社会建构——温特及其建构主义国际政治理论》，载《美欧季刊》，第15卷第2期，第231—264页。

③ 秦亚青著：《无政府文化与国际暴力—大国的强行崛起与和平发展》，载《中国社会科学》，2004年第5期，第54页。

的，它具有可变性与多样性，并日渐走向相对有序；信强通过对无政府状态与国家性质的关系、与暴力的关系以及与具有强制力的权威的关系这三重关系的探讨，提出在由主权国家构成的国际体系中，由于彼此冲突的利益无法得到自动的调节，同时又缺少能够限制竞争者所使用的手段的最高权威机构，未受到有力约束的武力被经常用来解决利益的冲突，从而构成了无政府状态的重要特性；袁正清展示和梳理了建构主义对于无政府状态这一概念的再审视；吴征宇则探讨了自然状态学说、国际无政府状态学说与安全困境说的渊源关系；谭再文认为国际无政府状态指涉的是不存在国际社会中的中央政府，因此它需要其他的存在予以填充，这里有三种可供选择的存在——人、政府或社会存在，由于国际关系的体系理论认为自己是第三层次的理论，它只能选择第三种存在形式，即社会存在（物质、实践或意识）；吴文兵批判了温特对无政府状态的误解；郭振家认为地域性、历史性、互动性是与无政府状态“程度”相关的三个特性，世界全球化的发展必将把各国紧紧地联系在一起，从而进一步削弱国际体系的无政府状态程度，进而对人类的和平稳定产生积极意义。分析以上学者的观点，我们能感觉他们对某种理论范式的偏爱。①

另外有几篇硕士论文专门以无政府状态为主题进行分析，分别是丁韶彬从西方国际关系思想史的角度对无政府状态的概念内涵进行梳理；茅海燕主要是介绍温特对无政府状态新解读的意义；于海洋则分析了现实主义与建构主义在无政府状态与国家身份关系上的争论；怀

① 可以参考以下文章，宋秀琚：《西方学界对国际无政府状态的新解读》，载于《社会主义研究》，2007年第2期；俞正梁：《国际无政府状态辨析》，载于《外交学院学报》，2002年第1期；信强：《“无政府状态”证义》，载于《欧洲研究》，2004年第3期；袁正清：《无政府状态的结构注意审视》，载于《太平洋学报》，2003年第2期；吴征宇：《肯尼思·华尔兹国际政治理论研究》，当代世界出版社2003年版，第二章，“从自然状态到安全两难”，43—85页；谭再文：《国际无政府状态的空洞及其无意义》，载于《世界经济与政治》，2009年第11期；吴文兵：《对〈国际政治的社会理论〉科学价值的质疑》，载于《国际政治科学》，2010年第2期；郭振家：《国际无政府状态的程度概念》，载于《国际关系学院学报》，2011年第2期。

畅力图通过建立从物质到到话语的四维模型，来实现对无政府文化的观察视角的多元化，从而丰富对无政府文化的理解；庞华靖借鉴自由制度主义和帝国主义理论等涉及无政府状态进步的理论来批判现实主义机械循环的无政府假设，他提出可以纳入进步理论的能动因素有三个，即经济进步、政治发展和人的实践；赵竞峰比较了现实主义、自由制度主义和建构主义对无政府状态的解析。[①] 以上关于无政府状态的研究，说明国人对这一核心假定的学科与实践意义日益重视，希望不久将有相关的专著问世。

二、国际制度及其有效性

对于国际制度的定义，国内外学者的分歧也很大，这里作者取最广意义上的解释，即基欧汉的定义，国际制度指持续的、相互关联的正式与非正式规则体系，这些规则体系可以界定行为规范、制约国家行为，帮助国家的期望值趋同。国际制度包括三种形式：（1）有着明确规定的规则和章程的政府间国际组织和非政府组织，如联合国和国际红十字会；（2）国际机制，即政府之间经协商同意和达成的、涉及某一问题领域的明确规则，如海洋法、国际货币体系等；（3）国际惯例，指有着非明确规定和谅解，可以帮助国际行为体协调各自的行为，达到期望值趋同的非正式制度，如未以明文规定下来之前的外交豁免、非世贸组织国家之间相互给予最惠国待遇的国际互给行为等。[②]

---

① 可以参考以下论文：丁韶彬：《国际无政府状态》，中国人民大学硕士论文，2003年；茅海燕：《建构主义视野中的国际无政府状态》，苏州大学硕士论文，2003年；于海洋：《无政府状态与国家身份—现实主义与建构主义的争论》，吉林大学硕士论文，2005年；怀畅：《关于无政府文化的多元视角》，中国传媒大学硕士论文，2007年；庞华靖：《现实主义无政府状态假设的再思考》，复旦大学硕士论文，2009年；赵竞峰：《国际关系理论视野下的无政府状态解析》，中国人民大学硕士论文，2010年。

② 秦亚青著：《国际制度与国际合作：反思新自由制度主义》，载《外交学院学报》，1998年第1期，第43页。

本文认为这三种形式的国际制度本质是一样的，所以在文中不再予以区分，而在实践中三种形式的制度也往往汇集在一起。

国际制度从来源、形式、维持、演变、功能及效果上千差万别，本文的重点在于分析国际制度与无政府性的关系，考察国际制度有效性的来源，所以接着定义国际制度有效性的概念。国内最近研究国际制度有效性的文章，相关的几位作者门洪华、随新民、李晓燕、胡慧敏、王明国，[①] 他们在界定概念的时候，或多或少都借鉴了美国学者奥兰·扬的定义，即国际机制的有效性是衡量国际机制在多大程度上塑造或影响国际行为的一种尺度，国际机制的有效性是可以从其能否成功地执行、得到服从并继续维持的角度来加以衡量的，有效性是一个程度大小的问题，而不是一个全有全无的问题，只要一种制度的运作能够经受时空变换的考验，该制度就是有效的。[②]

奥兰·扬是少数考察国际制度有效性的学者之一，他的视角主要是新自由制度主义，他的意思是清楚的。但如果以他的定义来考察具体案例，还显得过于笼统。现实主义对国际制度的评价是最苛刻的，他们往往强调在政治安全领域国际制度的作用微乎其微，如果我们能证明在政治安全领域里国际制度也是有效的，并说清效力的来源，那么将大大提高国际制度削弱国际无政府性的说服力。

霍春龙从新制度主义政治学的角度，对制度有效性进行了梳理和评介。他以制度相关人为视角，分析了新制度主义政治学理论三个流

---

① 可参考门洪华：《合法性、有效性与局限性—评估国际机制作用的理论框架》，载于罗伯特·O. 基欧汉、门洪华编：《局部全球化世界中的自由主义、权力与治理》，第326—361页；随新民：《国际制度的合法性与有效性——新现实主义、新自由制度主义和建构主义三种范式比较》，载于《学术探索》，2004年第6期；第69—74页；李晓燕：《试析国际制度的作用及其局限性》，载于《国际关系学院学报》，2003年第6期，第3—8页；胡慧敏：《无政府状态下的国际制度的效用》，载于《无政府状态下国际制度的效用》，载于《国际论坛》，2004年第6卷第2期，第46—50页。王明国：《国际制度的有效性：研究现状、路径方法与理论批评》，载《欧洲研究》，2011年第2期，本文对国内外有关国际制度有效性的研究现状做了非常全面、深入的评述。

② 奥兰·扬著，张胜军、刘小林等译：《国际制度的有效性：棘手案例与关键因素》，载《没有政府的治理》，江西人民出版社2001年版，第186—224页。

派关于制度有效性的理论。

理性选择制度主义的制度有效性是指：特定情形下，制度因能得到尽可能多的、自利制度相关人认知和遵守而实现其预期效果的制度状态。理性选择制度主义认为，制度成本、制度均衡、制度设计者的信息以及制度环境都能够影响制度的有效性。

历史制度主义的有效性是指：在特定政治经济条件下，制度因能够得到相互冲突的制度相关人，特别是关键制度相关人认知和遵守而实现其预期效果的制度状态。历史制度主义认为，既定的制度结构、制度相关人以及政治经济环境是影响制度有效性的重要因素。

社会学制度主义的有效性指：在特定的情形下，制度因能够为遵循适宜性逻辑的、大多数制度相关人所认知和遵守而实现其预期效果的制度状态。社会学制度主义指出，制度的合法性因素、背景——约束理性下的制度相关人以及环境的复杂性是影响制度有效性的因素。① 这三大主义制度有效性研究的异同可以以下面的图示表述：

表 1.2　新制度主义政治学关于制度有效性的三大学派

	理性选择制度主义	历史制度主义	社会学制度主义
核心变量	制度成本	制度结构	制度合法性
理论倾向	理性主义的	理性主义的	社会学的
行为模式	成本收益核算	历史演化与环境决定	人的遵守而有效

综上所述，本书对制度有效性的定义是在国际制度框架内，在政治军事领域，大国合作的程度越高，制度越有效。具体说来如下：

第一，如果大国牵涉的冲突都尽量在制度框架内解决，大国较多的以制度的办法去干预其他国家之间的冲突，我们就认为制度是有效

① 霍春龙：《新制度主义政治学视野下的制度有效性研究》，吉林大学博士论文 2008 年，第 147 页。

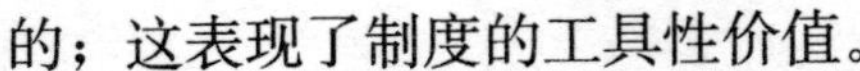

的；这表现了制度的工具性价值。

第二，如果制度有助于建构国家新的利益观、新的角色，从而促进了国际合作，我们就认为制度是有效的。这体现了制度独立发挥作用的一面，表现了其自己的本体价值。

第三，如果制度的寿命较长，表明其适应性和内聚力较强，也表明其有效性较强。

关于国际制度有效性的衡量问题，因为牵涉到权力分配、国际规范和制度有效性三个变量间关系的测算，本文拟以以下的方式进行。

首先，权力分配结构的测算，将比较体系性大国的国民生产总值、军费支出的比例，或军队规模的比较。这些都是易于量化的指标。

其次，衡量国际规范的作用，主要体现为规范对大国的影响，或者说大国对规范的认同度，如果规范影响了大国的行为，我们就认为大国认同国际规范，如果规范不但影响了国家的行为，还建构了国家的角色和战争观，我们就认为国家对规范的认同度更高。

最后，关于国际组织的有效性，我们主要以历史的跨度，比较欧洲协调、国际联盟和联合国在维持和平与安全方面的作用，找寻促使其变化的权力因素和规范因素，以此证实作者提出的假设。①

关于制度的效率问题，即在制度发生效力的前提下，如何以最小成本获取最大功效则是另一个问题，不在本文的讨论之列，当然这并不意味着两者没有关系。影响制度有效性的因素非常庞杂，这里不涉及制度的内部因素和国内政治因素，只探讨制度的外部有效性问题。

---

① 贾烈英：《无政府性与国际制度的有效性—以联合国为例》，载于《国际政治科学》，2006 年第 2 期。

第二节 文献梳理：无政府性与国际制度的相关理论

无政府状态这一概念源于政治学的自然状态。西方古典的政治学家在探讨国家的起源以及国家与社会的关系时，总要回溯到人类最早的生存状态，以此为基点开始往后推演。提出自然状态概念的第一人是马基雅维利。由于谁也不能肯定人类的元点到底是什么样子所以他们对此给予了不同的设定，其中有名的包括霍布斯的所有人反对所有人的自然状态说；洛克的理性规范的但没有法律保障的自然状态说；卢梭的没有私有制的、自由、平等、独立的自然状态说。这些先哲的观点分别对后来的现实主义、自由主义和社会主义学说产生了深远的影响。其中霍布斯的自然状态即战争状态的思想，直接为沃尔兹所继承。国内因为利维坦的建立，人们交出了单独使用武力的权力，社会从而终止了自然状态；国际上没有一个利维坦，所以主权国家成为了无政府状态中的单元，他们之间的冲突和战争在所难免。由于无政府性是沃尔兹国际政治结构的体系特征，只要无政府状态存在，国家之间必然因自助而导致权力追逐，从而陷入安全困境。

对于无政府性问题的研究，西方学者形成了三大流派，即理性主义、反思主义和温和建构主义。理性主义学派指的是新现实主义、新自由主义，反思主义包括批判理论、女权主义、后现代理论等；温和建构主义以温特为代表。在无政府性问题上，三方在本体论、认识论和方法论上有着根本的不同。

首先，无政府性是不是不以人的意志为转移的客观事实？理性主义认为是，而反思主义、建构主义认为不是。无政府性是一种社会事实，而社会事实在本质上与自然事实是否一样，这是一个争论很久的问题。社会学家涂尔干认为，社会事实约等于自然事实，从而为实证主义的方法论打下了基础，即人们可以用研究自然事实的方法研究社会事实，这也是实证主义的核心内容。

其次是如何认识无政府性？理性主义认为既然是客观事实，无政府性就有规律，人们就可以用科学去寻找、去解释，具体说就是用科学实在论的方法；而反思主义认为无政府性是人们的社会实践的产物，是话语建构的，没有这个东西的客观存在，人们只能通过主观的理解、诠释去寻找它的意义，它不能成为一种基础性的固定的逻辑。建构主义在认识论上同理性主义相通，认为无政府性是一种弱物质意义上的文化结构特征，它不以人们个体的意志为转移，因此主张用实证主义的方法来分析。

最后，由无政府性所造成的理论解释力。理性主义坚持无政府性是国际政治第一重要假定，从而国际政治与国内政治被区分开来，新现实主义与新自由主义的理论都以此假定为基础而展开。但学科意义真的那么重要吗？无政府概念在支撑华尔兹理论的同时，难道没有影响其理论的解释力与预测力吗？华尔兹尽管行文谨慎，书中充满了辩证法，避免给人以结构主义决定论之嫌，但我们却时时感受到无政府决定论的利剑悬在上面。

当然理性主义学派对无政府性的含义与后果的看法并不一致。即使在现实主义内部也有分歧，像强现实主义者华尔兹、吉尔平、米尔斯海默认为无政府性必然导致安全困境，造成权力角逐，米尔斯海默主张无政府性导致国家间缺乏互信，国家必须自己保证自己的生存，从而国家必然追求权力最大化，而华尔兹与吉尔平主张国家追求适度的权力，吉尔平提出了国家的扩张以预期收益大于成本为原则。杰维斯则深入到个人心理的微观层面去探讨国家冲突发生的原因，认为决策者没有战争的意图，但他们的错误知觉可能导致国家间的冲突。弱现实主义克拉斯纳则承认了国际机制的重要作用，提出了修正现实主义的观点。而防御现实主义者如斯奈德等人和新古典现实主义者如扎卡里亚等在力图柔和现实主义与自由主义的核心假定。

基欧汉、米尔纳、阿克塞尔罗德、斯坦等新自由主义代表人物承认无政府状态的存在，但在为什么存在无政府状态及其无政府性的后果上，观点与新现实主义并不一致。基欧汉重视无政府状态下的和平变迁问题；米尔纳反对以无政府状态划分国内政治与国际政治，认为国内国际都存在着不同程度的无政府性，她建议以相互依赖补充无政府概念的不足；阿克塞尔罗德借助计算机探讨在一个没有中央权威的世界中，合作会在什么情况下出现？阿瑟·斯坦用博弈论验证国家间互动的多种逻辑。美籍华裔学者熊玠则从国际法的角度探讨了无政府状态与国际秩序的关系，他认为国际法“通过抑制各国政策中的自利主义癖好，它缓和了威斯特伐利亚体系的无政府性质。无政府性质的缓和是形成秩序的开始”。①

温特通过从学理上深入批判现实主义的无政府性原则，奠定了自己建构主义大师的地位。他的核心观点是无政府性是一种共有文化结构，无政府性应有三种逻辑即霍布斯文化、洛克文化和康德文化，它们分别对应着敌人、对手和朋友三种角色，国际关系的大方向是从霍布斯文化向康德文化的变迁，这样现实主义的无政府逻辑被证伪。但温特认为国际关系的结构主要是观念结构，从文化入手解决国家间冲突的观点，从经验上和测试层面上都有一定的难度。

英国学者布赞对华尔兹的结构现实主义三原则进行了新的排列组合。他认为单元的排列原则（无政府状态和等级制），单元的功能（相同与相异）是决定国际关系的深层结构原则，而它们的排列组合可以出现四种可能性，即无政府状态下的功能相同的单元组合、功能相异的单元组合；等级制下的功能相同的单元组合、功能相异的单元组合；② 他列举了世界上存在的一些具体案例进行证明。他认为无政府状态在不同的问题领域表现程度是不一样的，在经济社会领域要低于军事政治领域，这一点同布尔说的世界无政府却有社会是一致的。他的结论是华尔兹的无政府逻辑只适于国际政治领域。但华尔兹认为布赞

① 熊玠著，余逊达、张铁军译：《无政府状态与世界秩序》，浙江人民出版社 2001 年版，第 245 页。

② Barry Buzan, Charles Jones and Richard Little, The Logic of Anarchy: Neorealism to Structural realism (Columbia University Press, 1993), p. 39.

的观点只是结构现实主义的应用，本身不是理论，他强烈反对把国际政治分为高级政治和低级政治。

对国际制度的看法，当前主流学派也一样，既有共同点，又有不同点。新现实主义、自由制度主义、建构主义、英国学派和马克思主义，都承认制度是起作用的，分歧在于有效性有多大。下面以他们的领军人物为代表，简单勾勒其关于国际制度的核心观点。

以肯尼思·华尔兹为代表的新现实主义，强调体系结构决定国家行为，而体系结构主要表现为大国实力分布，国际制度是大国的工具，它起作用的动力来自大国，华尔兹甚至称呼联合国为慈善组织，可见新现实主义突出国际制度的从属性，罗伯特·吉尔平的霸权稳定论对这点进行了严密的论证。米尔斯海默认为制度是世界上实力分配的基本反映，它对于国家行为没有独立的影响，制度不是和平的重要原因，它只起到边缘性的作用。

罗伯特·基欧汉代表的自由制度主义，在肯定体系结构所起作用的前提下，添加一个国际制度变量，认为在体系结构不变的情况下，国家的行为并不一样，这当中国家间的互动进程在起作用。在基欧汉眼中，国际制度是一个独立变量，在其产生时离不开霸权国的权力，但它一旦运转，霸权国也要受到制约，即使霸权国衰落后，由于国际社会的需要，国际制度还能存活下去，国际制度通过降低被欺骗的可能性，使合作成为更加明智的选择。自由制度主义强调制度的有效性，其基本逻辑在于成本—收益分析，分析的路径主要是功能、博弈和学习，因此信息、强制和监督成为制度主义者分析模型中的核心关系。最近新自由主义的研究议程集中在法制化与国际政治、国际制度的理性设计和国际组织研究的委托/代理视角。[①]

温特的温和建构主义也同意体系结构决定国家行为，但他的体系结构的内容主要是文化，同时他更强调体系结构对国家身份的建构。

① 陈拯：《新自由主义的前沿与困惑—评〈世界政治中的权力、相互依赖与非国家行为体〉》”，载于《国际政治科学》，2010 年第 3 期，第 74—95 页。

国际制度也是体系文化的一部分，国际制度可以建构国家的认同与利益观，可以规范国家的行为，所以建构主义对制度的评价最高，认为“导致产生无政府体系结构和逻辑的是文化结构，不是无政府体系本身。无政府状态是虚无状态，虚无状态不能成为结构”。这意味着温特高度重视人的主观能动性。温特在《世界国家的出现是历史的必然》一文中，[①] 从逻辑的角度证明了人类社会经历国际体系、国际社会、世界社会、集体安全之后，世界国家必然出现，从而完成对全球暴力的合法垄断。

德国学者沃科尔·利特伯格对于上述三派理论有一个透彻的比较。他认为国际机制理论可分为基于权力、基于利益和基于知识的三种研究方法，即国际机制研究中的三种思想流派。现实主义者侧重研究权力关系；新自由主义者以利益的聚合为研究基础；而认知主义重点在于知识动力、传播和认同。[②] 作者画的一个表对这个问题的表述则更加一目了然。[③]

表 1.3　国际机制理论的思想学派

	现实主义	新自由主义	认知主义
核心变量	权力	利益	知识
制度主义	弱	中	强
理论倾向	理性主义的	理性主义的	社会学的
行为模式	相对收益	绝对收益	作用一角色

① 亚历山大·温特著，秦亚青译：《世界国家的出现是历史的必然：目的论与无政府逻辑》，载《世界经济与政治》，2003 年第 11 期。

② Hasenclever A.，Mayer，Peter. and V. Rittberger（1997）*Theories of International Regimes*，Cambridge：Cambridge University Press，pp. 1—2.

③ Ibid.，p. 6.

英国学派向来高度重视国际制度，英国学派的理论内核可以归结为“一个核心、三个支点”，即以“国际社会”为核心概念，以“国际秩序”、“国际正义”、“维系国际社会的因素”为研究支点。这四个方面是相互联系、相互影响的。所谓的“国际社会”就是指在国际舞台上虽然缺少最高权威，但是国家却能够遵守国际规则、国际规范、国际制度，以实现一些共同价值观念。这种社会虽然是无政府的，但却是有序的。“秩序”和“正义”是国际社会的两种基本价值，维系国际社会实际上就是要努力实现上述两种价值。英国学派几代学者研究的侧重点虽然有所变化，但是他们能够始终围绕这一理论内核来展开相关研究。①

经典马克思主义从生产关系和阶级关系的视角看待国际制度，其核心观点是生产方式决定着社会政治关系，国际关系基本上是阶级之间的斗争，注重人的解放、批判分析现存社会与世界秩序、政治实践性和历史进步性是马克思主义国际关系理论的基本学术理念。② 比如，对于欧洲协调，马克思和恩格斯认为是欧洲列强分赃争利的结果，是正统主义君主体系的均势格局，它在矛盾和斗争中维持着欧洲的稳定局势。③ 恩格斯非常生动的描述到，“当‘科西嘉怪物’最后被牢牢地禁闭起来之后，大大小小的帝王们立刻在维也纳开了一次大会，以便分配赃物和奖金，并商讨能把革命前的形势恢复到什么程度。民族被买进和卖出，被分割和合并，只要完全符合统治者的利益和愿望就行”。④

---

① 苗红妮：《国际社会理论与英国学派的发展》，中国社会科学出版社 2008 年版，第 15—16 页。

② 白云真、李开盛：《国际关系理论流派概论》，浙江人民出版社 2009 年版，第四章。

③ 李爱华著：《马克思主义国际关系理论》，人民出版社 2006 年版，第 128—135 页。

④ 《马克思恩格斯全集》第 2 卷，人民出版社 1957 年版，第 641 页。

中国学者对于国际制度的研究，从20世纪90年代起步，基本上形成了国际法视角、历史视角、国际关系理论视角和实证视角。譬如国际法视角研究的学者，梁西和饶戈平从法理学角度研究国际组织的性质、发展、类型、组织结构和功能，并结合国际联盟和联合国进行具体分析；黄惠康就国际争端的解决方法、和平解决国际争端的国际法文件、和平解决国际争端的政治方法和法律方法尤其是联合国机构的和平解决争端职能和实践进行了研究；江国青研究了联合国专门机构的形成、发展、法律性质、组织机构和决策程序；黄瑶从国际法历史和法理的角度对《联合国宪章》第2（4）条禁止使用武力原则进行了非常深入的探讨，针对联合国全面反恐公约，她研究了全面公约中的民族解放运动、全面公约中的武装部队、国际反恐的有效合作机制等问题；盛红生对联合国维持和平行动的法律依据、理论基础、基本体制、维持和平人员的特权豁免与法律责任、联合国维持和平行动面临的法律新挑战等问题进行了分析与探讨；孙萌结合联合国在刚果、索马里及前南斯拉夫国家维和行动的具体实践，论证了在国际组织责任制度尚未建立的情况下，国家责任制度经过必要调整可以适用于联合国维和行动违法责任的观点；杨泽伟对联合国的重大变革，从理论及具体的组织结构、涉及的财政问题、人权问题、集体安全制度等进行了系统论述。①

历史角度分析的学者，李铁城研究了国际组织从早期萌芽状态到国联、联合国演变的过程，并按历史顺序和领域对联合国的主要活动进行梳理；刘恩照则按历史线索梳理联合国历次维持和平行动的资料；

---

① 梁西：《梁著国际组织法》，武汉大学出版社2011年版；饶戈平：《国际组织法》，北京大学出版社1996年版；黄惠康：《国际法上的集体安全制度》，武汉大学出版社1990年版；江国青：《联合国专门机构法律制度》，武汉大学出版社1993年版；黄瑶：《论禁止使用武力原则—联合国宪章第二条第四项法理分析》，北京大学出版社2003年版；黄瑶：《联合国全面反恐公约研究：基于国际法的视角》，法律出版社2010年版；盛红生：《联合国维持和平行动法律问题研究》，时事出版社2006年版；孙萌：《联合国维和行动违法责任研究》，知识产权出版社2006年版；杨泽伟：《联合国改革的国际法问题研究》，武汉大学出版社2009年版。

黄光耀则分析了联合国成立目的、过程、维和行动的法律基础及决策机制、维和行动的问题与改革等内容。①

国际关系理论视角的学者，苏长和从理性选择的角度，主要探讨全球公共问题需要国际制度，在2009年新版序言“国际制度分析的发展与反思”中，他提出的关于国际组织研究的三波浪潮很有见地，但他的国际制度定义排除了国际组织；王杰对国际机制理论进行了介绍和评议；唐永胜、徐弃郁重在分析主权国家参与国际安全机制的战略选择；徐能武则梳理国际安全机制的历史、类型和自主成长；田野从经济学角度研究国际关系中制度选择。②

从实证角度进行研究的学者，门洪华主要从国际机制理论剖析联合国的集体安全机制；聂军通过变量控制，验证影响维和行动成功条件主要有哪些；赵广成设计了一个由身份吻合度、有效支持度和时间维度三个环节组成的国际关系的进化、退化机制，并结合伊朗和美国关系的历史演化进行了考察；陈东晓围绕着联合国安理会、国际冲突与和平重建机制和军备控制与裁军机制的改革进行研究探讨；朱杰进从规范主义的视角探讨了国际制度形成过程中国际规范的作用，案例分析选择的是联合国、国际刑事法院和二十国集团的

① 李铁城：《联合国五十年》，中国书籍出版社2005年版；李铁城：《走近联合国》，人民出版社2008年版；刘恩照《联合国维持和平行动》，法律出版社1999年版；黄光耀：《联合国与世界和平》，重庆出版社2004年版。

② 苏长和：《全球公共问题与国际合作：一种制度的分析》，上海人民出版社2009年版；王杰：《国际机制论》，新华出版社2002年版；唐永胜、徐弃郁：《寻求复杂的平衡：国际安全机制与主权国家的参与》，世界知识出版社2004年版；徐能武：《国际安全机制理论与分析》，中国设计科学出版社2008年版；田野：《国际关系中的制度选择：一种交易成本的分析》，上海人民出版社2006年版。

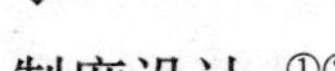

制度设计。[①②]

其他学术著作是对区域性或专门性具体机制的剖析。[③] 这方面国内学术界产生了很多研究成果，丰富了国内对国际制度的研究。但综上所述可以看出，学界从国际关系理论的角度，对全球性国际组织的长时段、有效性的对比实证研究还非常不足。持续研究国际制度的学者并不多，另外更大的问题是苏长和指出的，中国学者在研究制度效用时，主要集中在制度安排本身的有效性问题上（制度效用的内生变量），而对影响制度效用的外生性因素，例如：国内政治约束、国际权

① 门洪华：《和平的纬度：联合国集体安全机制研究》，上海人民出版社 2002 年版；聂军：《冲突中的守望—联合国维和行动成功条件研究》，世界知识出版社 2011 年版。赵广成：《从合作到冲突：国际关系的退化机制分析》，世界知识出版社 2011 年版；陈东晓：《全球安全治理与联合国安全机制改革》，时事出版社 2012 年版。朱杰进：《国际制度设计：理论模式与案例分析》，上海人民出版社 2011 年版；

② 在朱杰进一书序言中，朱立群教授指出，在国际制度设计的理性主义和规范主义逻辑之外，还应该有第三种逻辑，那就是实践逻辑。在国际制度设计的研究中，我们必须习惯和接受像过程、开放、联系、非正式等等这些非结构化的概念，因为它们已经变成了今天社会生活以及社会实践的本质特征。朱杰进：《国际制度设计：理论模式与案例分析》，上海人民出版社 2011 年版，序言。

③ 关于专门性或区域性国际制度的研究取得了很大的进展，相关专著和学术论文有朱立群：《欧洲安全组织与安全结构》，刘杰：《秩序重构：经济全球化时代的国际机制》，屠启宇：《制度创新：货币一体化的国际政治经济学》，韦德星：《东盟区域性国际机制研究》，刘青建：《经济全球化条件下的发展中国家与国际制度研究》，潘国华：《东亚地区合作与合作机制》，王子昌：《东亚区域合作的动力与机制》，庄贵阳：《国际气候制度与中国》，邢爱芬：《亚太多边合作安全机制研究》，陈寒溪：《建构地区制度》，何剑：《东北亚安全合作机制研究》，张德广：《中亚区域合作化机制研究》，唐颖侠：《国际气候变化条约的遵守机制研究》，焦国新：《利益的权衡：美国在中国加入国际机制中的作用》，韩彩珍：《东亚地区合作的制度分析》，易雪玲：《国际环境贸易协调机制》，戴扬：《东北亚区域合作的历史制度分析》，杨光海：《国际安全制度及其在东亚的实践》，李大光：《国际机制与区域安全》，吴宏伟：《中亚地区发展与国际合作机制》，陈淑芬：《国际法视角下的清洁发展机制研究》，潘家华：《碳预算方案的国际机制研究》，王宪明：《清洁发展机制（CDM）国际合作研究》，刘功文：《气候领域的国际合作机制》，赵伟明：《中东核扩散与国际核不扩散机制研究》，于宏源：《创新国际能源机制与国际能源法》，李志斐：《东亚安全机制构建》，陈刚：《京都议定书与国际合作》、范菊华：《国际制度的建构主义分析》等。

力分配的状态等，中国学者似乎给与的重视不够。[①] 可喜的是华东师范大学王明国的博士学位论文“国际制度有效性研究—以国际环境保护制度为例”，在研究框架中，已经明确地把权力、合法性和国内政治列为影响制度有效性的重要变量，并进行了定性与定量的案例研究。对于国际权力分配状态的缺失，本书将予以特别重视。

关于合作问题，正如秦亚青老师在序言中指出的，合作是人类迄今为止未能解决的问题。宇宙万物之间为什么能够进行合作，如何进行合作？这是一些根本性的问题。我们看到人类在日常生活中表现出诸多合作行为，也看到自然界各种各样的合作。当然，无论在人类社会还是自然界，也看到许多的冲突甚至残酷的战争。人们需要明白，为什么会有合作，为什么会有冲突，然后才能够有针对性地促进合作、减少冲突。在国际关系领域，这些问题也就成为国家为什么合作，如何进行合作。这从一个侧面反映了人们对合作问题的思考和探索。合作是国际关系学界的重大课题，更是人们的一种希望和理想。基欧汉对于合作还说过这样一句意味深长的话，“合作并非都是善意的，但没有合作，我们将迷失。没有机制，我们将很少合作”。[②]

1984年，美国密歇根大学教授阿克塞尔罗德发表了《合作的进化》一书，作者以组织的两轮“重复囚徒困境”计算机程序竞赛为研究对象，结果发现在两轮竞赛者胜出的都是最简单的策略“一报还一报”（tit for tat），即开始选择合作，然后就按对方上一步的选择去做。作者认为，“一报还一报”的稳定成功的原因在于它综合了善良性、报复性、宽容性和清晰性。它的善良性防止它陷入不必要的麻烦，它的报复性使对方试着背叛一次后就不敢再背叛，它的宽容性有助于重新

① 苏长和：《中国的国际制度理论研究》，载于王逸舟主编的《中国国际关系研究（1995—2005）》，北京大学出版社2006年版，第120—121页。

② Robert Keohane, . *International Institutions and State Power*: *Essays in International Relations Theory*, Boulder, Colo.: Westview Press, p. 234.

恢复合作，它的清晰性使它容易被对方理解，从而引出长期的合作。[①]此书出版后，极大的激发了人们研究合作的热情，连《自私的基因》作者理查德·道金斯都很推崇这本书，并四处介绍，他认为“二十年过去了……合作理论的进展出现在关于预防战争、社会进化、动物之间的合作、人类历史、进化对策论、建立社会资本的信任和回报的网络、微观经济学、科幻小说的书籍中和罗伯特·阿克塞尔罗德自己的书中……合作的进化值得取代圣经”。[②]

第三节　基本理论视角：跨越范式的分析

西方国际关系理论发展至今，形成了很多流派。由于学者们的文化背景、经历与偏好不同而造就了各自的视角。温特从本体论与方法论的角度把它们划分为物质主义—整体主义、物质主义—个体主义、理念主义—整体主义、理念主义—个体主义四大类。在这当中最有影响的是三种体系理论即新现实主义、制度自由主义和建构主义。这三者的关系并不是一种根本的对立关系，而是借鉴、批判与补充的关系。

---

① 罗伯特·阿克塞尔罗德著，吴坚忠译：《合作的进化》，上海人民出版社 2007 年版，第 36 页。

② 同上，见理查德·道金斯写的序，第 3—4 页。相关著作请参考：Paul K. Huth, *Extended Deterrence and the Prevention of War*, New Haven, Yale University, 1988. Robert Trivers, *Social Evolutions*, Menlo Park, CA: Benjamin/Cummins, 1985. Lee Alan. Dugatkin, Oxford University Press, 1997. Robert Wright, *Non-Zero: The Logic of Human Destiny*, New York: Pantheon, 2000. Herbert. Gentis, *Game Theory Evolving: A Problem-Centered Introduction to Modeling Strategic Interaction*, NJ: Princeton University Press, 2000. Robert D. Putnam, *Bowling Alone: The Collapse and Revival of American Community*. New York: Simon & Schuster, 2000. Samuel Bowles, *Microeconomics: Behavior, Institutions, and Evolution*. New York: Russell Sage Foundation and Princeton University Press, 2004. Piers Anthony, *Golem in the Gears*, New York: Ballantine Books, 1986. Robert Axelrod, *Complexity of Cooperation: Agent-Based Models of Competition and Cooperation*, NJ: Princeton University Press, 1997. Robert Axelrod, and Michael D. Cohen, *Harnessing Complexity: Organizational Implications of a Scientific Frontier*, New York: Free Press, 2001.

它们当中的任何一派都处于发展与变动之中，如新现实主义在从物质主义—个体主义的形态向物质主义—整体主义的方向过渡，新自由主义由物质主义—个体主义向理念主义—个体主义方向演变。建构主义更是走了一条中间道路，在形成体系的过程中从后现代理论向结构理念主义过渡。

比较三种体系理论，我们觉得它们都有其合理的假定与逻辑，又同时存在着很大的缺陷，这和他们看问题的视角有极大的关系。那么我们在分析各种理论时，能不能说哪种理论更真实？更科学？更高明？我的答案是否定的。

英国学者巴什勒曾明确提出了“本体论上的平等”的概念。根据这一概念，任何存在的东西都是真实的。一个人（不管是伟大的还是平凡的）、一种思想（不论是伟大的还是平凡的）都是真实的。没有什么东西比别的东西更真实。一个实在并不比另一个实在少点或多点实在性。本体论上的平等原则要求摈弃一切歧视，接受和接收一切有区别的东西，接受和接收一切差异。这就为真正的多元性开辟了道路。①

一、经济人假定与国际关系研究

我们在分析国际关系时，总喜欢拿人与国家来比较。因为一来这样容易理解，二来社会是由人构成的，社会构成了国家，国家构成了国际社会。所以人与国家有一定的可比性。古典现实主义大师摩根索从人性本恶出发，推断无止境的追求权力是人的根本利益，国家也是如此，而国家不停地追求权力必然导致国家间的冲突。摩根索以人类历史上大量活生生的事例加以辅证，使他的逻辑与结论具有相当的可信性。他的思想影响了无数的政治家和探询政治本质的人。但在科学主义、分析哲学盛行的美国，因为实证的需要，必

① 王治河著：《扑朔迷离的游戏——后现代哲学思潮研究》，社会科学文献出版社1998年版，第97页。

需把概念量化，变得可以操作，容易测量，这样一来，摩根索的思想体系中模糊的概念，零乱的结构便暴露无余。国际关系的第二次论战也主要在于此。

现实主义在争论当中不断发展和完善自己的理论。华尔兹最先提出了层次的概念。他认为可以把影响国家行为的因素分为三类，人、国家与国际体系。经过严格筛选，最后他把重点放在了国际体系的层次上，并认为只有体系理论才是国际政治理论。在华尔兹构筑自己的理论大厦时，其主要行为体是国家，而国家的性质假定为像“经济人”那样的理性体。他从微观经济学中吸取了大量的营养，把市场—公司理论套用到国际体系—国家的关系上。在这一点上自由制度主义也是一样。把国家定为经济人，就意味着国家像经济人一样，试图最大限度地获取预期利润，国家的主权相当于产权，权力相当于货币，核心利润则是生存安全，而无政府状态的存在则使得国家间的互动形成了“安全困境”，国际体系的稳定性又极大的限制了国家的能动性。

面对不断变化的现实和新现实主义解释力的减弱，新自由主义借鉴制度经济学理论，把科斯定理运用到国际制度的分析中。因为制度减少了不确定性，改变了交易成本，提供了较充分的信息和稳定的预期，这使得国家（经济人）在最大限度的追求安全与财富，最小限度的支付成本的考虑中，必然产生对国际制度的需求，这将导致国家间的合作，使得国际制度得以维持和发展。

新自由主义接受了新现实主义的大部分假定和视角，把国际进程添加到体系层次上，作为一个影响国家行为的自变量。那么它的解释力如何呢？基欧汉选择发达国家、经济领域的实证已经显示了其理论的限度。把国家设为理性的经济人，是科学研究的必要条件，它使得推测国家行为成为可能。国家最大限度的追逐自己的利益也确实是它最重要的本性之一，但这一设定本身就把国家利益先验地定死了，国家的能动性、多样性受到极大限制。马克思说过，人的本质是其所有社会关系的总和。这一点也适用于国家的本质。就像一个人只能生命结束之后，我们才能对其本质盖棺论定；同样国家在其行为完成之前，是不能对其本质下结论的。正是在国家间互动的综合反应中，才能看出作为国际社会一员的国家本质。

新现实主义理论过于静态，不能解释结构的变化，重要国家行为的变化，使人们有理由怀疑其简约性后面的科学性。新自由主义认识到进程、观念的重要，但其前提仍承认物质性权力是最重要的，结构是物质性力量，因此新自由主义只是对新现实主义的修补，而不是根本性的革命。所以很多学者认为新自由主义属于新现实主义的一部分。对于新现实主义与新自由主义的共同点大于分歧点，基欧汉也是承认的。

二、社会人假定与国际关系研究

社会学虽然不如经济学的传统深厚，但和国际政治学比起来是一门古老的学科。因此社会学的方法论自然也成为国际关系学者借鉴的对象。马克思、韦伯、涂尔干等社会学大师的思想都对新生的国际关系学科产生了深远的影响。

社会学是研究什么呢？邱泽奇说，“社会学是一门试图用科学的思维逻辑来讨论人类社会和社会生活的学科。……与政治学相比，社会学不单纯关注国家和政体，而是把两者都当作人类的组织活动，关注组织所具有的共同属性。”[①] 社会人关于人的假定与经济人有很大的不同。经济学认为，人的行为是受社会环境和社会结构制约的，因此有人形象地说，“经济学是研究人为什么要选择某种行为，而社会学则研究人为什么无法选择某种行为”。[②] 美国社会学家科尔曼认为，目前各门社会学科（包括经济学、社会学、政治学等）普遍存在的主要缺陷之一是微观理论与宏观理论的联系十分脆弱，未能解

① 邱泽奇著：《社会学是什么》，北京大学出版社 2002 年版，第 65—66 页。

② 杨善华著：《当代西方社会学理论》，北京大学出版社 1999 年版，第 99 页。

决微观到宏观或宏观到微观的转变问题。[1] 他还认为，由于理性行为的个人利益是既定的前提，因此它无法在微观层次上说明个人利益是如何产生和变化的（这涉及个人心理和意识的层次），这是理性行为理论的缺陷。[2]

温特以社会学为武器，向主流国际关系理论发起猛烈的攻击。他鲜明的反理性主义原则和反物质主义原则将使人们从理性主义、物质主义原则的束缚中解放出来。社会人引进国际关系是一场革命。

首先，它以一种动态的方法论代替了过去静态的方法论。国际社会是高度复杂的，由像人一样的国家组成的，时刻处于变动之中。这要求我们以一种进化的、多层次互动的观点看待国际关系。在重视因果关系的同时，也重视建构关系。国家的利益与偏好并不是天生的，无政府状态也不是独一无二的一种逻辑，国际体系的结构既是物质的，更是社会的。在一种缓慢的互动中，适当性逻辑和推论逻辑有可能给人类社会带来光明的前途。费丽莫的《国际社会中的国家利益》以社会学视角剖析了三个案例，即教科文组织帮助国家建立科学科层组织，杜南特等精英人士推动各国接受《日内瓦公约》，世界银行重新定义发展的新涵义并让各国接受，从而精彩地说明了国际组织如何把一些国际规范教给各主权国家，并内化成国家的偏好和利益。虽然她展现给我们的是国际体系如何影响单元的属性，但反过来也一样，一些国家内部的规范最终建构成国际共存规范的一部分，为国际社会所接受。

社会学视角的第二个重要意义是国际关系的探讨回到哲学层面，回归到对人类的终极关怀。社会学脱胎于哲学，在形而上原则的指导下关注人类社会和社会生活本身，而不像经济学仅限于经济政策，它关注经济现象的社会基础及其相互关系。社会学不像政治学那样单纯关注国家和政体。社会学的视角将打破国家中心主义，将推动对国际

---

① 杨善华著：《当代西方社会学理论》，北京大学出版社 1999 年版，第 100 页。

② 同上书，第 109 页。

关系中的多元行为体、多元结构、多元互动、多元本体论和方法论的多维度研究。从而突破新现实主义和新自由主义的狭隘假定与狭隘视野。

当然建构主义也不是完美的理论体系，其局限性是非常明显的。一方面对文化、观念、身份等理念主义因素，提出它们是可变的，但同时又说是很难变的：一方面反物质主义，一方面是弱物质主义；一方面反理性主义，一方面又接受理性主义的某些前提和逻辑。其观点的“全面性”不符合科学的可验证的原则。他的整个体系游离于理性主义与反思主义中间，从而招致双方的共同攻击。

还有在分析结构—行动者的关系中，他必需在固定的时空中，选取一个方向建构，由于其理论体系的特点，他也过分注意结构对单位的建构，而把结构的存在作为先验的存在，在单元的取舍上回到国家。所以激进建构主义批评他因为试图建立体系理论而背离了建构主义的原则是很有道理的。这说明即使作为一代大师的温特也很难柔和不同理论视角，想建立一个唯一的、全面的理论是不可能的。这一点王逸舟曾感叹到，他在“不知不觉中，追求的目标也从发现唯一性，变成了探寻多样性，即心灵深处不受拘束地从事探索劳动，自由自在的寻找新的视角与解释，使比较简单的画面变得富有动感，使写出来的东西与真实的生活有更高的相近度。一定程度上讲，终极目标在淡化，求索过程变的很重要……”①

视角的变化，将带来问题与结论的变化。王义桅在《在科学与艺术之间——质疑国际关系理论》一文中，诘难了国际关系理论的西方化、美国化、二元化等现象，他坚信由于存在着诸多内部矛盾，西方国际关系理论必然要被中国学派所否定，中国学派的理论将确立全球社会在经济、政治、军事、文化与宗教五大领域的可持续性发展与和

① 王逸舟：《“受困”与“解惑”》，载《世界经济与政治》，2002年第11期，第79页。

谐关系，真正实现国家性回归和对不同体系的包容。[1] 对此，我表示深深的怀疑，因为这又将是一个唯一的理论。

三、跨范式分析：视角的融合是未来的取向？

国际关系的属性是复杂的，行为体是多元的，每一个都有着丰富的内涵，而且处于一种不停的互动之中。每一种理论范式都更多的关注某些行为体，某些属性，某些事实，而把其它的行为体、其它属性、其它事实作为附属性的，甚至忽略掉，这难免带有很大的片面性，也使得多视角的分析国际关系成为必然。在这方面国内学者李少军提议，国际关系理论应该超越范式之争，吸取各家之长，运用多元的视角与观点，发展一种综合的理论模型。这既是现实分析的需要，也是理论发展的需要。[2] 门洪华也撰文分析国际关系理论范式的相互启示与融合之道，呼吁国际关系理论的研究者要有一种开放的、建设性的心态看待国际关系理论的发展，在国际关系理论的研究中注意吸取其他理论流派的精华，从而为建构更有解释力的国际关系理论做出贡献。[3] 在这方面，杰克·斯奈德的《无政府性与文化：来自战争人类学的洞见》一文，可以说是吸取各种范式，对战争与和平问题进行分析的一次尝试。[4] 斯蒂芬·沃尔特曾经指出，竞争中的每一种视角都捕捉到了世界政治的重要方面，但任何单一途径都不可能捕捉到当代世界政治的全部复杂性。如果我们的认识只局限于其中的一种，我们的理解就会失

---

① 王义桅：《在科学与艺术之间——质疑国际关系理论》，载《世界经济与政治》，2002 年第 9 期，第 4 页。

② 李少军：《国际关系理论与现实》，载《世界经济与政治》，2004 年第 2 期，第 20 页。还可以参考他的以下几篇文章，《国际关系大理论与综合解释模式》，载《世界经济与政治》，2005 年第 2 期；《国际关系研究中的理论与解释》，载《国际观察》，2008 年第 1 期；《国际关系研究中的途径与范式》，载《欧洲研究》，2008 年第 1 期。

③ 门洪华：《国际关系理论范式的相互启示与融合之道》，载《世界经济与政治》，2003 年第 5 期，第 42—43 页。

④ Jack Snyder, "Anarchy and Culture: Insights from the Anthropology of War," *International Organization*, 56: 1 (Winter 2002), pp. 7—45.

之贫乏，因此我们最好运用竞争理念的不同组合，而不是局限于单一的正统理论。理论间的竞争有助于揭示它们的长处和短处，并且会导致更精致的东西的产生。[①]

所以我们应在传统的历史、经济、社会等视角的基础上，进一步从语言、法律、心理等多视角和混合视角来观察国际社会。既研究循环理论，也借鉴进化理论；既使用科学方法，也采用人文手段。在这方面后现代主义将给我们带来很多的启示。也许我们受主流理论的束缚太深了，总试图找出本质、规律、主干，也许后现代主义的批评是对的，应进一步摧毁结构，实现非中心化，从主要关心树干转到关心树叶、关心网络、关心联系、关心主体间性。只有这样国际关系才能从源头引来活水，把我们从既有的理论思维中解放出来，找回本能与自我，把终极关怀重新放到个人身上。这方面列宁的那句老话也许不无启迪，“理论是灰色的，生命之树是常青的”。

有鉴于此，笔者认为应该不拘泥于哪种理论流派，而是在国际制度的内外环境中探寻其有效性的要素。外在因素主要是大国实力分配，当时的流行思潮及大国对国际制度的观念，国际上的和平与安全问题；内部因素主要是制度的构成原则，如会员国、机构设置及其权限分配等。关于内外关系，朱建民说到，“国际组织所遭遇的问题，可分为两大类：第一类是构成问题（constitutional problems），如会员国问题、区域组织问题、表决问题、组织发展问题、国际秘书处问题；第二类为实质问题（substantive problems），如和平解决问题、集体安全问题、军备管制问题、委任托管问题、经济合作问题。构成问题是与国际组织出生以具来的问题，实质问题是引起国际组织所以设立的问题；构成问题是设立国际组织所引起的问题，实质问题是引起国际组织所以设立的问题。构成问题属于国际组织对内求健全发展的事项，实质问题涉及国际组织对外谋合理

---

① Stephen M. Walt, “International Relations: One world, Many Theories”, *Foreign Affairs*, 1998, Spring, p. 44.

解决的事项。这两类问题逻辑上尽管界限分明，但实际上却相互影响。有关国际组织内部发展的决定，无可避免的受到外界政治考虑的影响；反之，国际组织内部发展的程度，也必然地影响到外界政治问题的解决”。[①]

美国国际关系学者鲁德拉·希尔和彼得·卡赞斯坦最近提醒中国的同行，要抵制当下范式间论战的诱惑，以务实的方式思考如何应对现实世界中面临的问题。他们提倡超越范式，采纳分析折中主义，即探索来自不同范式或研究传统的理论概念，研究它们之间的复杂关系，揭示似乎不可兼容的观点之间存在的内在联系，并将学术研究与实践者/决策者面临的实际问题结合起来。[②]

阿纳托尔·拉波波特很久以前也说过，“我认为，没有一种单一的思维框架能够充分解释人类冲突这类复杂的现象。但是如果知道几种思维框架，就可以使我们注意到存在的盲点……所以，虽然这里所说的方式中没有一种是足够充分的方式，但每一种都提醒我们另外一种方式中遗漏了什么”。[③]

总之，正如秦亚青先生指出的，成熟的社会学科所具有的方法论体系是开放的体系，方法论原则是多元主义，人文精神要融入社会科学研究，科学方法要以人文精神为基底。科学和人文两种方法都会走向极端：人文走向极端，发展为激进的后现代主义，成为本体的虚无和认识的飘渺；科学走向极端，则使科学成为神话，导致人的死灭和作为科学灵魂的质疑精神的消失。故在社会科学领域，唯科学和唯人文都无法永久地占据方法论的王位。因此，我们不妨借用一下斯诺的命题，开拓一条第三种文化的路径：人文与科学的契合。当然，基本的假定是，科学的终极关怀和人文的终极关怀都是对人的关怀，如此，

---

① 朱建民：《国际组织新论》，台北正中书局1977年版，第186页。

② 鲁德拉·希尔、彼得·卡赞斯坦著，秦亚青、季玲译：《超越范式：世界政治研究中的分析折中主义》，上海人民出版社2013年版，中文版序言。

③ 同上书，第196页。

融合就有了前提和基础。[①]

第四节 研究设计：案例选择与分析框架

考察国际制度的有效性，但是国际制度浩瀚纷繁，包罗万象。我决定选择其中的政府间国际组织作为切入点，主要是分析横跨三个世纪的三大组织即欧洲协调、国际联盟和联合国。之所以选择这三个案例出于以下考虑：

1. 政府间国际组织相比其他制度形式，成熟度更高，安排更正式，存活更长久。国际组织代表了制度化的最高阶段。而制度化对于促进国际合作的深化。[②] 这三个国际组织都达到了当时人类制度设计的顶峰，前后有一种传承与进化的关系，而且是在安全领域，大国所做的空前的实验，不管成败，其影响都是深远的，其遗产都值得我们好好研究，正所谓前事不忘后事之师。

2. 三个案例都发生在大战之后，是战胜国借空前的优势对国际秩序的重新安排。它既是新的大国实力分布的反映，也是当时各国理念的表现。战胜国屡屡诉诸国际组织缔造国际秩序不是偶然的，尽管制度形式各异，但其防止战争重演，降低国际体系的无政府性的良好初衷则一。

3. 三个案例不是孤立无关的三个组织，他们反映了人类历史的延续性，欧洲协调是对威斯特伐利亚体系的一种修正，后者因强调绝对主权所致战争不断；国际联盟是对均势外交的超越，它明显吸收了海牙体系的精神，容纳了当时的国际行政组织；联合国是集国际组织之大成，它既有欧洲协调的影子，又有国际联盟的痕迹。关于历史之间

---

① 秦亚青：《国际关系研究中科学与人文的契合》，载于《中国社会科学》，2004 年第 1 期，第 82 页。

② 惠耕田：《制度、制度化及国际合作的再解释》，载《国际论坛》，2009 年第 4 期，第 61—66 页。

的联系，诚如怀特所言，“联合国阶段是国联阶段的延续……由此可以看出延续性的三个方面：第一是再次尝试为维护国际安全而建立这个有效的国际组织，因为联合国是国联的正式继承者。第二是共产党苏联同西方大国之间冲突的继续，且规模更大，范围更广。第三是民族自决原则在欧洲以外地区即在亚洲、非洲的实践”。[①]

三次试验成败不一，但都是人类理性的努力，从会员国的增加，地域的普及，职责的扩大，各国认同的增强，我们能感受到国际制度的进化，国际政治从权力政治向权利政治的演变。国际组织效力高低不同，重要的不是去责备前人如何乌托邦，如何崇拜权力政治，而是总结出影响其有效性的关键因素，以为改进当今国际组织的工作提供借鉴。

2010 年 11 月 11 日，中国驻联合国大使李保东在第 65 届联大，发表中国对联合国安理会改革的政策，他说，中国支持对安理会进行必要、合理的改革。改革既包括扩大安理会的代表性，也包括改进安理会的工作方法。改革应有助于提高安理会的权威和效率，更有效地履行《联合国宪章》赋予的职责。改革应优先增加发展中国家、特别是非洲国家的代表性，让更多中、小国家有机会进入安理会，参与安理会的决策。安理会改革是一项复杂、艰巨的系统工程，涉及到联合国未来和全体会员国的切身利益。当前会员国对改革思路还存在不同看法，应继续坚持民主讨论，耐心协商，相向而行。我们反对为改革人为设定时限。安理会改革涉及的五大类核心问题密切相关，不能割裂处理。改革只能达成“一揽子解决方案”，“分步走”或“零散处理”的做法没有出路。[②]

从这个发言中，可以感觉到联合国改革的难度，同时也证明对国际组织的实证性研究是一件具有学术价值和实际功用的工作。

---

① 马丁·怀特著，宋爱群译：《权力政治》，世界知识出版社 2004 年版，第 151 页。

② http：//www. china-un. org/chn/zgylhg//lhgzyygg/.

国内对三个国际组织的研究，成果很不均衡，视角也不一样。[①] 我在本文中重点考察的问题是：什么变量影响了国际制度的有效性？具体可以拆分为下面几个问题，权力分配与国际制度安排的关系是什么？制度安排与大国认同的关系是什么？国际制度的有效性与国际规范是什么关系？权力、制度与规范是如何相互影响的？

我深知这一探讨的艰难，尤其是自己学力不逮，也无相关的组织经验，只能是纯学术的思辨，但即使作为一次失败的实验，它还是有其本身的价值的。

---

① 截止到2013年1月，在国家图书馆网站，经过文津搜索，再辅之以CNKI搜索，关于欧洲协调的研究，没有一部专著，期刊论文5篇，学位论文1篇；关于国际联盟的研究，解放前有十几本小册子，解放后仅有两部，即韩莉：《新外交、旧世界：伍得罗威尔逊与国际联盟》，同心出版社2001年；于琳琦：《国际联盟的历程》，黑龙江人民出版社2004年版。期刊论文126篇，学位论文21篇，会议论文17篇。关于联合国的研究，搜索出1600项书目，期刊论文7254篇，学位论文280篇，会议论文130篇，可谓铺天盖地，但关于和平与安全的专著不超过20部。第一代联合国研究的学者主要有陈鲁直、李铁城、钱文荣、周启朋、袁士槟、王杰、王杏芳、刘恩照、王铁崖、赵理海、饶戈平、梁西、渠梁、韩德等；第二代主要有郑启荣、王文、肖刚、李滨、李东燕、高华、郭学堂、何曜、门洪华、张海滨、史哲、仪名海、江国青、黄惠康、刘大群、黄瑶、徐崇利、盛红生等。第一代可谓拓荒者，他们一般注重对联合国的宏观研究，其成员既有资深学者，又有政府官员，还有著名记者。第二代成员主要是学者，多是专题研究，在某一个点上取得突破。他们都为我国的联合国研究做出了贡献。关于中国的联合国研究的历史与现状，可以参考郑启荣：《中国的联合国研究》，载于王逸舟主编：《中国国际关系研究(1995—2005)》，北京大学出版社2006年版，第10章，第313—340页，作者按问题领域进行了评述；孟文婷等著：《中国联合国学术研究四十年》，载于《国际关系学院学报》，2012年第6期，则按时间顺序，对研究联合国的机构、主要学者和成果进行梳理。关于英语界对联合国问题的研究，见李东燕：《联合国研究60年：理论政策方案》，载于《世界经济与政治》，2005年第5期，第14—19页，作者从国际关系理论、成员国联合国政策和联合国改革三个层面，对60年来联合国研究的的进展及主要成果进行了很精彩的综述。

第二章

欧洲协调与国际体系的无政府性

欧洲协调是拿破仑战争结束之后，当时欧洲大国的领导人为防止欧洲全面战争重演而努力建立、实施的一种制度。这种制度有效吗？我们可以将欧洲协调前后的历史进行比较。据霍尔斯蒂（Kalevin J. Holsti）统计，在乌德勒支（Utrecht）解决方案（1713—1815）之间，共发生了32起双边和多边欧洲战争，在1815—1914年期间，发生了17起欧洲战争，每年大国卷入战争的几率值从0.03降到0.021，每个国家参战几率下降了30%。[①] 从伤亡人数看，欧洲协调之前之后的数值也要高出许多，拿破仑战争中战场死亡人数为186.9万人，一战中为773.43万人，二战中为1294.83万人，而欧洲协调时期为51.7万人左右。[②] 可见当时体系的无政府性要高于欧洲协调时期。当然我们可以说欧洲协调不是欧洲和平的充分条件，但没有欧洲协调，19世纪的欧洲和平能否有保障也是有疑问的。那么欧洲协调的有效性来自何处？其中的因果关系有什么普适性吗？为什么欧洲协调产生于19世

① 霍尔斯蒂著，张胜军、刘小林等译：《没有政府的治理：19世纪欧洲国际政治中的多头政治》，载《没有政府的治理》，江西人民出版社2001年版，第49页。

② G. John Ikenberry, *After Victory* Princeton and Oxford: Princeton University Press, 2001, p. 275。该书详细论述了每次大战结束后，获胜的霸权国为什么，以及如何积极建立约束各国包括自身的制度。

纪？为了回答这些问题，我拟从三个方面予以分析，即欧洲协调何以产生？欧洲协调的功能和性质是什么？欧洲协调如何影响了欧洲的百年和平？

第一节　欧洲协调的产生

一、威斯特法利亚“紧身衣”与主权国家体系的产生

1799年欧洲爆发了拿破仑战争，法国成为欧洲大陆主导国家，它对当时的国际体系构成了挑战。在1799年之前，我们称呼欧洲的国际体系为威斯特伐利亚体系，即以1648年威斯特伐利亚会议为标志，欧洲形成了主权国家为单位的国际体系。尽管英国学者巴里·布赞(Barry Buzan)批评国际关系中的“威斯特伐利亚情结”，学者们言必称威斯特伐利亚，但他本人描绘的中世纪国际体系图[①]和威斯特伐利亚图[②]却一目了然地解释了我们为什么要穿威斯特伐利亚“紧身衣”(Westphalian Straightjacket)。

因为结构基本单位及其互动方式发生了变化，所以威斯特伐利亚体系形成了自己的基本原则，即会议解决争端，国家主权平等，条约必须遵守和对违约的一方可施加集体制裁，罗马教皇神权统治体制的世界主权论被打破，世俗专制的封建主权体制得到加强，确立外交常住代表机构的制度，[③] 其中最核心的是国家主权被承认以及国家间主权平等。这说明主权不仅是权力，也是权利；不仅是主体的，更是主体间的。当然对于主体的内涵，威斯特伐利亚时代的人不可能有如此的认知，那时国家更多强调自己的权力，而非别国的权力。一部国际关系史，从某种程度上可以说是主权产生、扩散、普及、变异、消亡的

---

① 巴里·布赞、理查德·利特尔著，刘德斌等译：《世界历史中的国际体系——国际关系研究的再构建》，高等教育出版社2004年版，第218页。

② 同上书，第235页。

③ 刘德斌主编：《国际关系史》，高等教育出版社2003年版，第53页。

历史。关于主权的全部意义，卢凌宇的再定义对于我们可能不无启发，他认为主权是国家授权政府实现国内有效统治和管理的最高权力，是国际法赋予现代国家的对外独立权利，是国内人民认同和国际社会承认的合法性权威。因此，主权只有建构中的主权，没有建构完毕的主权。①

图 2.1　欧洲中世纪国际体系图

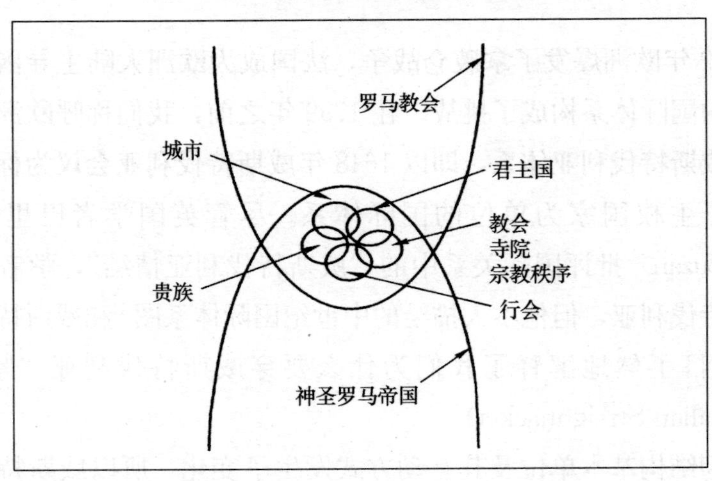

注：中世纪国际体系图：复合重叠的主权。此图非常简要地显示了运行于欧洲封建时代复杂而又重叠的主权。主要挑战发生在罗马教会和神圣罗马帝国之间。但是在相互争夺的舞台上，也存在着大量个体与封建制度之间所形成的附加的权利和义务。

---

① 卢凌宇著：《论冷战后挑战主权的理论思潮》，中国社会科学出版社 2004 年版，第 260 页。

图 2.2　欧洲威斯特法利亚体系图

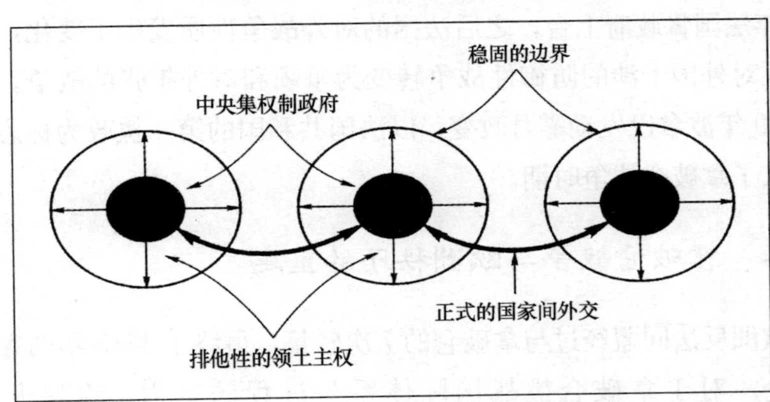

注：国家的威斯特伐利亚国际体系的基本形式：这种新型体系的构成单位承认彼此边界的合法性和国内主权。

由于主权的主要依托是领土与人口，所以各国的本能是想控制更广阔的疆域，而同时限制别的国家这样做，技术与军事变革的重要性还要待以后体会。在17—18世纪，欧洲列强之间战争频繁，势力相互消长，他们彼此之间最关心的是自己的利益，而很少带有意识形态色彩。当其利益、目标发生冲突的时候，总是毫不犹豫地诉诸战争，没有人觉得战争是不道德的，是应该防止的。他们充分地享受着自己的主权。在霸权争夺战的过程中，土耳其、瑞典、荷兰、西班牙等老霸权逐渐衰微，退出了大国行列，而英、法、俄日渐壮大。

1799—1815年的拿破仑战争是一场法国称霸欧洲，其他欧洲国家联合反霸的战争。战争之前法国国内爆发了大革命，随着法兰西共和国的成立，法国新提出的外交原则对当时的多极均衡的国际体系形成严重冲击。这些原则包括主权在民和民族利益至上的思想，普遍的和平和正义原则，不干涉原则等。[①] 法国周边的各封建王朝，如奥地利、俄罗斯、普鲁士、英国等都感到了威胁，于是他们联合起来对法国大

① 刘德斌主编：《国际关系史》，高等教育出版社2003年版，第89—90页。

革命进行干涉，力图恢复旧的秩序。1792 年，第一次反法同盟失败，1794 年法国督政府上台，之后法国的对外战争性质发生了变化，由初期的反对外国干涉的防御性战争转变为争霸和对外扩张的战争。尤其是 1799 年波拿巴发动雾月政变，以法国共和国的第一执政为标志，欧洲进入了拿破仑战争时期。

二、拿破仑战争与欧洲秩序的重建

欧洲反法同盟经过与拿破仑的 7 次较量，最终于 1815 年彻底击败拿破仑。对于拿破仑挑战国际体系与进程的努力，约瑟夫·奈（Joseph Nye）有一段中肯的评价，“在 19 世纪初期，拿破仑企图在欧洲建立法国霸权，但是他没能获得成功，因为其行为促使其他国家联合起来并且最终打败了法国。假如拿破仑获得成功，那么当时的国际体系将会变成单极结构。然而，在拿破仑被击败之后，1815 年的维也纳会议恢复了过去的多极秩序，5 个主要国家相互制衡。革命的法国改变体系的过程达 20 年之久，而且它试图改变该体系的结构，但是法国到头来还是没能把欧洲国家间的体系结构变成单极结构”。①

拿破仑战争结束后，新的维也纳体系虽也是一种多极均势体系，权力分配发生变化，但在处理战败国，缔造新的国际秩序方面，却有了不同于乌德勒支体系的特点。其主要原则体现在 1815 年 6 月 9 日列强通过的《最后议定书》，具体说就是正统主义，遏制和补偿三原则，尤其是正统主义和遏制原则成为维持欧洲和平的重要原则。

（一）正统主义与认同

正统主义是指主张恢复在法国大革命时期和拿破仑战争时期被推翻的欧洲各个“正统”王朝和君主制度，其提出者是法国出席维也纳会议的代表塔列朗，实施者主要是奥地利首相梅特涅，其哲学基础则

① 约瑟夫·奈著，张小明译：《理解国际冲突：理论与历史》，上海人民出版社 2009 年版，第 59 页。

是以伯克为代表的保守主义。

保守主义的核心主张是否定平等权利主张，否定有关理性、科学和社会进步等新信念。它反对平等和个人自由的观念，强调群体的重要性；反对改进和变革，强调传统社会秩序和责任。对于受到激进主义称赞的法国革命，保守主义则深表不满。他们的立场是防卫性的，为反对自由主义和激进主义提供哲学基础。①

对于保守主义的内涵，张睿壮有一个精彩的解释，即“保”就是保持现状与稳定，“守”就是守住传统和秩序。② 对于保守主义为什么产生在英国，中国学者王皖强认为，英国是保守主义的发源地，这当然有深刻的政治、社会及思想背景。仅从哲学传承上说，这与英国悠久的经验主义传统密切相关。早在欧洲中世纪中叶，英国神学就已经出现了唯物主义之光，英国哲学最终形成了重视经验的传统。经验主义一方面是唯物主义的表现，另一极端便是哲学上的怀疑论。这种怀疑论的具体表现之一就是对待理性的态度。同是启蒙运动，苏格兰启蒙运动、英格兰启蒙运动与法国启蒙运动等大陆启蒙运动在对待理性的态度上有明显的差异。亚当·斯密、大卫·休谟、亚当·弗格森等人对理性持一种怀疑态度，伏尔泰、百科全书派为代表的则更多地强调理性的积极作用。③

实际上，从保守主义中，我们可以看到后来国际关系理论英国学派的影子，如强调社会、秩序、渐进、传统价值观等理念，只不过布尔等人把英国国内的政治经验推广到了国际层次。发端于英国的保守主义后来传到欧洲大陆与美洲，形成了各据特色的本土的保守主义，并随着时代的发展不断调整自己的主张，以使自己立于不败的地位。

---

① 托布约尔·克努成著，余万里、何宗强译：《国际关系理论史导论》，天津人民出版社 2004 年版，第 161 页。

② 张睿壮：《保守主义的渊源及其在美国的演进》，载《保守主义理念与美国的外交政策》，生活·读书·新知三联书店出版 2003 年版，第 4 页。

③ 罗杰·斯克拉顿著，王皖强译：《保守主义的含义》，中央编译出版社 2005 年版，中译者序，第 5 页。

但其对传统、历史、宗教伦理的重视始终是它的主要特征。这从当前美国小布什政府浓厚的保守主义色彩便可见一斑。

正统主义作为一种道德之所以得到当时欧洲多数国家的共鸣，原因有三：一是欧洲大部分国家都是专制政权，主张正统主义无异于赋予现状以合法性，从而会加强政权的稳固；二是欧洲近代史上共同的文化和价值观使然。共同的文化背景使他们易于认同正统主义，正统主义后来作为欧洲协调的一块基石，各国越遵守正统主义，欧洲协调越成功。摩根索（M. J. Morgenthau）认为欧洲协调制止重大战争获得成功的第一个原因是“在这一段历史时期内，欧洲社会的道德观念一息尚存，又由于人道主义的道德范围而加强”。① 基辛格认为，“最重要的因素在于欧陆国家是因共同的价值观而结合在一起。各国不仅在形势力上，在道德上亦处于均衡状态。权力与正义取得相当的协调。权力均衡降低诉诸武力的机会；共同的价值观则减低诉诸武力的欲望。”②

正统主义得到大国认同并得以实施，与梅特涅的苦心经营是分不开的。有的学者认为梅特涅是维也纳体系的设计师。梅特涅非常清楚奥地利的内外局势，他从维护奥国的大国地位出发，防止俄罗斯扩张和普鲁士、意大利的统一，威胁奥国虚弱的多民族大家庭利益，说服俄普共同维护正统，反对革命。从正统主义中获益最大的是奥地利，但它也得到了各国的积极支持，在西班牙、葡萄牙、德意志和意大利的各小邦，被推翻的旧政权都重新建立，这反映了当时各国对法国大革命带来的政治动荡的不满，正统主义满足了各国对秩序、安定的心理要求。

（二）遏制、补偿与均势外交

均势理论是国际关系中的元理论，尽管学者们对于均势的定义众

① 汉斯·J. 摩根索著，徐昕等译：《国家间政治——寻求权力与和平的斗争》，中国人民公安大学出版社 1990 年版，第 573 页。

② 亨利·基辛格著，顾淑馨、林添贵译：《大外交》，海南出版社 1998 年版，第 60 页。

说纷纭，华尔兹还是肯定的说：“如果说有什么关于国际政治的独特的政治理论，则非均势理论莫属”。[①] 均势的涵义确实包括很广，既可以是一种理论假设，如华尔兹所说，“只要满足两个条件，即无政府秩序以及系统由谋求自身生存的行为体构成，均势政治便会盛行”；[②] 也可以是体系或国家间权力分布状态，还可以是国家的政策，国家间应恪守的原则，[③] 甚至可以指规律。

学者们对均势概念的界定差别很大，摩根索提供了四个定义，卡普兰（Morton A. Kaplan）指出了均势体系的六大原则，恩斯特·哈斯（Ernst Hass）发现了八种定义，马丁·怀特则说有九种。学者们的所指如此不同，主要源于以下原因：

1. 均势是目的，还是手段？如果是目的，它应该是防止建立世界性霸权；维护体系的组成部分及体系本身；保证国际体系内的稳定和相互安全；通过威慑防止战争爆发来巩固和延长和平。[④]

均势如果是手段，则包括分而治之的政策（旨在削弱较强一方的实力，如有必要可与较弱一方结盟）；战争后给予领土补偿；建立缓冲国；组建军事同盟；建立势力范围；进行干涉；外交上讨价还价；用法律与和平的方法解决争端；裁减军备；军备竞赛；如有必要用战争维持和恢复均势。[⑤] 对于最后一点，《奥本海国际法》第136条“非依据权利的干涉是否许可”中写道：“为了势力均衡而进行的干涉，在没有象国际联盟和联合国这样的国际组织以前，被认为是许可的。”[⑥]

---

① 肯尼思·沃尔兹著，信强译：《国际政治理论》上海人民出版社2003年版，第155页。

② 同上书，第160页。

③ 马丁·怀特著，宋爱群译：《权力政治》，世界知识出版社2004年版，第114—127页。

④ 詹姆斯·多尔蒂、小罗伯特·普法尔茨格拉夫著，阎学通、陈寒溪等译：《争论中的国际关系理论》第五版，世界知识出版社2003年版，第46页。

⑤ 同上书，第46页。

⑥ 劳特派特：《奥本海国际法》，商务印书馆1989年版，第234页，转引自《论争议中的均势理论》，载《求是学刊》，1994年第4期，第117页。

2. 均势的涵义是一元的，还是多元的？大部分学者倾向是多元的，而华尔兹的概念是一元的，即一旦均势被破坏，仍能以某种形式得以恢复，均势将周而复始地形成。[①]

3. 均势是体系层次现象，还是单元层次现象？大部分学者把这两个层次混在一起，或主要从单元层次分析，而华尔兹是惟一从体系层次进行分析的第一人。休谟、丘吉尔、奥根斯基、摩根索、哈斯、基辛格等人坚持认为，均势政策是睿智和审慎的政治领袖所自愿追随的东西。对于华尔兹来说，无论部分或所有国家是希望建立和维护平衡，还是希望称霸全球，均势的倾向都将自动产生。华尔兹想要创建一种适应于不考虑特定国家行为的国际体系理论。[②]

4. 均势主要是观念结构（规则、制度），还是物质结构（客观存在、规律）？对于华尔兹来说，均势指物质结构，尤其是军事力量，对于温特来讲，均势主要是一种洛克文化型的观念结构，对于传统的现实主义者摩根索、基辛格，均势是物质力量与观念力量的并重，所以摩根索屡屡强调国际道德、国际法对国家权力的限制，寄希望于外交来谋求和平；而基辛格作为深受梅特涅、卡斯尔累均势协调思想影响的政治家，亲自导演了20世纪的中、美、苏均势外交，为衰落时期的美国找到了一个战略支撑点。

英国学派在均势理论方面可以说是新现实主义和建构主义的中间站，在许多方面接近传统现实主义，在某些方面又接近建构主义。比如怀特对均势多种含义的描述，布尔对主观均势和客观均势、偶发均势和人为均势的区分。尤其重要的是布尔指出均势原则的一个悖论，一方面，均势的存在是国际法得以发挥作用的基本前提，另一方面，

---

① 肯尼思·沃尔兹著，信强译：《国际政治理论》，上海人民出版社2003年版，第170页。

② 詹姆斯·多尔蒂、小罗伯特·普法尔茨格拉夫著，阎学通、陈寒溪等译：《争论中的国际关系理论》，上海人民出版社2003年版，第48页。

必要的维持均势的措施经常违背国际法的规则。[①]

在本文里，均势的涵义为大国间的权力分配，而均势的均衡点可以是一条连续线。

18—19 世纪是欧洲国家间权力均衡的黄金时代，那时人们像迷恋牛顿定律一样迷恋均势原则，他们相信均势能带来稳定，能维护国家独立，正像中国学者吴征宇指出的："按照启蒙时代的思想标准，国际政治中'公共的善'就是所谓均势。正是因为如此，1713 年《乌德勒支和约》和 1815 年《巴黎和约》都是将均势原则抬高到一种类似于国际社会宪法性原则的地位。"[②]

乌德勒支体系和维也纳体系都是大战的产物，都进行了领土补偿，都建立了新的权力均衡，但双方保持均势的手段并不相同。如果说乌德勒支体系更多靠战争自发保持均势，那么维也纳体系更多的是靠会议外交（即欧洲协调）有意识的遏制个别大国对均势体系的挑战。遏制原则是维也纳体系一个鲜明的原则。《乌德勒支和约》对此没有专门规定，而 1815 年的英、俄、奥、普《四国同盟条约》重申和确认永久剥夺拿破仑·波拿巴及其家族在法国统治的约定；在法国划出一条军事阵地线并在若干年内由同盟国的军队占领；如果兵力不足，缔约国及时商量提供军队的数目，必要时不惜动用全部武力；缔约国为确保四国的团结，定期举行会议，商讨欧洲时势。[③]

《四国同盟条约》清楚地表达了各国共同遏制法国的意图。条约有效期 20 年。团结起来，共同遏制法国是各国防止未来欧洲全面战争爆发的需要，也是对历史经验的总结。从 1618 年以来的历次王权战争，几乎都与法国有不解之缘，比如 30 年战争（1618—1648 年），英法战

① 赫德利·布尔著，张小明译：《无政府社会——世界政治秩序研究》，世界知识出版社 2003 年版，第 86 页。

② 吴征宇著：《肯尼思·国际政治理论研究》，当代世界出版社 2003 年版，第 181—182 页。

③ 方柏华著：《国际关系格局——理论与现实》，中国社会科学出版社 2001 年版，第 49 页。

争（1652—1678年），西班牙王位继承战（1702—1713年），奥格斯堡同盟战争（1688—1697年），英法七年殖民地战争（1756—1763年），拿破仑战争（1799—1815年）。

经过一个半世纪的厮杀，欧洲的政治家开始提出全欧洲的和平方案。俄皇亚历山大非常热衷于把世界和平建立在道德原则和一般概念的基础上，他先是呼吁废除封建制度，建立宪政，后又成为死心塌地的保守主义者。与善变的亚历山大相比，英国首相皮特更为务实，他认为欧洲不稳定的主因在于中欧的衰弱，诱使法国一再地入侵。全欧和平方案的第一步必须是，剥夺法国自大革命后所征服的所有领土，同时恢复各低地国家的独立；然后由英国、普鲁士、奥地利及俄罗斯组成针对法国侵略的永久性联盟，借此作为新的领土安排的保证。[①] 皮特建议经后来的英国首相卡斯尔雷加工，成为《四国同盟条约》的有机组成部分。英国经过拿破仑战争，更加体会到欧洲均势对英国安全的重要性，所以更加有意识的频繁地充当平衡手角色。

拿破仑战争结束后，各国以均势原则来建立新的国际秩序，这在欧洲历史上是史无前例的。战胜国设计的遏制和平衡方案远不是只针对法国，而是多向多维的。仅举两个例子予以说明：一是针对法国的平衡关系，通过增加法国周边国家的力量来堵住法国对外扩张的通道；二是着手合并德意志各邦，但又保持德意志的分裂。拿破仑时代之前的300多个小邦，被合并为30个较大的国家，并组成德意志邦联。德意志邦联旨在共同抵御外侮，它是个完美的设计，虽强大到不怕法国的攻击，却又太分散尚不足以威胁到邻邦。这个邦联平衡了普鲁士超强的军事力量与奥地利无上的威望及正统地位。其目的在阻止德国走向全国的统一，保存各诸侯国与王国的王位，同时又想防阻法国的侵略。它在三方面均很成功。[②]

---

① 亨利·基辛格著，顾淑馨、林添贵译：《大外交》，海南出版社1998年版，第56—57页。

② 同上书，第62页。

第二节　欧洲协调的性质与功能

一、欧洲协调是什么？

由于欧洲协调距离现代人较为久远，且是国际关系的新体系，许多事情处于萌芽之中，所以后人对欧洲协调是什么，认识并不一致。下面是几种常见观点。

观点一：欧洲协调就是四国同盟共同防止法国称霸。

协调（concert）一词首次出现于英、俄、奥、普为共同抗法而于1814年签订的《休蒙条约》（the Treaty of Chaumont）中，该条约原为《联合、协调、补助条约》（Treaty of Union，Concert and Subsidy），缔约国承诺“协调一致”（in perfect union），使用其所有方法，为欧洲获得全盘和平，“共同协调”（to concert together）为欧洲延续和平的最适当方法。[①]《第二次巴黎和约》是英、奥、普、俄四国于1815年11月签订，为的是防止法国东山再起，本条约实际上是《休蒙条约》的补充协定，它再次明确规定要实行欧洲协调，“concert”一词两次出现于《第二次巴黎和约》中。[②]

这两个条约为欧洲协调奠定了基础。这种观点因此认为欧洲协调主要是四大国协调，共同防止法国再次挑战新的国际秩序。到1818年召开亚琛会议时，鉴于法国基本忠实地履行了《第二次巴黎和约》的义务，所以英、俄、奥、普四国邀请法国今后参加大国会议，一起讨论解决有关维持欧洲和平和安全的问题。这样法国获得了与其他大国平起平坐的地位，四国同盟变成了五国同盟，因此欧洲协调到此结束。

---

① 朱建民：《国际组织新论》，台北正中书局1977年版，第31页。

② 见 Franz Knipping，ed.，*the United Nations System and its Predecessors*（Oxford：Oxford University Press，1997），Volume 2，p. 8. 书中使用的句子为“在缔约国间协调”（to concert amongst themselves）；“缔约国将要一起协调”（the High Contracting Parties will concert together）。

这种观点对于欧洲协调的理解过于狭窄。四国同盟是欧洲协调的一种极端的军事表现形式，它假想法国仍为战后世界秩序的最大威胁，力图以四国的合力取得对法国的绝对优势，以此遏制法国的称霸野心。而历史的规律却往往是战时的盟友，一旦战争结束就将转为相互竞争的对手。四国同盟的寿命很短暂，而欧洲协调的精神却长存一个世纪。

观点二：欧洲协调就是五大国召开峰会，采取一致行动。

持这种观点的人认为，1822 年在维罗纳会议上，英国反对干涉西班牙革命，其余四国坚持干涉并采取了行动，这破坏了欧洲协调的原则，欧洲协调从此告终。在干涉一国内部政体问题上，英国向来审慎，英国的外交政策受到国内议会制度的有力制约，国内的孤立主义传统一向很强大。

这种观点突出欧洲协调就是大国一致。实际上协调是一个过程，协调并不一定能一致，能求同存异就很好。即使在反法战争期间，大家面临共同的敌人，也很难做到铁板一块。英国作为当时实力最雄厚的国家，对定期参与欧洲事务并不是特别积极，它唯一感兴趣的是保持欧洲大陆的均势，而战略眼光始终放在全球的殖民地上。但不能因此说英国对欧洲事务漠不关心，它始终起着一个平衡手的角色。即使对于参与峰会不那么热心，它还是参与了众多的外长、大使级会议。这一点正如英国学者约翰·劳尔（John Lowe）指出的："作为峰会外交的一种形式，定期会议制度是一种让人颇感兴趣的尝试。但是它缺少组织上的支撑或安排。定期会议制度的瓦解并不意味着'欧洲协调'的结束，它仅仅使为大国外交寻找一个替代性的，也许是更为灵活的论坛成为必要。这样一种替代性方式正以大使会议的形式渐露端倪。"[①]

观点三：欧洲协调就是神圣同盟。

1848 年欧洲革命也就是欧洲协调的结束。在这场欧洲革命中，梅特涅被赶下台，普鲁士国王被迫向起义死难者致哀，英国由于宪章运

① 约翰·劳尔著，刘玉霞、龚文启译：《英国与英国外交：1815—1885》，上海译文出版社 2001 年版，第 42—43 页。

动自顾不暇，俄国许多地方农民举行起义，法国新政府宣布1815年一系列条约已经失效。1848年欧洲的社会大震荡促使神圣同盟完全崩溃，因此维也纳体系也就当然无存。①

神圣同盟确实是欧洲协调的要素之一，它是大国间互动的一种特殊形式。这种形式强调道德的作用、宗教的意义。1815年9月20日俄、奥、普三国皇帝在巴黎签订了《神圣同盟条约》，9月26日发表了亚历山大一世亲自起草的宣言。宣言的中心内容是三国根据基督教教义结成“真正的、牢不可破的”友谊关系，互相保证欧洲的正统统治。这个条约既未规定有效期限，也不受任何约束，具有宗教意味，故称“神圣同盟”。三国欢迎一切承认其原则的国家参加神圣同盟。之后，欧洲各国君主陆续签署上述宣言。英国政府主要担心来自议会的谴责，因而未敢正式签字，但是摄政王曾以私人信函保证赞同神圣同盟的宣言，他的外交大臣或其他代表一直出席神圣同盟的会议。法王路易十八也在此项宣言上签了字。神圣同盟致力于维护维也纳会议所决定的欧洲各国的新边界，以及镇压各国将要发生的革命运动。

关于神圣同盟，其核心人物是俄皇亚历山大和奥国首相梅特涅，其创议由亚历山大提出，变得可以操作则是梅特涅的精心策划。对于神圣同盟的评价，尽管有人戏称其为“保守和平论”，基辛格也不无嘲讽的说，“一国国内的制度会决定其在国外的行为，威尔逊不是第一个提出此主张的人。梅特涅有同样的想法，却是基于截然不同的前提。威尔逊认为民主国家就一定爱好和平，讲道德；梅特涅却认为民主国家很危险，不可捉摸……由此政权的正统性便成为巩固国际秩序的凝聚力量。”②

抛开价值判断，神圣同盟的干预活动，如对意大利、西班牙、中欧地区起义或革命的干预，防止了战火的蔓延，维持了正统秩序，加

① 郭华榕、徐天新著：《欧洲的分与合》，京华出版社1999年版，第263—264页。

② 亨利·基辛格著，顾淑馨、林添贵译：《大外交》，海南出版社1998年版，第65页。

强了均势体系的稳定。但神圣同盟只是欧洲协调的部分内容，而且其精神实质与民族主义和自由主义的历史潮流背道而弛，这注定其历史寿命不会太久远。到1848年革命爆发时，三个专制国家、神圣同盟的支柱国俄奥普内部都出了问题，即使“老大哥”俄国也对派兵远征去扑灭革命的火焰非常谨慎，对神圣同盟的支持更多的是言辞，而不敢冒险诉诸行动。除了革命以外，围绕着欧洲和平的其他问题，大国并没有放弃大国协调的规范，这一点将在第三章中加以详细的分析。

观点四：欧洲协调就是大国之间不爆发战争。

而1854年克里木战争或1870年的普法战争，说明大国之间不能协调了，所以这标志着欧洲协调的失败。

这里我们应该区分体系性战争和局部战争。维也纳体系时期是典型的五大国多极均衡时期，体系性战争是五大国都参予的，其结果将改变多极均衡格局的大战，而克里木战争和普法战争都是局部战争。克里木战争主要是英、法、俄三国在土耳其领土上为恢复均势而进行的争斗；普法战争则是在英、俄中立的情况下，普鲁士为完成德意志的统一而精心策划的战争。两次战争结束后，原处于衰微的欧洲协调重新发挥作用。经过召开大国会议，各方确认旧规范和新的均势。通过打小仗来防止大战的爆发，正是典型的多极均势外交的秘密。所以以这两次有限战争为标志，断言欧洲协调失败是不能成立的。

观点五：欧洲协调就是维也纳体系。

这种说法流传甚广，实际上它混淆了结构与进程的关系。维也纳体系是1815年之后欧洲大国之间的一种均势体系，五大国之间实力虽然不是绝对平均，但没有一国实力大于其他国家实力总合。一旦一国实力增加过快，就会引起其他国家的联合遏制，甚至引起局部冲突，直至新的均衡得以恢复。华尔兹认为均势会自动生成，而摩根索则认为离开各种制度性因素，均势机制难以顺利运行。

而欧洲协调是大国之间互动的进程，其频度、方式和效果在具体阶段可能不一样，但作为一种制度，欧洲协调确实伴随着维也纳体系的始终。关于最后一次欧洲协调会议，当时的英国外相格雷（Sir

Edward Grey）曾有生动的、感伤的描述："1913年8月以后，会议未再举行，亦未正式结束。我们没有一起摄影，没有表决致谢，没有告别演说；我们只是离开会场而已。我们未解决任何问题，甚至连阿尔巴尼亚疆界的细节亦未解决。但我们发生了作用，我们完成的重要东西可以逐一引述；我们已使六个国家保持直接而友好的接触。我们聚在一起，我们解散前和平不会破坏，单单这一事实其本身是战争的相当障碍。我们是争取时间的媒介，我们一起愈久，便愈不愿分手。有关各国政府对我们已经习惯，也习惯于用我们效力。"①

定义欧洲协调：欧洲协调是大国协调的制度，指的是1815—1914年期间，英、法、俄、奥、普五大国利用会议外交的形式，协调彼此政策，保持维也纳体系的一种制度，它包含了许多成文或不成文的规范、原则、规则和决策程序。

二、欧洲协调的性质与功能

关于欧洲协调的内涵，中外学者总结的内容不完全一致。中国学者郑先武总结为五方面的内容，即由协商一致、合法性、吸收与融合、责任与干预、自我克制构成的规范。②

美国学者伊肯伯里认为，在欧洲协调中，三个机制是最重要的：第一，处于安排的核心是同盟本身，各盟国同意将之延续到和平时期。第二，采用会议体系，将之作为大国间制度化协商的程序。它为共同处理冲突、裁决领土争端提供了一个机制。第三，欧洲公法的规范、规则的应用范围扩展了。以上三个机制结合在一起，促使欧洲的制度、领土和大国安排具有某种基于法律的合法性和权威性。③

英国剑桥大学教授欣思利则强调五个会议通行的非正式的规则和

---

① 朱建民：《国际组织新论》，台北正中书局1977年版，第38页。

② 郑先武：《欧洲协调机制的历史与理论分析》，载《教学与研究》，2010年第1期。

③ 约翰·伊肯伯里著，门洪华译：《大战胜利之后：制度、战略约束与战后秩序重建》，北京大学出版社2008年版，第89页。

惯例，即各国具有共同的责任来维护《维也纳和约》，并监控、处理和制裁任何对和约的偏离行为；不得单边做出任何改变；不得做出任何有损于某个具体国家的利益或普遍的均势的改变；改变必须获得认可，任何单边行动，如果未经过协商、并得到明确的或者含蓄的认可，将被视为具有侵略倾向；认可意味着共识，但无须进行投票。[①]

笔者认为，欧洲协调是一种制度体系，它是规范、原则、决策程序的集合体。在这三种要素中，规范处于最深的层次，决策程序位于表层，下面将分别予以分析：

（一）欧洲协调是规范

规范（Norm）是指以权利和义务方式确立的行为标准。[②] 它属于一种文化要素，存在时间较长，处于文化的深层结构中，它是一定时空的产物。它规定了应该做什么，不应该做什么。欧洲协调包含的规范主要有：自我克制；危机期间进行协商；希望一起行动，拒绝单边行动；不断保证各自的和平意图和对维持稳定的承诺。[③]

1. 自我克制

由于世界处于无政府状态，绝对的君主主权赋予了国家使用暴力的合法性。对于国家的这种“战争诉诸权”，中国国际法学者黄瑶认为，“从法律角度看，战争之所以被承认既是国家解决国际争端的合法手段，又是推行国家政策的工具，是因为在当时的国际法体系中存在一个基本的空缺：国际上没有可以施行国际法以及变更国际法或国际现状的有普遍拘束力的程序和机制。”[④] 绝对主权观念的盛行导致了战

---

① H. F. Hinsley, “The Concert of Europe”, in Laurence W. Martin (ed.), *Diplomancy in Modern European History*, 1966, New York: Macmillan, p. 53.

② Stephen D. Krasner, *International Regime* (Cornell University Press, 1983), p. 2.

③ Louise Richardson, “the Concert of Europe and Security Management in the Nineteenth Century”, *Imperfect Union*, eds., Helga Haftendorn (Oxford: Oxford University Press, 1999), p. 52.

④ 黄瑶著：《论禁止使用武力原则——联合国宪章第二条第四项法理分析》，北京大学出版社2003年版，第20页。

争频频发生，国家主权本身反而没有了保障。没有世界政府制止战争，那么国家间只有靠霸权或均势手段来保持体系的稳定。但均势注定是不能长久的，建立霸权本身也会招致血腥的战争。经历过拿破仑战争的政治家，深切感到了自我克制的重要性，自我克制包括所有的大国。任何一个大国不自我克制，战争必将发生；而以前大国标榜国家利益至上，大国间兵戎相见是很自然的事情。

这样，自我约束成为欧洲协调的一个重要规范。自我克制尽管不是屡试不爽，但其取得的成就也是有目共睹的。这些例子包括在维也纳条约中，英国为构建全面均衡而放弃了对殖民地的要求；基佐（Kuizot）的缓和政策和对法国修正主义事业的放弃；亚历山大对大国联合的忠诚，以及沙皇和尼古拉一世不顾宫廷中民族主义和军国主义分子要求采取升级行动的巨大压力。为更大的欧洲利益牺牲或减少俄国对希腊和巴尔干其他地区的野心；和在柏林会议上（1885 年）订立的关于非洲问题的合作保证。这些并不是为了暂时的外交结盟所需承担的付出和代价。相反，这是一种对欧洲公益承担责任的表现。①

2. 危机期间进行协商

协商是两个或两个以上国家为有关问题获致谅解或求得解决而进行国际交涉的一种方式，应当注意区分两种不同形式的协商，一种是目的在于协调各国政策的协商，另一种在作为解决国际争端方法的协商。②

欧洲协调显然包括了这两种含义，协商的好处是直接面对面谈判有利于澄清问题，消除误会，求得争端的解决。欧洲协调作为一种会议制度，不同于以往的国际会议之处就是它不仅是关注政治问题，也协商非政治问题；不光求得大国政策一致，也要求得用协商的办法解

---

① 参见霍尔斯蒂著，张胜军、刘小林译：《没有政府的治理：19 世纪欧洲国际政治中的多头政治》，载《没有政府的治理》，江西人民出版社 2002 年版，第 45 页。

② 王铁崖主编：《国际法》，法律出版社 1981 年版，第 455—456 页。

决彼此争端。协商将会给争端降温，争取更多的解决机会，并适当拉开与国内政治的距离。作为解决国际争端方法的协商直到第二次世界大战以后才普及开来并成为国际法的一项制度。而欧洲协调倡导协商的规范，无疑开了这方面的先河。

3. 以多边代替单边

维也纳会议之前，欧洲主要盛行权力政治、双边外交和秘密外交，而从维也纳会议开始的欧洲协调却是多边主义的实验。多边主义的基础是普遍的行为原则。行为原则可以被理解为包含国际规则、国际规范以及决策程序等要素，这与克拉斯纳（Stephen Krasner）对国际机制（international regime）的权威定义有着高度的一致。[①] 结果，从欧洲协调发展出来的多边协商，通过提供一个论坛来限制对未来赌注的欺骗行为，在这个论坛里，信息得以共享，行为者的意图受到质疑，行动的正义性也得到恰当的鼓励和评估。[②]

以多边行动代替单边行为，既是欧洲均势权力结构的反映，也是各国共同反霸，防止战争重演的需要，反映了各国对未来合作的预期。

4. 公开国家意图

如果说各国实力可以大体预测的话，那么了解别国意图则是非常困难的事情。也正是基于这一点，现实主义一直主张不能与别国合作，国家担心今天的朋友，可能成为明天战争中的敌人；担心今天共同获益中获得优势的朋友，可能成为未来更为危险的潜在敌人。[③] 欧洲协调中的国家相信通过不断表示和平意愿，承诺维持稳定，可以减少别国的疑虑；同时具有共同文化纽带，相近的道德和价值观，国君在乎自己的声誉等因素也使得宣示意图这种规范具有自我实现的功能。当然

---

① 秦亚青：《多边主义研究：理论与方法》，载《世界经济与政治》，2001 年第 10 期，第 10 页。

② 约翰·鲁杰主编，苏长和等译：《多边主义》，浙江人民出版社 2003 年版，第 21 页。

③ 大卫·A. 鲍德温主编，肖欢容译：《新现实主义和新自由主义》，浙江人民出版社 2001 年版，第 117 页。

和平承诺也符合当时欧洲大国的共同利益。

（二）欧洲协调也是原则和决策程序

根据克拉斯纳的定义，原则是对事实、成因、公正的态度；决策程序是制定和实施集体选择的主导行为方式。[①] 联系欧洲协调，其体现的原则包括：以会议外交处理危机；领土变化必须得到大国的同意；必须保护体系的基本成员；不能挑战大国的利益与荣誉。[②] 下面对欧洲协调的原则进行具体剖析。

1. 会议外交

以会议外交处理国际争端并不始于欧洲协调，比如威斯特伐利亚会议、乌德勒支会议等。但把会议外交制度化，则始于欧洲协调。在欧洲协调时期，会议外交所导致的国家间互动的频度和深度都大大超过了以前的会议。关于会议外交的频度，在欧洲协调的百年间，平均两年至少要举行一次多边协商，不召开协商会议的年份是很少的。会议外交已成为欧洲国家处置国际关系时都能普遍遵守的一项事实，以国际会议处理国际问题已被公认为国际关系中一项正常制度，频繁的国际会议形成了多边协商的惯例。[③]

关于会议外交议题的广度，以往国际会议都只是结束战争：威斯特伐利亚和会结束 30 年战争，乌德勒支会议结束西班牙王位继承战争，而欧洲协作同以往的一般停战善后会议不同，其宗旨在于调整君主间平时国际关系的各个方面，包括政治、经济、宗教、河川管理、少数民族等问题，范围非常广泛。[④]

---

① Stephen D. Krasner, *International Regime* (Cornell University Press, 1983), p. 2.

② Louise Richardson, "the Concert of Europe and Security Management in the Nineteenth Century", *Imperfect Union*, ed., Helga Haftendorn (Oxford: Oxford University Press, 1999), p. 52.

③ 杨泽伟：《欧洲协调对国际组织形成与发展的影响》，载《法学杂志》，1995 年第 5 期，第 38 页。

④ 同上书，第 39 页。

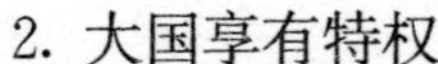

2. 大国享有特权

这成为心照不宣的一项原则，并没有以文字形式表达出来。大国决定领土变更，大国有权有责任保护小国，大国的利益甚至荣誉也不容挑战。大国间如能真的把这一原则付诸实践，将能保证大国一致和国际体系的和平变更。欧洲协调虽然包括被大国承认的所有欧洲国家，但操纵会议的就是英、俄、法、奥、普五国。小国出席会议只是作为陪衬而已。大国地位如此特殊，并不是欧洲协调赋予的，而是源于其特殊的战争能力。怎样才算一个大国，马丁·怀特（Martin Wight）的理想定义是，“支配大国即能够充满自信地考虑对任何潜在的他国联盟开战的国家，而大国则是能够自信地对另一个大国开战的国家”。①

欧洲协调虽是大国俱乐部，但它强调大国间的相互尊重，为了长远利益应克制自己，协力维持现状，确有利于保障大国间的和平，虽然不是欧洲的普遍和平。

3. 欧洲协调的决策程序

原则的进一步可操作化即是欧洲协调的决策程序。这方面体现为：相互协商和集体决策；建立缓冲国，建立中立国和非军事区；地区冲突局部化；确定利益和介入范围；多边干涉；和平解决争端；交流和事先通知等。②

以上这些规范、原则和决策程序并没有清清楚楚地以条约形式表现出来，它们的效力不是法律上的而是道义上的；但是大国彼此明白，违反这些制度将招致战争的代价，而这正是大国当时真心想避免的。

第三节　欧洲协调与百年和平

从 1815—1914 的百年间，是欧洲历史上少有的长和平时期（没有

---

① 马丁·怀特著，宋爱群译：《权力政治》，世界知识出版社 2004 年版，第 24 页。

② Louise Richardson, “the Concert of Europe and Security Management in the Nineteenth Century,” p. 52.

发生体系性战争），是典型的多极均势时期，是欧洲协调和维也纳体系时代，也是欧洲的意识形态日益走向分裂的年代。到底欧洲协调与百年和平是一种什么关系，是因为欧洲协调才有了百年和平吗？其和平机制的路径是什么？

杰维斯认为欧洲协调机制通过四种途径对国家行为施加影响，第一，和平能够持续的期望。尽管没有哪一个国家对欧洲协调完全满意，但所有的国家都觉得它比其他可能的替代安排更好，因而给予了高度的优先考虑来维持它。第二，通过反对强行改变现状的方式维持自身的存续。第三，通过互惠规范的运作来加强自身。第四，通过哪怕是最低限度的组织制度化的发展而变成一个独立的因素。尽管缺乏正式的机制，没有超国家的秘书处等机构的出现，所有决定及其贯彻仍然掌握在国家领导人的手中。但是欧洲协调为彼此间的合作提供了便利条件，使信息和期望能得到相当快速和有效的分享。[①]

由于欧洲协调的进程主要表现为会议外交，下面我们就欧洲协调的发展阶段，来回答会议外交的生命力来自哪里？会议外交一直有生命力吗？会议外交对防止战争管用吗？

一、1814—1822 年：欧洲协调的尝试期

费丽莫（Finnemore）和辛金克（Sikkink）在研究国际规范时，认为国际规范的发展一般要经历三个阶段，即兴起阶段，普及阶段和内化阶段。[②] 欧洲协调的规范既没有达到普及阶段，更没有达到内化阶段。它只存在于几个大国的浅层意识里。

从 1814 年维也纳会议召开，标志着欧洲协调的开始。在 1814—

① Robert Jervis, "Security Regimes," *International Organization*, Vol. 36 1982, pp. 365—368.

② Martha Finnemore and Kathryn Sikkink, "International Norm Dynamics and the Political Change," *The Exploration and Contestation in the Study of World Politics*, eds., Peter J. Katzenstein, Robert O. Keohane, and Stephen D. Krasner, (MIT Press, 1999), pp. 254—265.

1822年期间，欧洲协调的方式是以大会（Congress）形式举行。它的主要特点是各国的首脑与会，讨论的主题为综合性的，结果是共同签订一个权威性的条约；而1822年之后的协调形式主要为会议（Conference），会议级别为大使级，讨论的问题多是具体的，不一定每次会议都能达成权威性的妥协。

从大国实力分配看，这一时期英国综合实力第一，1820年英国财富占欧洲比例为48%、俄国18%、法国18%、奥匈9%、普鲁士7%。[①] 英国具有强大的海军，众多的海外殖民地，充足的财力。俄、法虽然GDP总量略高于英国，但其中农业比重过大，尤其是俄国更为突出，这一点将带来严重的军事后果。庞大的陆军队伍，广袤的国土支撑了俄罗斯的大国地位。法国虽然战败并被盟军占领，但其实力没有受到过分削弱。相比起来，奥普地位要虚弱一些。英国虽然综合实力最强，但它无意充当欧洲大陆的霸权国，人口不多，岛国局限又限制了英国过深的介入大陆事务。

在1814—1822年间，欧洲协调共举行了5次大会。考虑到当时的交通困难，且欧洲协调又没有固定的组织、会址、会务人员，如此多的首脑会议已经相当可观了，即使今天的联合国安理会首脑会议也没有达到这个频率。这5次大会的焦点主要是两个：一是创立制度，二是干涉革命。

（一）维也纳会议—欧洲协调的正式开端

1814年维也纳会议是欧洲史上当时为止规模最大的一次多边外交，53个政治实体与会，6个皇帝亲自参加。大会经由英、俄、普、奥协调，重建欧洲的均势与和平，对法国的处置总的看还是宽大的，这也是列强考虑到他们刚刚扶植上台的波旁王朝的合法性所致，因此维也纳体系并没有引起法国人民的怨恨。会议讨论和决定的三个一般

---

① 约翰·米尔斯海默著，王义桅、唐小松译：《大国政治的悲剧》，上海人民出版社2003年版，第94页。

性国际问题是禁止贩卖黑人奴隶的营生；有关国际河流航行管理的规定；关于外交人员位次和外交语文的规定。[①] 其中第三方面，意义尤为深远。会议程序的创新为以后的会议外交顺利召开扫清了障碍，比如维也纳会议创造地主国代表担任国际会议主席的先例；设立委员会分组议事；签约顺序以国名的第一个字母为准，[②] 外交使节分为大使、特命全权公使、代办等等。这些技术性的规范无疑受到与会国的认同。

（二）欧洲协调与国内革命

自从1818年亚琛会议，大国协调一致，决定提前从法国撤军和法国加入四国同盟以来，欧洲协调有了更为坚实的基础，因为像法国这样的大国长期被排斥协调之外，它将成为体系挑战国，欧洲的稳定将得不到保证。欧洲协调的成员构成对其有效性有着决定性影响。

1820年，意大利的那不勒斯发生了烧炭党革命，而意大利是奥地利的势力范围，如何对待这场革命就成为欧洲协调的当务之急。五大国在梅特涅召集下，在特洛波开会，协调立场。关于革命是否构成对欧洲秩序的挑战，各国有不同的理解。神圣同盟三国俄、奥、普旗帜鲜明的反对革命，积极主张派兵干预；英国则反对干预，主要是担心别国借制止革命之名，行扩大势力之实。法国态度居中，倾向于干涉。最后干涉派占了上风，特洛波会议及其1821年的续会莱巴赫会议导致了奥军镇压那不勒斯革命，1822年维罗纳会议则批准了法国平息西班牙革命。而俄国对西班牙和土耳其干预的企图没有得到支持。俄、奥、普、法四国签署的《特洛波议定书》明确规定，因革命而政权更迭的国家一律被排斥于欧洲协调之外，如出现改变现状而危及欧洲协调的成员国时，缔约国负有责任使破坏现状的国家回到欧洲协调内，必要

① 王绳祖主编：《国际关系史》（第二卷），世界知识出版社1995年版，第13—14页。

② 杨泽伟：《欧洲协作对国际组织形成与发展的影响》，载《法学杂志》，1995年第5期，第40页。

时不惜使用武力。[①]

由于欧洲协调没有20世纪国际组织的否决权机制，英国无力阻止其它国家以“欧洲协调”名义共同干涉别国革命，它只好派身份较低的外交代表出席会议，以示不满。但不管怎么说，英国一直没有退出欧洲协调；也没有对于本国反对的干预行动炫耀武力。大国因种种原因，立场不一致是很自然的。欧洲协调起到了交流，力图建立共识的作用。欧洲协调虽然没有明确的投票表决机制，但暗含了少数服从多数，沉默即不反对之意。譬如在1820年干涉那不勒斯起义之前，梅特涅为取得同行的批准辛苦工作了两个月，英国对此漠不关心即表示同意。[②]

二、1823—1853年：大国无战事，欧洲协调的深化期

这一段是欧洲协调的黄金时代。大国间虽然没再召开大会，但大使级协调会议召开了许多次。中间发生了对欧洲秩序冲击很大的1848年革命，有些大国政府的地位岌岌可危。可是其他大国并没有利用别国虚弱之机，捞取利益。对此杰维斯（Robert Jervis）分析到，在这一阶段，大国的行为方式与通常的权力政治截然不同。他们没有追求使个人的权力最大化，他们没有总是利用他人暂时的虚弱，他们的让步比需要的更多。当他国反抗时，他们不准备诉诸战争或很快以使用武力相威胁。总之，他们在制定政策时，考虑到他国的利益。他们缓和了自己的要求和行为。[③]

此时大国面临的主要问题是民族要求从异族统治下独立，而这势必对维也纳体系形成冲击。新形势迫使欧洲协调的功能进行调整，即由抑制民族主义转为用最低限度的暴力帮助新国家的诞生（希腊、比

---

① 刘德斌主编：《国际关系史》，高等教育出版社2003年版，第108页。

② 参见霍尔斯蒂：《没有政府的治理：19世纪欧洲国际政治中的多头政治》，载《没有政府的治理》（詹姆斯·N. 罗西瑙主编），江西人民出版社2002年版，第43页。

③ Robert Jervis,“Security Regimes,” *International Regime*, eds., Stephen D. Krasner (Cornell University Press, 1983), pp. 178—179.

利时)；或承认无法阻止的变化（意大利和德国的统一）[①]。这一时期大国协调的成功范例是比利时、希腊和埃及问题。

(一) 比利时问题

1830年，比利时发生反对荷兰统治者的起义，宣布独立。而比利时并入荷兰是根据维也纳会议行事的，因此比利时独立是对维也纳体系的挑战。开始大国各有各的想法，法国对比利时独立表示同情和支持，俄、普准备应荷兰国王邀请去镇压起义，英国虽同情革命又担心未来比利时成为法国的卫星国。之后英国首相帕麦斯顿出面，邀请俄、普、奥、法大使在伦敦开会。经过协调，大国形成了共识，即比利时的独立是不可避免的，重要的是为了欧洲和平，给比利时独立制订条件，经过相互妥协，1831年，五大国签订了关于比利时永久中立的议定书，承认比利时的独立，但其不能依附于法国，保持中立地位，其独立由五大国作保证。于是欧洲协调成功地实现了领土的和平调整。

(二) 希腊问题

1821年希腊宣布从土耳其独立。俄罗斯与希腊同信东正教，国内民众要求支持希腊独立的呼声很高。奥、普都以欧洲团结的大局说服俄国保持克制，俄皇亚历山大和尼古拉一世顶住压力，克制了扩张的诱惑，对希腊的起义进行了谴责。这显然是欧洲协调的规范和原则在起作用。结果是英国对希腊的支持也变得非常审慎。1842年英、法、俄联合军事干预希腊问题，希腊独立得以成功；而同期对于中欧的独立运动，如波兰、匈牙利革命，在大国的默许下，俄罗斯进行了军事镇压，从而维持了维也纳体系的既定安排。

(三) 埃及问题

从19世纪30年代，埃及开始反叛他的宗主国土耳其，并爆发了

---

① 参见霍尔斯蒂：《没有政府的治理：19世纪欧洲国际政治中的多头政治》，载《没有政府的治理》(詹姆斯·N. 罗西瑙主编)，江西人民出版社2002年版，第54页。

两次土埃战争。1839年第二次土埃战争爆发，因为围绕奥斯曼、土耳其帝国所构成的“东方问题”对于欧洲列强来说异常敏感，1840年在伦敦召开五国大使级会谈。英、俄、奥、普、土共同签署了《伦敦协定》，四强向土耳其苏丹保证君士坦丁堡和海峡的安全，每一国都不会利用局势为自己谋取私利。但法国国内亲埃及势力强大，要求与英奥普一战，总理梯也尔也不敢违背民意，宣称法国在近东具有至高无上的权威。[①]

在这种情况下，法王菲力普解雇梯也尔，告知其他大国法国不想被排除在大国协调之外。四强对这一姿态迅速做出反映，最后五国签署的《伦敦海峡条约》代替了《伦敦协定》。法国渴望重新加入协调以及大国迅速同意，表明延续欧洲协调，遵守其惯例已成为国家界定国家利益的一部分。[②]

三、1854—1875年：欧洲协调的侵蚀期

以1854年克里木战争为标志，欧洲协调精神受到实质性削弱。这一时期欧洲大国间连续发生了几次战争，分别是1854年英、法、俄之间的克里木战争，1870年的普法战争，1859年的法国、撒丁与奥地利的战争，1866年的普奥战争。五大国间虽然没有同时发生战争，但都不同程度地产生了冲突，这说明这一时期用战争手段解决利益冲突不是偶然现象，而大国间诉诸战争正是欧洲协调所极力避免的。

不过我们应该看到，大国协调的方式没有被抛弃，大国间冲突的程度不是无节制的。克里木战争之前和中间，大国在维也纳召开了两次大使会议，奥地利也力图调和大国之间的矛盾，但由于俄罗斯片面改变近东的领土现状（欧洲协调的规范所禁止的），且对警告听不进去，英法决心诉诸战争手段，奥地利因巴尔干利益所在同英法站在了

① 王绳祖主编：《国际关系史》第二卷，世界知识出版社1995年版，第101页。

② Louise Richardson，“the Concert of Europe and Security Management in the Nineteenth Century”，p. 64.

一起，普鲁士也支持奥地利，这样欧洲协调的一根支柱神圣同盟彻底瓦解了，4∶1的局面也注定了俄罗斯的失败。

1856年巴黎和会是1822年之后的首次大会，《巴黎和约》对俄国的处理也是十分宽大的，另外土耳其被纳入欧洲协调的共同保护之下，对于当时的欧洲和平是有促进作用的。巴黎和会还创立了新的欧洲协调决策程序，比如在黑海建立中立区和在阿兰群岛建立非军事化地带；还有新的冲突解决机制，比如规定今后国与国之间发生严重争端，在没有动用武力之前，应视环境允许，请一友好国家出面调停。[①]

这个时期另一次有影响的战争是1870年的普法战争。它同1866年的普奥战争一样是俾斯麦为了德意志的统一而精心策划的战争。这次战争的后遗症要远远大于克里木战争。一是欧洲力量分配的剧烈变化，法国的优势地位丧失，德国逐渐成为大陆最强大的国家，而且强行掠夺了法国的领土，这种对大国尊严的伤害，对欧洲协调产生了致命的影响，《法兰克福和约》比《维也纳和约》、《巴黎和约》都要苛刻。俄罗斯趁战争之机，迅速废除了黑海的中立化，这再次造成了英奥的不安；意大利利用普法战争也实现了自己的统一，从而成为欧洲的第六大国，这使得今后的欧洲局势更加复杂。

普法战争更大的后遗症是造成了欧洲领导人观念的变化。欧洲协调在德意统一的战争中没有起任何作用；而普鲁士的战争取得成功导致了社会达尔文主义和军国主义态度的出现；这些态度从根本上侵蚀了欧洲协调治理体系的假设、规范和惯例。[②] 人们忘却了拿破仑战争造成的重大损失，只看到了普鲁士战争的收益。为了欧洲的和平而自我克制的考虑日益让位于民族主义激励下的权力政治。

四、1876—1914年：欧洲协调的恢复和消亡

经过了大国战争的侵蚀，欧洲协调又重新恢复。其主要表现为：

---

① 王绳祖主编：《国际关系史》第二卷，世界知识出版社1995年版，第196页。

② 参见霍尔斯蒂：《没有政府的治理：19世纪欧洲国际政治中的多头政治》，载《没有政府的治理》（詹姆斯·N. 罗西瑙主编），江西人民出版社2002年版，第57页。

1871 年伦敦会议，为俄罗斯废除巴黎条约的黑海中立化而召开；1878 年及 1884—1885 年两次柏林会议，前一次讨论俄土战争的后果，后一次讨论刚果问题；1906 年讨论摩洛哥问题的阿尔赫西拉会议，1912—1913 年的巴尔干问题会议。这些会议使大国间的矛盾得以缓和，小国间的战争得以局部化。这当中最为人们称道的是 1878 年的柏林大会，大国经过协调，使俄罗斯让出了在巴尔干和土耳其新获得的一些利益，使大国间的战争得以避免。至于 1899 年和 1907 年的两次海牙会议，虽不属于欧洲协调体系，但大国的召集、参与制订议程，通过宣言和公约，其精神和欧洲协调是一致的，国际法学者饶戈平认为，在某种意义上，两次海牙和会是欧洲协调的延伸与扩展，象征着迈向现代国际组织的又一个重要步骤。[①] 海牙和会会员国的广泛性，对世界和平的关注则超越了欧洲协调。

这一时期从总的看，欧洲协调逐渐被边缘化了，它更多的是表现为形式的存在，上半个世纪大国间共同的信念，真正的自我克制越来越少，会议外交显得软弱无力。到后来没有大国愿意出力支撑“欧洲协调”这个公共产品，同时大国的胃口也发生了变化，欧洲新的领导人不再需要“欧洲协调”这样的集体行动制度。他们更多地建立军事同盟，进行军备竞赛，故意制造危机，炫耀武力，喜欢单边或双边行动，而不再是自我克制，多边外交，和平协商解决危机和不断表示和平的善意。结果敌意的螺旋开始启动，各国陷入了安全困境，即使为了盟国而卷入战争也再所不惜。历史又回到了 18 世纪，悲剧又一次重演。欧洲协调变成了一个历史名词，一种过时的制度。它再一次重生要等到世界大战的尘埃落定。

小结：欧洲协调及其对当下的意义

本章探讨了欧洲协调所产生的历史背景，包括国际体系，权力结

① 饶戈平主编：《国际组织法》，北京大学出版社 1996 年版，第 29 页。

构，大国领导人的观念，欧洲协调的性质与功能，并按照历史分期，研究欧洲协调削弱国际无政府性的过程，从而我们了解了一个制度体系运转的生命周期，从诞生、强盛、衰微到死亡。

关于欧洲协调的总体评价，美国的战略学者伊肯伯里说得很中肯，他写道："维也纳安排造就了新的政治秩序，将欧洲旧的均势逻辑因素与新的法律—制度性因素相结合，这意味着对权力的管理和制约。与此前和平协议最大的不同在于，它寻求将各国通过条约和共同管理的安全协商程序连接在一起，从而应对威胁性国家的威胁和战略敌对问题。它是 1919 年、1945 年安排的预演，尽管不如后者成效辉煌。这一安排着手处理更为宽泛的安全、政治、和功能问题领域，确立了半永久的多边制度，创立了更具有侵略性的协议，从而将其效力延伸至各参与国的国内政治问题上。"①

一百年的时间，正是国际政治的欧洲中心时代，大国之间没有发生全面性战争，欧洲协调的作用功不可没。欧洲协调的作用不仅如此，霍尔斯蒂罗列了它的另一种表现即成员集体做出的权威性决定的数量。其中许多决定解决了冲突，或者使冲突的结果合法化。同盟承认了比利时、罗马尼亚、塞尔维亚和黑山的独立。它解放了保加利亚和克里特。它为累范特地区的马龙派教徒提供了保证和保护。在 1839 年，它避免了比利时与卢森堡之间的一场战争，并在好几次的情况下，把荷兰和比利时从战火中拯救出来。它把爱奥尼亚给了希腊，在 1886 年又使希腊免除一场与土耳其的战争。它认可了把东鲁米利亚并入保加利亚的事实。所有这些行动，无论是反对还是支持欧洲的小国家，都是在普遍的欧洲利益的名义下作出的。还有许多避免国际战争的决定。治理者支配弱者，从而保持强者之间的相对平衡。②

欧洲协调建立在权力均衡和大国认同的基础上，它把国内政治安

① G. John Ikenberry, *Aftter Victory*: *Institutions*, *Strategic Restasint*, *and The Rebuilding of Order After Major Wars*, Princeton University Press, 2001, p. 114.

② 卡列维·霍尔斯蒂著，王浦劬等译：《和平与战争：1648—1989 的武装冲突与国际秩序，北京大学出版社 2005 年版，第 147—148 页。

全与国际安全联系起来，把欧洲外的问题与欧洲内的问题分割开来，它的成功与失败对于今天的世界都是很有启发的。

联系全球化的今天，我们不禁要问，传统主权的概念是否依然有效？一超走弱、多强易位的格局对于联合国发挥作用意味着什么？大国领导人的观念对于解决全球性公共问题意味着什么？他们愿意克制和合作吗？他们愿意强化制度并受其约束吗？如何避免错误知觉把人类引向灾难？① 当我们深深思考这些问题时，感觉欧洲协调离我们并不遥远，今天频频发生的内战、非传统安全问题，同样起源于世界的无政府性，对人类的生存构成严峻挑战。美国著名国际法学家、曾任奥巴马政府国务院政策规划司司长的安妮·玛丽·斯劳特说："我们一旦抓住了全球难题，我们就需要全球的解决办法，我们将永远不会有全球政府，我们也不应该。"② 人类是具有反思能力的不断进化的物种，面对战争与暴力的威胁，他们不会坐以待毙，国际联盟是20世纪人类为减弱无政府性的又一次空前的政治实验，它的成败将直接影响到人类的命运。

---

① 参考斯蒂芬·范·埃弗拉：《1914年，合作为何失败?》，载于肯尼思·奥耶主编，田野、辛平译：《无政府状态下的合作》，上海人民出版社2010年版，第83—91页，作者梳理了一战前欧洲的六种错误知觉，即进攻崇拜；他国都是有敌意的，战争是不可避免的；对"追随思维"和"挥舞大棒"功效的信仰；建立帝国是可以获益的；战争是成本低的、有利的、有益的、令人振奋的、高尚的；自命不凡的民族主义神话。

② 安妮·玛丽·斯劳特著，任晓等译：《世界新秩序》，复旦大学出版社2010年版，2009年中文版序言，第3页。

第三章

国际联盟与国际体系的无政府性

欧洲协调存在的百年间，欧洲没有发生全面战争，在不同的历史时期，欧洲协调都不同程度地约束着大国的行为，缓和了它们的矛盾，并导致了国家、领土的多次合法变革。因此我们可以说欧洲协调削弱了国际体系的无政府性，强化了维也纳体系，是一种有效的制度。而国际联盟作为集体安全的一次试验，从出生时起就不顺利。诞生后的国联始终没有获得大国真正的认同，它短暂的 26 年历史充满了危机，它没能有效地降低国际无政府状态。关于其失败的原因众说纷纭，但谁也不能忽视它在国际组织发展中的地位。它是一次承前启后的制度试验，它是世界上第一个普遍性的有着常设机关的国际组织，它不是徒劳的试验，正是在其经验教训的基础上，人类建立了联合国体系。在国际联盟，国际法和国际道德被推到了前所未有的高度。因此分析国联失败的关键因素，恢复国联的原始面目，勾勒其在权力政治中的蜕变，可以弥补我们对欧洲协调和联合国分析的不足，补上国际制度无效的致命缺失。下面我们从国联的成立、国联的维持和平机制、国联削弱无政府性的实证考察以及国联的遗产四个方面来分析国际联盟的效力。

第一节 新外交、旧世界：[1] 国际联盟的产生

一、构建和平：国联方案大角逐

一提起国际联盟，人们就把它与美国总统威尔逊联系在一起。实际上威尔逊只是国际联盟的集大成者和实践者，是自由主义国际关系理论的重要一环。如果追寻国联思想的渊源，我们可以从圣·彼埃尔（Saint. Pierre）、艾默里·克略西（E. Cruce）、絮利（Sully）、杜波依斯（Dubois）、威廉·潘恩（William Penn）、格老秀斯（Grotius）、洛克（J. Locke）、卢梭（Roussean）、康德（Kant）、边沁（J. Bentham）那里找到启发。这里我们无意进行思想史的梳理，只是分析一下国联方案的直接来源。

国联方案可以说主要是美国方案、英国方案、史末资方案和法国方案的融合，也是历史上人们为废止战争所做努力的延续。国联副秘书长华尔脱斯把这些努力概括为四条线索：第一个是名副其实的国际主义，也就是说这个运动所关心的主要不是维持和平，而是在关系各国共同利益的问题上的实际合作。第二个就是通称为欧洲协调组织，在个大国之间进行的协商。其余两个发展的线索就是早期存在的运动——和平主义和国际法——的延续。[2]

（一）英国方案

可以说国联的思想来源于欧洲，其方案是民间与官方互动的产物。

---

① 这里借鉴了韩莉：《新外交，旧世界》一书的题目，请参考韩莉：《新外交，旧世界：伍德罗·威尔逊与国际联盟》，同心出版社 2001 年版。另外关于国内学界对于国际联盟的研究，可参考毛锐：《近十年来国际联盟问题研究的新进展》，载于《山东师范大学学报》，2002 年第 47 卷第 1 期第 24—34 页。

② 华尔脱斯著，汉敖、宁京译：《国际联盟史》上册，商务印书馆 1964 年版，第 10 页。如果对国联的思想渊源感兴趣，可以参考仪名海：《20 世纪国际组织》，北京广播学院出版社 2003 年版，第 8 章“理论学说”；蒲傅：《当代世界中的国际组织》，当代世界出版社 2002 年版，第一章第一节“国际组织的思想渊源”。

英国是最早拟订国联方案的国家。1915年2月24日，由白莱士(James Bryce)领导的国际关系研究会(Council for the study of international relations)提出了避免战争的计划，包括19项初步研究结果。主要包括：在争端提交公断或和解会议之前；或在提交后12个月内；或公断裁决或和解会议报告后6个月内，均不得从事战争。1915年9月，英国外长格雷给威尔逊总统的顾问豪斯写信，询问总统对一个旨在削减军备、和平解决争端的国际联盟有多大兴趣，当然英国的动机并非为建立新的世界秩序，而是为美国参战寻找一个令人满意的原因。[①] 1916年，英国外交部成立国际联盟问题委员会(a committee on the League of Nations)，由费立摩(Sir Walter G. F. Philimore)主持，研究各种不同计划，以代替战争作为解决国际争端的办法。1918年3月20日，该委员会提出国际联盟公约草案18条，其中不少规定被纳入盟约。[②] 这当中，塞西尔勋爵和史末资将军对完善英国的国联方案做出了很大贡献。但英国重量级的政界领导人并不把国际联盟当回事，劳合·乔治的随从以及保守党的领袖，包括丘吉尔在内，都不是大胆的思想家。对他们来说，大战基本上没有改变什么，没有一个国际组织能够改变国际政治的永恒真理和大不列颠帝国的至高无上的战略利益。大不列颠的领导人中没有一个把国联视为保证维持帝国安全的传统策略的替代方案。当然，国际联盟也许会动员美国来维持一个新的欧洲均势，一个民主国家的联盟能够补充而不是取代传统英国战略。[③]

(二) 法国方案

法国由前总理布尔乔亚成立了布尔乔亚委员会(the Bourgeois

① 亨利·基辛格著，顾淑馨、林添贵译：《大外交》，海南出版社1998年版，第199—200页。

② 本部分主要参考朱建民：《国际组织新论》，台湾正中书局1976年版，第58—62页。

③ George Egerton: *Great Britain and the Creation of the Leagues of Nations*, Chapel Hill, N. C.: University of North Carolina Press, 1978, p. 109.

committee)，于 1918 年 6 月 8 日提出研究报告，这也成为了美国官方拟订盟约草案时的参考文件。布尔乔亚对于国际联盟的设计很深刻，他是法国国际联盟协会的主席、法国的前总理，曾两次率领法国代表团参加海牙会议。他把未来的国际联盟视为一个集体威慑体制，国联决不可仅仅只是处理那些抱着良好意愿但由于误解而偶然发生战争之类的一系列冗长事件的冲突解决程序。它也不仅仅是一个模糊的相互保证。潜在的侵略者必须预先明白，国际联盟代表国际社会，拥有随时待命的常备军事力量，它由国际联盟总司令来组织和指挥。这支部队必须对所有国家的军队武装力量保持优势。[①] 可惜，当时的政治家对这些洞见不以为然，其超前的预见只能等到二战以后重新被世人忆起。

（三）史末资方案

史末资是南非的政治家，他于 1918 年 12 月发表《国际联盟：一个切实的建议》一书，对未来国联提出了 21 条建议，直接丰富了威尔逊的国联设想，尤其是委任统治的思想。威尔逊的国务卿兰辛说，国联是国际关系的新事物，是史末资将军富于创造思想的产物，威尔逊不断地重复背诵着史末资的东西。[②] 华尔脱斯则说，史末资的著作无论从哪个观点来说，都是巴黎和会前花费在国联计划上的一切思想和努力的顶峰。[③] 后来史末资与英国代表 R·塞西尔一起代表英联邦参加了国际联盟委员会，负责起草国际联盟盟约的工作，这样，他的许多建议也就成了国联盟约的正式条款。[④]

---

① 卡列维·霍尔斯蒂著，王浦劬等译：《和平与战争：1648—1989 的武装冲突与国际秩序》，北京大学出版社 2005 年版，第 177 页。

② 李铁城主编：《联合国的历程》，北京语言学院出版社 1993 年版，第 16—16 页。

③ 华尔脱斯著，汉敖、宁京译：《国际联盟史》上册，商务印书馆 1964 年版，第 33 页。

④ 王延庆：《试论两次世界大战期间史末资的外交政策》，载《西亚非洲》，2003 年第 2 期，第 61 页。更细致的分析可以参考作者的另一篇论文，《史末资与国际联盟》，载《淮阴师范学院学报》，2006 年 6 月 28 卷。

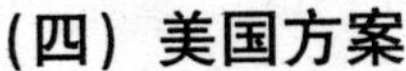

（四）美国方案

1915 年 6 月 17 日，在费城独立厅成立了和平促进联盟（the League of Enforce Peace），领导者是美国前总统塔夫脱（William H. Taft），在这里通过了 4 项和平纲领，称为独立厅方案（the Independence Hall Program）。该方案主张一切由司法审理的问题，未经谈判解决者，应交由法庭审判；一切其他政治问题必须提交和解会议讨论，做成建议；缔约国未照上述办法解决其争端而从事战争者，其他国家群起而攻击；缔约国不时举行大会，制定国际法规则。1918 年美国总统威尔逊向国会发表 14 项原则，其中第 14 条就是他的世界和平方案的基本思路。之后由他的顾问豪斯上校整合美、英、法的各种方案，提出初步草案，再由威尔逊修改，提交巴黎和会各国协商，最后定稿。

威尔逊方案的基础来自于威尔逊对“旧外交”的批判以及他对美国政治经验的总结。盟约的核心则出自殖民时期的《联邦条例》中洛克式的社会契约的观念、美国的宪法以及门罗主义。解决国际冲突的和平手段反映了所有民主宪政国家的做法；权利取代了实力，成为政治权威和变化的根据。而削减军备与武器控制条款则出自于美国各州的民兵传统：任何州不得有超过维持内部秩序所必要的民兵部队，由所有州的联盟保障彼此的安全。[①]

最后的国联盟约版本是妥协的产物，当然其主调是威尔逊敲定的，主要反映了英美的意愿，这是一个用于和平的盟约，它在本质上是一个政治独立和领土完整的相互保证，再加上用于被假定是善意的国家的一系列冲突解决程序的契约。制裁留在后台，使用与否取决于自愿原则。裁剪军备仅仅是一个模糊的誓词，最终逃脱责任亦即身份的退

---

① Ray Stannard Baker, *Wooodrow Wilson and World Settlement*, 3 vols. New York: Doubleday Page. I: Original Doucuments of the Peace Conference, 1923, p. 346.

出的权利也仍然给予了保证。[①]

二、制度推手：威尔逊与国际联盟的建立

威尔逊是美国历史上少有的学者型总统，他笃信基督教，并以传教士的热忱传播自由主义的理念。[②] 他对国际联盟的贡献一是理论上的，二是实践上的。如果不是他的不懈努力，国际联盟成为不了国际政治的现实，当然无论是从理论到实践，还是从实践到理论都充满了冲突、争执和妥协。威尔逊坚守自己的信念，给当时的世界政治留下了自己深深的印记。

（一）威尔逊与十四点和平纲领

1918 年 1 月 8 日，威尔逊总统在美国国会发表演说即“世界和平的纲领”。演说共分为 14 项，后世称之为“十四点”。这时美国已参战 9 个月，这无疑是美国关于战后世界秩序的蓝图。对于这“十四点”，有的学者斥之为乌托邦，[③] 有的说是伪善。[④] 但今天威尔逊呼吁的民族自决、自由贸易正成为全球追求的目标和国际社会的现实。

在“十四点”纲领中，共有 6 条一般性原则即 1—5 条和第 14 条，其余 8 条是关于具体的领土变更。[⑤] 这 6 条可以概括为公开外交、公海航行自由、自由贸易、裁军、殖民地的公正调整，建立国际联盟。这些原则大部分成为国联盟约的基本原则，也成为国际关系理论自由主

---

① 卡列维·霍尔斯蒂，王浦劬等译：《和平与战争：1648—1989 的武装冲突与国际秩序》，北京大学出版社 2005 年版，第 178 页。

② 可以参考许嘉等著：《美国关系理论研究》，时事出版社 2008 年版，第 1 至 5 章，伍德罗·威尔逊理想主义理论研究。

③ 可参考卡尔著，秦亚青译：《二十年危机：（1919—1939）国际关系研究导论》，世界知识出版社 2004 年版。

④ 可参考方连庆主编：《现代国际关系史 1917—1945》，北京大学出版社 1990 年版，本书是中国国内最有影响的教科书之一。

⑤ 见方连庆、杨淮生、王玫芳编：《现代国际关系史资料选辑》（上册），北京大学出版社 1987 年版，第 10—18 页。

义流派的重要内容。尤其是他对民主政治和民族自决的强调，代表了当时的时代思潮，当时很多美国的知识分子鄙视欧洲的均势外交、秘密外交、权力政治，他们认为公开辩论和适当教育将消除无知；国际交往与合作将消除偏见；大众民主将防止自私、邪恶、任性的领导人攫取独裁权力。在民主国家内部防止暴力的民主制度也应在全球层次上建立起来，以便以非暴力的方式解决冲突。①

这种思想对后世产生了重要的影响。冷战结束后众多民族的建国欲求，民主和平论的喧嚣，无疑是威尔逊自由主义的回声。威尔逊的思想也是欧洲理性主义传统的继承与在国际政治中的运用。这点国内学者李滨指出，从18世纪启蒙思想家到19世纪自由国际主义者再到20世纪伍德罗·威尔逊，都秉承洛克所建立的理性主义传统，视国际社会为洛克式的自然状态，即虽无最高权威，但有理性的交往和共同的规范，对外政策的目的是为了加强这种交往和规范，削弱乃至逐步消除国际关系中违背理性的冲突性因素。尽管各个理性主义思想家所设想的对实现这种目的的方法有所不同，有的侧重于经济手段，有的强调民主制度和舆论的作用，有的重视国际组织约束等等，但从根本上说，是强调理性在国际政治中促进合作与和平的作用。②

威尔逊在制订国联盟约上也起了举足轻重的作用。他亲自担任盟约起草委员会主席。盟约草案由他提出并获巴黎和会一致通过，这样国联有了自己的根本大法，国联的法律基础得以奠定。

（二）威尔逊与国际联盟的建立

要想把思想变成现实并不是件容易的事情，尤其是这种思想超前

---

① 托布约尔·克努成著，余万里、何宗强译：《国际关系理论史导论》，天津人民出版社2005年版，第220页。

② 李滨：《世界政治经济中的国际组织》，国家行政学院出版社2001年版，第55页。

时。所以华尔脱斯感慨到，一切伟大的思想在起初看来似乎都是疯狂的。[1] 威尔逊在同欧洲政治家打交道的过程中，越来越感觉到欧洲的政治现实与其理念的差距，但他从欧洲民众的热烈欢迎中推出民意是站在他这一边的。另外衰败的欧洲有求于美国的地方很多，他觉得凭借美国的实力可迫使欧洲接受他的计划。可惜这两点估计都出现了偏差。他在与欧洲各国领袖周旋的同时，还得同美国国内的孤立主义势力作斗争。

在把理念变成方案的过程中，威尔逊不得不一再对欧洲政治家的要求让步。如果说以前美国没有参战，英、法要讨好威尔逊，那么美国参战后，他们则是小心翼翼地不去批评他，而当战争结束后，在一起谈判缔结和约，成立国联时，他们更多的是尽可能多的为国家争取实际的利益，而把维持和平的道义责任留给别人去做。当然他们内心也热切的盼望美国留下来，以他的力量保证自己的安全。所以他们也与威尔逊作交易，好让他对国内有个交代。对现实政治的迁就不能不偏离威尔逊心中国联的原教旨。法国急于削弱德国，日本、意大利迫切获得奖赏，英国则关心保住他的殖民地和海军的霸主地位，所以英国首相在《草拟和约条款最后文本前对和平会议的几点意见》中认为，对国际联盟来说，成功的首要条件是在大会竞相建立海军或陆军的美国、法国和意大利之间的一种坚定的谅解，而且除非在缔结盟约之前就取得这种谅解，否则国际联盟将会成为冒牌货和嘲弄的对象，这样也就使他的主要倡导者和赞助者把它看作是（理所当然地看作是）不可信任其功效的证据。

威尔逊在与欧洲大国苦苦谈判的同时，还要奋力地争取国会对国联的支持。国会当时反对盟约的力量主要有三派，均为共和党成员，以爱达荷州参议员威廉·波拉为首的决不妥协派，在任何条件下都反对美国参加国际联盟；以参议员洛奇为代表的强硬保留派，主张在美

① 华尔脱斯著，汉敖、宁京译：《国际联盟史》（上册），商务印书馆 1964 年版，第483 页。

国提出的条件下批准国联盟约；以参议员凯洛格为代表的温和保留派，也是主张在美国提出的条件下批准国联盟约，但是条件要比洛奇派缓和。一般认为这一派与威尔逊及洛奇派都很容易达成妥协。[①]

但由于威尔逊决不妥协，他性格刚愎自用，多次失去了同共和党议员合作的机会。到后来，他把希望寄托在美国人民身上，抱病四处演说，争取民意的支持，结果并不成功。实际上美国人民反对《凡尔赛和约》的人也不在少数。除西部强烈的持孤立主义观点的人外，德裔美国人表示反对，他们认为和约对德国惩罚太重。意大利裔美国人也表示反对，因为威尔逊拒绝同意把阜姆让给意大利。爱尔兰血统的美国人更是反对，因为在他们看来，盟约严重威胁了爱尔兰的独立保证。华裔美国人因为和约把山东出卖给了日本，也表示强烈反对。[②]

可以说美国国内的权力结构决定了盟约在美国的命运。美国拒绝加入国联，威尔逊的思想没能成功的兜售给自己的国家，这当然是威尔逊的一大失败；同时一个没有美国参加的国联，其效力也大打折扣，许多学者为之扼腕，但也有学者认为，一个不认同国联理念的美国，即使呆在国联内部，国联的命运也改变不了多少。这一点威尔逊在1924年去世前已有所认识，他曾对家人说，美国不参加国际联盟是对的。如果美国按照我的要求参加了，这当然是我个人的一个巨大胜利，但这不会起什么作用。因为美国人民内心深处是不相信它的。当他们认识到有必要参加时，这个国家参加这样一个联盟的时刻就会到来。到这时，也只有在这个时候参加进去才有作用。[③]

三、唇枪舌战：巴黎和会、国际联盟与世界体系

像维也纳会议重建拿破仑战争后的国际秩序一样，第一次世界大

---

① 韩莉：《新外交，旧世界：伍德罗·威尔逊与国际联盟》，同心出版社 2001 年版，第 212 页。

② 杨生茂主编：《美国外交政策史：1775—1989》，人民出版社 1991 年版，第 303 页。

③ 同上书，第 307 页。

战的议和是由巴黎和会完成的。1919 年 1 月 18 日，巴黎和会开幕。出席会议的共有 27 个战胜国的代表，主宰大会的是由美、英、法、意、日五国的首席代表和第二代表组成的十人会议。而真正操纵会议的是威尔逊、劳合·乔治和克里孟梭。巴黎和会实际上是在三个层次上进行，第一个层次是十人委员会；第二层次是审议各种专门问题的“特别委员会”，它的任务是预备草案、提供最高会议参考，如战争责任委员会、赔款委员会、国际联盟委员会等；第三个层次是由与会各国所有代表参加的“全体会议”，它的任务是履行表决程序，通过最高会议决定的议案，实际上只是走走形式而已。①

经过无数次的争吵、妥协，和会于 1919 年 4 月和 6 月分别通过了《国际联盟盟约》和《凡尔赛和约》，历史进入了凡尔赛体系的时代，巴黎和会与维也纳会议相比，有很多不同点，其建立的制度体系的有效性有天壤之别。两次会议的主要区别表现如下：

（一）对战败大国的处置不同

维也纳会议时，战败国法国允许出席会议，且塔列朗凭借其出色的外交才能，把法国的损失降到最低点。随后不久，法国即被允许回到大国俱乐部，这无疑有利于国际结构的稳定。而德国就没有那么幸运了。他没有资格出席巴黎和会，对德和约对德国的处置异常严厉，带有很重的复仇色彩，其领土减少 1/8，人口减少 1/10，殖民地全部丧失，军备受到限制，赔偿数额巨大。对此列宁怒斥《凡尔赛和约》为高利贷者的和约，刽子手的和约，屠夫的和约；英国经济学家凯恩斯则抨击它为一个残忍的胜利者在文明史上所干出的最凶暴的行为之一。②

这些有形的损失还容易估计，那么无形的伤害之深是很难测算的。

---

① 方连庆主编：《现代国际关系史 1917—1945》，北京大学出版社 1990 年版，第 52 页。

② 同上书，第 62—63 页。

这就是要德国承担第一次世界大战的法律责任，从道德上也受到谴责，威廉二世和其他德国高级官员是战犯，犯有发动战争的罪行，必须接受军事法庭审判，这势必引起德国人的心理仇恨。和约起草后，召见德国代表，要他们无条件接受，否则将动用武力。在强大的压力下，德国人无奈地接受了《凡尔赛和约》，但从而也埋下了抵制、修改现状的种子。

另一个大国，俄罗斯也没有资格出席会议，一是它被德国打败，属战败国之列，二是它要颠覆资本主义秩序的另类分子，因此它不但不容于凡尔赛体系，反而成为大国绞杀的对象。

（二）战胜国之间四分五裂

维也纳会议上，大国之间也勾心斗角，但存在很多大的共识，最起码大家都担心法国再度成为欧洲的威胁，所以，四国结盟在共同遏制法国的问题上存在一致。再加上神圣同盟，更形成了对法国的双重压力，这从根本上保证了法国无力挑战维也纳秩序。而在巴黎和会上，各种矛盾错综复杂，世界秩序的基础是什么，盟约与和约的关系，安全的保证是什么，在这些根本的问题上各国分歧很大。大国之间的分裂使得共同的大战略难以形成。这些反映了深层次上战胜国之间没有共同的规范、价值观，缺乏观念上的认同。

在国联的性质和任务上，英美法骨子里的想法相去甚远。威尔逊最为看重国际联盟，他真心想以原则代替实力，以法律代替利益，以集体安全代替邪恶的均势政治，从而消除战争的起因。为了能够成立国联，他一再对其他大国的要求让步，他给了法国安全条约，给了英国海军协议，将山东给了日本，将《伦敦秘约》的许多好处给了意大利。他建立的国联是外交妥协的产物，而不再是他原来所希望的国际组织。[①] 面对欧洲老谋深算的政治家，凯恩斯哀叹威尔逊这位可怜的总

① 韩莉：《新外交，旧世界：伍德罗·威尔逊与国际联盟》，同心出版社 2001 年版，第 197 页。

统在他的同伴中扮演了一个裸体盲人的角色。[①] 门罗主义成为了威尔逊的软肋，如果美国要保留门罗主义，则必须在其他方面做出让步。

英国倾向于国联是一个大国主宰的组织，类似于欧洲协调，大国对国际争端起仲裁作用，而英国凭借其实力，在其中起主导作用。这就需要借助权力均衡，在欧洲防止法国独大，在世界上防止美国挑战其海上霸权和殖民大国地位。

法国经过与德国的两次战争，深知德国的实力，这次借助外力虽然险胜德国，但法国实力大为削弱，而德国实力犹存，因为一战的主战场都在德国之外，所以战争对德国的破坏并不大。即使英、法、俄联手都难以制伏德国，所以法国明白自己的安全地位是十分虚弱的。如果不能大幅度削弱德国，肢解德国，那么法国就必须与他国结盟，并利用国际组织给自己以安全保证。实际上法国把国联看作是一个针对两个对现状不满的国家（德国和苏俄）的同盟。[②] 具体到国联，法国力主建立一支国际军队，设立总参谋，以此保证集体安全的实施。而英、美反对这一建议，力主以道义力量作为维持和平的主要工具。如果说这么做，美国是出于信仰，那么英国则是不愿为他人做嫁衣裳。对于法国提议的国际安全部队，后来苏联也曾明确质疑如何保证它不会成为大国谋取私利的工具。

（三）进程与结构的深刻矛盾

维也纳体系是权力结构，欧洲协调是国际进程，二者之间在初期是大体和谐的。而凡尔赛体系与之配套的国际联盟是不匹配的。凡尔赛体系主要是欧洲的权力分配结构，而国际联盟力图成为普遍性的国际组织，是世界大国（当然包括美国）的互动进程，凡尔赛体系是英、法主导以压制德、俄为前提的。它对日本提议的种族平等也是不加考

① 方连庆、杨淮生、王玫芳编：《现代国际关系史资料选辑》（上册），北京大学出版社 1987 年版，第 71—72 页。

② 罗伯特·A. 帕斯特主编，胡利平、杨韵琴：《世纪之旅：七大国百年外交风云》，上海人民出版社 2001 年版，第 113 页。

虑的；而国际联盟的基础是集体安全，它要求各国在对形势的判断及采取行动方面存在高度一致。再加上国联盟约的模糊性使得这种矛盾更为突出，随着时间的发展，国联日益被凡尔赛体系所腐蚀，而不能反映世界的权力结构。同时新的地区体系逐渐崛起，如：华盛顿体系、轴心国体系、莫斯科体系等，对凡尔赛体系构成严峻挑战。

总之，国际联盟所依托的凡尔赛体系存在着极大的不稳定性。在欧洲国家中，战胜国除英国外，几乎没有哪一个国家对巴黎和会签订的和约和它所建立的程序完全满意，战败国不满足更是不言而喻了。巴黎和会没能处理好结构与进程的关系，给世界留下了很多问题，比如少数民族问题、法国的安全问题、德国的不满问题。[①] 这些问题如果不能以和平的方式获得解决，必然会招致暴力的使用。

巴黎和会上，大国对国际联盟三心二意，缺乏共识，这是国联的致命缺陷。制度从建立伊始，就缺乏坚实的权力基础，国际制度本身没有世界政府的支撑，如果大国再不真正支持，反而在内外瓦解它，那么国际制度的失败指日可待。

第二节 国际联盟的维持和平机制

第一次世界大战的爆发，使世界达到了空前的无政府状态，而且与以前的战争是军人之间的战争不同，这次战争是人民之间的战争，是人类历史上第一次大规模的世界性战争。[②] 由于造成了大量平民百姓的伤亡，从政府到民间都对维持和平、防止战争给予了极大的关注。国际联盟作为全球性政治安全组织的第一次试验，吸收了各方面的建议，融合了各国的利益，开始了它削弱无政府性的历程。它有自己的常设机构——日内瓦总部，有自己的办事人员，并且当其服务国联时

---

① 王绳祖主编：《国际关系史》（第四卷），世界知识出版社 1995 年版，第 94 页。

② 黄瑶：《论禁止使用武力原则：联合国宪章第二条第四项法理分析》，北京大学出版社 2003 年版，第 26 页。

享有外交特权及豁免；国联有自己的宪法—《国际联盟盟约》。关于国联的法律性质虽是一个有争议的问题，最占优势的意见是，国联是自成一类的法人，它是一个国际法的主体，而且与各国同样是国际人格者。[①] 这些新的内容都是欧洲协调所不具备的。那么国联维持和平的机制是什么呢？下面拟从法理上分析国联是如何维持和平的，都有哪些方法促进和平、防止战争？它们之间的关系是什么？

一、国际协商组织化

国家之间遇有矛盾进行协商，不是国联的发明，在欧洲协调时代早已有之，并进行了一个世纪之久；但建立常设机构，世界各国派驻代表进行组织化、不间断的协商则始于国联。协商是和平解决争端的一种办法，当然协商也可能用于绥靖、结盟或瓜分势力范围，挑战世界秩序。可以说国际联盟继承了欧洲协调的协商精神并在地理范围、时间频率上进行了放大。协商不再限于大国之间和欧洲的地域。有了常设的机构、固定的场所、专门办事人员，这些都给国际协商提供了组织上的保证。

国联大范围的协商机构是大会，盟约规定，大会由联盟会员国之代表组织之（第三条第一款）；大会应按照所定日期或随时遇事机所需在联盟所在地或其他择定之地点开会（第三条第二款）；大会开会时可以处理关系世界和平之任何事件（第三条第三款）。[②] 国联成立时，盟约没有规定开会日期与开会次数，当时预计 3—4 年开一次，后来才形成惯例，即每年召开一次例会，在 9 月的第一个星期一召开。大会的投票程序是所有会员国一律平等，一国一票。从大会的表决机制上可以明显看出海牙体系的影子。

国联成立时共有创始会员国 42 个，其中欧洲国家 16 个，占总数

① 拉萨·奥本海著，王铁崖、陈体强译：《奥本海国际法》上卷，第一分册，劳特派特修订，商务印书馆 1905—1906 年版，第 284 页。

② 饶戈平：《国际组织法》，北京大学出版社，1996 年版，第 372 页。

的38%。其余为亚洲5个，非洲2个，大洋洲2个，美洲17个。考虑到大会决议需要出席会员国的一致同意，可以说这是历史上小国第一次真正参与世界政治。①

国联小范围的协商则为行政院，它由5个常任理事国、4个非常任理事国组成。原定的5个常任理事国为美英法意日，但美国没有参加国联，实际上常任理事国只有4家，后来德国、苏联都曾经当过一段常任理事国，但随着日本、德国、意大利的退出，苏联的被除名，1939年后常任理事国只剩下英、法了。

行政院开会逐渐形成一个季度一次的惯例，其职权可以处理属于联盟行政范围以内或关系世界和平之任何事件（第四条第四款）；其决议也需出席会员国全体同意（第五条第一款）。行政院在国联中居于中心地位，但盟约对大会和行政院的权力划分并不清楚，因此形成了双头政治的局面，对此国际法学家劳特派特总结到："在大会和行政院所行使的许多职能之中，（1）有一些专由大会行使的；（2）有一些是专由行政院行使的；（3）有一些则需要这两个机构的合作；而（4）其他职能则由大会和行政院同时行使，或和行政院交替行使"。②

秘书处是国联大会和行政院的服务机构，与战前国际会议的秘书处由东道国提供人选不同，它由与会各国临时指派的官员所组成。这是国际体制中最富于创新的部分。它重视工作人员的国际性、独立性和真才实学。③

从以上的机构设置可以看出，组织化的协商是维持和平的第一步。

二、外交公开化

国联成立以前，各国的外交通常都是皇帝、政治家、职业外交家

---

① 华尔脱斯：《国际联盟史》（上册），商务印书馆1964年版，第146页。

② 拉萨·奥本海著，王铁崖、陈体强译：《奥本海国际法》（上卷，第一分册），商务印书馆1905—1906年版，第286页。

③ 李铁城主编：《联合国的历程》，北京语言学院出版社1993年版，第25页。

的事情，与普通老百姓没有什么干系。但第一次世界大战结束后，反对秘密外交的呼声日益高涨，尤其是威尔逊总统力主外交公开。当时国际舆论普遍认为，国际政治应该反映民意，国内民主政治应该推广到国际层次。老百姓深受战争带来的苦难，他们认为战争是少数人操纵外交，私欲野心膨胀的结果。如果打开外交之窗，引进民间通情达理的和风，会吹散密室内乌烟瘴气的邪念。①

根据新自由主义理论，无政府状态的一个突出特点是信息的不充分和不对称，因此导致政治市场失灵。国际制度的一个功能是它可以向参与制度的国家提供可靠的高质量信息。充足的可靠信息打破了囚徒困境的僵局，使参与双方到达帕累托最优解。② 这样就有了国际联盟的如下规定，联盟会员国担任将其国内关于军备之程度，陆、海、空军之计划，以及可为战争服务之工业情形互换最坦白、最完整之情报（第八条第六款）争执各方应以案情之说明书连同相关之事实及证件从速送交秘书长。行政院可将此项案卷立即公布（第十五条第二款）；嗣后联盟任何会员国所订条约或国际协议应立送秘书处登记并由秘书处从速发表。此项条约或国际协议未经登记以前不生效力（第十八条）。虽然王铁崖先生认为将登记作为条约生效的一个条件是不妥当的，③ 但是国联秘书处还是登记编纂了4000多份条约。

以此为基础，在日内瓦开展的多边外交使得各国相互了解的机会更多，民众也更知晓国与国之间谈判的内容与进展情况，这样他们更有可能做出自己的判断以对国家的外交进程施加影响，减少大国之间的幕后交易，防止国家轻启战端。

三、和平解决争端制度化

在这里和平解决争端，实现和平变革是目的，而程序制度化则是

---

① 朱建民：《国际组织新论》，台北正中书局1977年版，第530—531页。

② 秦亚青：《国际制度与国际合作：反思新制度主义》，载《外交学院学报》，1998年第1期，第44页。

③ 王铁崖主编：《国际法》，法律出版社1981年版，第362页。

手段。与联合国不同，国联不认为战争是非法的，但战争应是最后诉诸的解决争端的手段，因此对其使用应加以限制和拖延。

西方传统的国际法一般把解决争端的合法方法分为两类：一是非强制解决争端的办法，一种是强制解决争端的办法。[①]

1. 非强制方法。它又分为政治的解决方法和法律的解决方法两种，前者如谈判、斡旋、调停、和解（调解）及国际调查等；后者如仲裁和司法解决。

2. 强制方法。如：反报、报复、平时封锁、干涉、非战争的武力方法和战争方法。

传统国际法认为除了战争方法外，以上所有办法都是和平解决争端的方法。那么国联是如何把和平解决争端的程序制度化的呢？

首先，它大力提倡法律解决国际争端，并建立了历史上第一个国际性的司法机关—国际常设法院。国家之间产生争端非常自然，关键是如何解决，以免发生战争，造成不可控制的后果。而用法律方法解决，一是公正，二是权威，三是赢得了宝贵的时间。盟约序言里即首先声明国联的目标是增进国际间合作并保持其和平与安全，为此缔约国特允承受不从事战争之义务。国联盟约第十二条（第一款）明确规定，联盟会员国约定，倘联盟会员国间发生争议，势将决裂者，当将此事提交仲裁或依司法解决……，联盟会员国并约定无论如何，非俟仲裁员裁决或依司法解决……后三个月届满以前，不得从事战争。第十三条、十四条进一步厘清了应交仲裁或司法解决的问题，指明解决问题的法律机构以及遵行裁决或判决的联盟会员国的法律权利（即不得对他们进行战争）。

其次，国联也反复重申政治解决办法的重要性。政治解决和法律解决没有先后优劣之分，而是看实际情况需要采取哪种手段，与其说它们是竞争的，不如说是互补的。盟约第十二到第十五条规定了行政院在和平解决争端方面的权力与职责。这些职责甚至扩大到了联盟会

---

① 王铁崖主编：《国际法》，法律出版社 1981 年版，第 453 页。

员国与非会员国之间，甚至两个非会员国之间的争端（盟约第十七条）。

最后，盟约规定了各国自行裁军的义务，即联盟会员国必须减缩本国军备至适足保卫国家安全及共同履行国际义务的最少限度。（第八条第一款）裁军是自我克制，表现和平诚意的举动，也是海牙体系精神的进一步继承。从理论上讲，军备的减少将降低暴力冲突的程度，增加国家间信任，为集体安全制度的实施创造条件。对此朱建民描述到裁减军备，解除武装，遣散人员，使国家无可战之兵，无可战之器。裁军是以最干脆的方法解决战争，因为它剥夺了作战的工具。裁军的结果，不管你为何而战，对谁而战，即令你是人而想战，也无以为战，彻底解决作战的问题，不必再费心机去分析战争的原因，这是裁军为谋求和平途径的动人之处，其特色使战争在物质上完全不可能。[①]

关于和平变革问题，是历史上一直不能解决的问题。任何国际体系、国际制度都是一定历史条件下，特定大国实力分配下的产物，随着这些情况的变化，要求修改现状的呼声会高起来，如果没有一条和平变革的管道，势必将产生用暴力修改现状的事件。苏长和把这个问题形象地称为“改制”问题。[②]

国联盟约关于和平变革的条款是第十九条，即大会可随时请联盟会员国重新考虑已经不适用之条约以及长此以往将危及世界和平之国际局势。可见国联的创造者已经考虑有一天国联盟约将会成为争端产生的原因，到时应考虑修改，但前提依然是在国联的框架内和平解决。

---

① 朱建民：《国际组织新论》，台北正中书局 1977 年版，第 579 页。

② 见苏长和为基欧汉《霸权之后》一书写的解读，可参考《霸权之后—世界政治经济中的合作与纷争》，上海人民出版社 2001 年版，第 15 页，苏文提到如果国际制度建设不能考虑弱势国家和团体的关切和利益，那么既有的制度可能会不断地加剧世界范围内的不平等和失望情绪，国际制度也许就不是合作与和平的推动因素，而是斗争与冲突的焦点。但笔者认为新崛起的大国对改制问题的要求更为重要，比如德国、苏联之于国联，德国、日本之于联合国的改革。

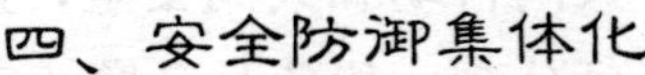

四、安全防御集体化

倡导集体安全是国联最重要的特色，是其核心的维和机制。如果说前三项机制主要靠的是用尽和平手段解决争端；那么集体安全更多是靠武力威慑侵略。由于集体安全是维和机制的重中之重，因此我们有必要从概念、理论上剖析集体安全制度。[①]

（一）定义

关于集体安全的概念，最形象的说法是“人人为我，我为人人”。它虽是靠集体互助保证国家安全的一种制度，但不同于军事同盟或任何区域安全制度。摩根索认为集体安全设想由国际社会所有成员执行国际法，无论它们在特定的事件中是否受到了伤害；[②] 英尼斯·克劳德说，集体安全不允许如果或者但是，充满了绝对的表述，在这些绝对的表述中，没有比确定的要求更基本的了。[③] 基辛格指出，集体安全的基本前提是，每个国家对任何的安全威胁均有一致的看法，而且愿意冒同样的风险共同抵御此威胁；周启朋认为集体安全是一种以组织国际社会的集体力量来预防和制止战争，保护各国安全的主张和立场；[④] 王逸舟则认为集体安全是一种有契约或共识的机制，依据这种机制，各个成员的安全，不仅靠它本身的力量，更有整个共同体的集体力量来保障。这种安全就叫集体安全。[⑤]

---

① 关于“安全”这一概念内涵的变化，以及概念前添加繁多的定语所形成的大量新概念，请参考任晓的《从集体安全到合作安全》载《世界经济与政治》，1998 年第 4 期；还有《安全——一项概念史的研究》，载《外交评论》，2006 年第 6 期。

② 汉斯·摩根索著，徐昕等译：《国家间政治——寻求权力与和平的斗争》，中国人民公安大学出版社 1990 年版，第 372 页。

③ Inis L. Claud, Jr., Swords into Plowshares,: The Problems and Progress of International Organization, 4th ed. New York: Random House, 1971, p. 252.

④ 周启朋：《集体安全与联合国宪章下的强制措施》，载《联合国与世界秩序》（陈鲁直、李铁城主编），北京语言学院出版社 1993 年版，第 143 页。

⑤ 王逸舟：《当代国际政治析论》，上海人民出版社 1995 年版，第 390 页。

各位学者都突出了国家的共同认同、共同行动和共同安全，这些观念、力量是不可分割的，和平与安全不可分割，战争与危险也不可分割。但这里有一点需要澄清，即集体安全不仅是一种手段，更是奋斗的目的；不但是一个结果，更是一个过程。集体安全的设计者深知这种制度实现的不易，不是一蹴而就的，它需要各种主客观条件，比如主观条件方面，需要各国坚信和平不可分，效忠世界秩序，准备为现状而战，急难救援必须绝对可靠，信任国际决定，放弃自我做主，大公无私，一视同仁；客观方面权力分配相当分散，所有国家大体上普遍参加，经济上相互依存，法律上设立机关，赋予断定侵略，决定制裁，指挥联合行动的权力。①

（二）国联盟约集体安全条款的分析

（1）会员国的共识基础——盟约第十一条（第一款）：凡任何战争或战争之威胁，不论其直接影响联盟任何一会员国与否，皆为有关联盟全体之事。联盟应采取有效之措施以保持各国间之和平。这里安全的层次也不再存在，不存在你的安全、我的安全或区域安全，有的只是全世界的共同安全。抛掉小我，才能成全大我，这可谓是20世纪末新安全观的先声。各国有了共识，然后才可筹措共同的行动。

（2）会员国的义务——盟约第十条：联盟会员国担任尊重并保持所有联盟会员国之领土完整及现有之政治上独立，以防御外来之侵犯。这里强调各国对世界秩序现状的尊重，并负有义务维持这种现状，它暗含了秩序高于正义的意义。本条历来被认为是国联的脊梁，是威尔逊思想的集中反映，也是美国国内政治攻击最力并因为不能修正而拒绝加入的关键条款。美国不愿意在和平时期承担保卫它国的义务，介入对自己没有利害关系的纷争，这方面最有代表性的是洛奇参议员的一段话，“我向父亲和母亲，姐妹和妻子们，还有情人们询问，他们是否已经准备去保卫世界上每一个国家的政治独立和领土完整不受到外

① 朱建民：《国际组织新论》，台北正中书局1977年版，第546—555页。

来的侵略，并将他们家庭的希望、国家的希望、我们最好的青年送到世界上去执行这一任务。”[①] 小国则从这一条受到鼓舞，盼望国联能最大限度的执行自己的承诺来保证他们的安全。

（3）自动执行机制——盟约第十六条：任何联盟会员国违反和平解决争端的义务及和平解决争端的程序而从事战争者，则据此事实应即视为对于所有联盟其他会员国有战争行为。其他会员国承担立即与之断绝各种商业上或财政上之关系……联盟各会员国各出陆海空之实力组织军队，以维护联盟盟约之实行。这样对一个会员国的非法战争就是对全体会员国的战争，所有会员国都有义务做出从经济制裁到动用武力的集体反应。这将对肇事国形成莫大的威慑。

（三）实现集体安全所需的条件

概括起来有三点：1. 权力结构。世界权力相当分散，集体会员国权力远大于侵略国权力；大国都参加；各国军事实力越少越好。2. 制度保证。有明确禁止侵略的法律，有断定侵略、决定制裁、指挥联合行动的国际组织。3. 高度认同，各会员国相信集体安全机制，也相信其他会员国会像自己一样遵守集体安全制度的义务。在大是大非面前，不记前嫌，不念旧情。有了这三点作保证即可做到召之即来，来之能战，战之能胜。

（四）国联所允许的战争

国联虽力主和平解决争端，但并不禁止一切战争，除了痛击侵略所需的集体军事行动外，还有以下几种形式的战争也是国联所允许的。

1. 当国联理事会不能做出全体一致同意的报告时，根据盟约第十五条第七款，会员国保留权利施行认为维持正义或公道所必需的

---

① 爱德华·C. 勒克著，裘因、邹用九译：《美国政治与国际组织》，新华出版社 2001 年版，第 192 页。

行动。

2. 如果他国不执行仲裁裁决，司法判决或行政院一致通过的报告，根据盟约第十二条第十二款，会员国在 3 个月期限届满后方可随意诉诸战争。

3. 如果战争是起因于国内管辖事件。

4. 自卫战争。至于自卫战争，盟约并无明确规定。但是正当自卫在《国联盟约》中变为国家的一种特权，实质上区别于诉诸武力。因为正当自卫是许多国家所承认的一项普遍法律原则，允许使用该原则不需要任何协定的授权。[①] 可见，国际联盟开始从根本上限制战争权，它对一切战争规定了程序上的延缓期限，为争端当事国提供冷却期，明确地剥夺了会员国在某些情形下的战争权；在国际法的历史上，国际联盟首次部分禁止战争。[②]

第三节　国际联盟削弱无政府性的实证研究

一、国联建立初期的世界权力分配与大国认同状况

国联建立时，美国的 GDP 总量已位居世界第一位，军费开支也是最多的国家，这说明它已有了充当霸权国的潜力。同时欧洲的英、法、德、意、苏大体上呈现一种多极均衡格局。[③] 1920 年各大国占世界财富的相对份额分别为英国 16%、德国 14%、法国 5%、俄国 1%、意大利 1%、美国 62%、日本 2%。[④]

第一次世界大战中，美国必须介入欧洲才能恢复欧洲均势的事实，说明了欧洲的权力结构已无法解决自己的秩序与安全问题，欧

---

① 黄瑶：《论禁止使用武力原则：联合国宪章第二条第四项法理分析》，北京大学出版社 2003 年版，第 37 页。

② 同上书，第 26—27 也。

③ 具体数字可参见本文第五章的数据表。

④ 约翰·米尔斯海默著，王义桅、唐小松译：《大国政治的悲剧》，上海人民出版社 2003 年版，第 294 页。

洲的问题必须借助欧洲外的力量来解决，这也就注定了战后欧洲的秩序必须反映全球的权力分配，而凡尔赛体系显然与当时的世界权力分配不符。当然这时谈美国主导下的世界秩序还为时过早。英、法还有着庞大的殖民体系作为其实力的补充，德国、苏联的潜力还非常巨大。但凡尔赛体系显然没有反映与美国国力相称的国际地位，这种国际结构注定是不稳定的，而建立在这种结构上的国际联盟也必将面临尴尬的局面。

从当时大国对国际联盟的认同来看，在当时的7大国中，美、苏、德没有加入，美国是主动放弃，德、苏则是不允许加入。加入的四国英、法、意、日成了行政院的常任理事国。按理说他们应成为制度的维护者，但因为意大利、日本觉得自己获利太少而对凡尔赛体系耿耿于怀。获利最多的英、法，彼此猜忌。英国是重均势甚于集体安全，法国是视个体安全高于集体安全，他们虽然主观上想利用国联维持欧洲的现状，但他们无法同时对抗如此多的充满敌意的大国，也无力同时绥靖这么多大国。

这样，我们可以初步得出两个结论：从权力结构上讲，国际联盟作为一种制度没能反映当时的大国权力分配；从观念结构上看，大部分大国对国际联盟的认同度低，甚至是反对国际联盟的。大国间的观念分配处于温特所说的霍布斯文化与洛克文化之间，这将对国联的命运产生负面的影响。对此，英国历史学家梅德利科特（W. N. Medlicott）写道：由于从1920年美国背信拒绝参加国联开始，其他一些国家退出国联，国联的基本宗旨便无法实现。于是，英国和法国成了处境困难的保姆，照料着一个患大脑性麻痹症而又惹人喜爱的婴儿，一个国际上某种不明智的调情的产儿。[①] 很显然作者视国联为英、法甩不掉的一种负担。

---

① W. N. 梅德利科特著，张毓文等译：《英国现代史》，商务印书馆1990年版，第118页。

二、第一个十年：国联削弱无政府性的尝试

英国外长奥斯汀·张伯伦说过，麻雀吵架时，国联大显身手；老鹰搏斗时，国联则束手无策。[①] 如果说头半句是国联历史第一个十年的写照，后半句则是对国联后十年命运的概括。

国际联盟从法理上讲非常有吸引力，从逻辑上也说得过去，但一接触国际政治的现实就发现困难重重。没等碰到什么真格的，会员国首先通过国联盟约的再解释，先行去掉了盟约的强制性条款，从而使得实施集体安全的基础不复存在。

（一）国联盟约的再解释

国联成立不久，会员国即围绕盟约第十条和第十六条展开了激烈争论，这两条是国联集体安全的支柱。许多会员国认为这两条赋予的义务过重，经过辩论，大会通过了相应的解释决议。1921 年，大会关于经济武器对盟约第十六条一连通过 19 次解释决议，强调违约国的单方行动并不构成战争，只给予其他会员国对违约国从事战争的权利，断定违约事情是否发生，乃各个会员国自己之事；经济制裁应由理事会建议开始日期，而非立即各自行动；断绝商务关系得以逐步实施，某些国家且得延缓采取行动，外交领事关系仍得维持。1923 年，大会关于盟约第十条的解释决议案认为保持各会员国的领土完整及政治独立，应由会员国自行决定使用军队履行其义务的限度；理事会遇有侵略或侵略危险建议军事措施时，应斟酌各个国家的地理位置及特别情况。[②] 既然各国同意这至关重要的两条做如此的修改，已经说明他们不再准备承担经济制裁和以武力抵制侵略的责任，盟约修改至此，实际上已宣判了国联集体安全制度的“死刑”。接下来国联能做的也就是使

---

① W. N. 梅德利科特著，张毓文等译：《英国现代史》，商务印书馆 1990 年版，第 346 页。

② 朱建民：《国际组织新论》，台北正中书局 1977 年版，第 558—559 页。

用非强制性的方法，促进争端的和平解决，而这对于蓄意发动侵略战争的国家是无能为力的。

（二）和平解决国际争端的案例

在国联历史上的第一个十年，也曾有过一些成功的调解国际争端的记录，时间集中在1920—1924年，主要是欧洲小国之间因一战造成的领土变更所导致的争端。比方说，瑞典和芬兰之间的奥兰群岛的归属问题、波兰与立陶宛间的维尔纳问题、德国与波兰之间的上西里西亚问题、立陶宛的默麦尔自治问题、匈牙利与邻国的边界问题、希腊与保加利亚的边界争端等。这些虽然对于世界和平的影响不大，但也在一定程度上缓和了无政府状态。

（三）裁军

裁军是国联力图减少国家所垄断的暴力水平的一种努力，如果裁军能有实质性的突破，我们就可以说它降低了国际无政府性。但可惜的是，一般的情况是强国提出裁军建议，因为他们对现状感到满意，[①]而且各国对什么是裁减的对象，是否应当包括潜在的军备，是重质？还是重量？裁军是个技术问题，还是个政治问题？是安全优先，还是平等优先？在这些问题上，各国不能达成一致。

因此，在国联范围内，虽然召开了无数次裁军会议，但是没有取得多大成就。

（四）20世纪20年代面临的危机萌芽

国联从成立伊始，就面临着来自内外大国的挑战。首先是美国建立华盛顿体系的努力，这直接威胁而不是补充了凡尔赛体系，后者是国联的权力基础。美国凭借自己的实力，在1921年召开的华盛顿会议上，签订了英、美、法、日四国条约和美、英、法、意、日《五国海

① 马丁·怀特著，宋爱群译：《权力政治》，世界知识出版社2004年版，第193页。

军条约》，重新调整了大国之间的关系，这无疑是大国对美国势力范围从美洲扩展到远东太平洋地区的认可。中国虽被纳入《九国公约》，但其地位犹如1856年奥斯曼帝国被纳入欧洲协调。

其次，1923年法国、比利时军队占领德国鲁尔和意大利军队占领希腊科孚岛事件，都对国联的权威提出了挑战。前者因行政院的大国法国反对，行政院不能介入；后者是国联处理的第一宗直接涉及大国国际安全的案例。在处理过程中，由英法意日四国组成的大使会议担当了无可争议的仲裁角色，行政院被边缘化了，希腊政府向大使会议而不是行政院表示愿意对意大利让步。因此科孚岛事件对国联的威信来说是一次严重打击。首先，一个大国用武力践踏了一个弱小邻国的主权，国联不仅无力对后者提供保护，反而促使其完全满足侵犯者的要求；其次，意大利公开宣称占领外国领土作为一种和平强制措施是国际法允许的，且意大利没有对希腊宣战，国联行政院就无权将此事当作危害和平的问题处理，国联对这样的谬论并没有坚决驳斥；最后国联心甘情愿地接受了"顾问"角色和从属于大使会议的地位，自动放弃了应有的权利。[①]

还有，1924年德国提出的4项加入国联的条件是意味深长的。这4项条件是：（1）必须取得保证立即获得行政院的常任委员席位；（2）鉴于德国被解除武装和不设防的情况，它必须获允，不参与盟约第十六条规定对侵略者实施的经济和军事制裁；（3）必须不再以任何方式要德国承认负战争的责任，这种说法是凡尔赛条约强加在它身上的；（4）它希望在适当的时候得以参与国联的委任统治制度。[②] 而行政院对此的答复是，"所有10国政府完全赞同此项条件"，[③] 对于要害的第二

① 唐永胜、徐弃郁著：《寻求复杂的平衡：国际安全机制与主权国家的参与》，世界知识出版社2004年版，第58页。

② 华尔脱斯著，汉敖、宁京译：《国际联盟史》（上册），商务印书馆1964年版，第316页。

③ 方连庆、杨淮生、王玖芳编：《现代国际关系史资料选辑》（上册），北京大学出版社1987年版，第180页。

项条件，行政院答复道：依据盟约现行条款，本院之责任应建议联合会各会员国各出陆海空若干兵力组织军队，以为维护联合会盟约之用。至贵国地位，能照本院建议办理至何限度，则在贵国自应说明。本院并告贵国政府，凡为联合会与行政院会员，得随时发言决定盟约原则之适用。[①] 这样德国就以比维也纳会议后的法国更为优越的条件回到了大国俱乐部。凡尔赛条约签订仅仅 5 年，战败国以退为进，成为了国联里只有权利，没有义务的常任理事国。

最后，日本 1927 年侵占中国的青岛。对此国联也没有切实的反应。这是行政院的另一大国违背盟约而国联无动于衷的案例。如果我们再结合 1927 年的田中奏折的内容，便更容易发现日本对凡尔赛体系与国联的真实态度。身为日本首相的田中认为，“欧战而后，我大日本帝国之政治及经济，皆受莫大不安……若夫华盛顿九国条约……乃英美富国欲以其富力，征服我日本在支那之势力。即军备缩小案亦不外英美等国欲限制我国军力之盛大，使无征服广大支那领土之军备能力，而置支那富源于英、美富力吸引之下，无一非英、美打倒我日本之策略也”，“我对满、蒙之权利如可真实的到手，则以满、蒙为根据，以贸易之假面具而风靡支那四百余州；再以满、蒙之权利为司令塔，而攫取全支那之利源。以支那之富源而作征服印度及南洋各岛以及中、小亚细亚及欧罗巴之用”。[②] 有如此意图的日本怎么可能指望支持国联，负起维护世界和平的责任。对于日本这样的国家，要探讨它发动战争的原因，只能说战争的原因就是战争本身。

（五）由普遍的集体安全体系到欧洲集体安全体系

国联原来设计的是普世性的集体安全体系，对一个成员国的侵略就是对所有成员的侵略。但在实践中，这种设计逐渐沦为一种区域性

---

① 方连庆、杨淮生、王玫芳编：《现代国际关系史资料选辑》（上册），北京大学出版社 1987 年版，第 180 页。

② 同上书，第 228—231 页。

的安全追求，其名称叫欧洲集体安全体系，但在本质上已不同于集体安全的本义。美国不愿承担欧洲集体安全的责任，英国觉得自己是安全的生产者，也追随美国不愿给法国提供安全保证。这样法国首先追求的是在中东欧地区建立集体安全体系，通过与捷克斯洛伐克、罗马尼亚、南斯拉夫和波兰之间的双边条约，它们结成了一种区域安全网络。这已经证明作为行政院的常任理事国，法国也没有把握国联能保证它的安全。

欧洲集体安全体系的第二步是1925年洛迦诺公约的签署，其核心内容是由英、意保证德法、德比的边界领土维持现状，双方不得攻击和侵犯，并且在任何情况下不得诉诸战争，英、意有义务援助被侵略国。这实际上是英国在玩弄均势外交，在法、德之间搞平衡，这连地区集体安全体系都够不上。由于公约没有保证德国的东部边界不可更改，中东欧地区的安全体系面临着极大的挑战，洛迦诺公约没有给法国带来切实可靠的安全，反而对其东部小盟国的安全构成了威胁，从而对法国的地位提出了挑战。基辛格认为，洛迦诺公约是对国联集体安全的抵挡，理由是倘若集体安全真正有效，则洛迦诺公约便属多余；若洛迦诺公约有其必要，那就等于国际联盟连其主要创始会员国都保障不了。①

建立欧洲集体安全体系的第三个努力是1928年签订《非战公约》，该公约也是法国借助美国的力量，加强自身安全的再次外交努力。但结局却是达成了一个普世性的《关于废弃战争作为国家政策工具的一般条约》，主要大国美、英、法、德、意、日、苏都在公约上签了字，这似乎意味着建立集体安全体系已不必要，因为世界主要大国都不再以战争作为国家政策，公约所禁止的战争已将通常的一切战争都包括在内。但由于各国对公约均有很实质性的保留，公约没有切实可行的保障措施，其意义再次限于国际法上的，对于建立真正的集体安全体

① 亨利·基辛格著，顾淑馨、林添贵译：《大外交》，海南出版社1998年版，第247页。

系没有任何帮助。

总之，在20世纪20年代的欧洲，建立区域性集体安全体系的努力也没有成功，国联削弱的无政府性在欧洲非常有限，而在其他地区国联的影响更是鞭长莫及。

三、第二个十年：是国联削弱无政府性，还是无政府性削弱国联？

国联进入到第二个十年，面临着三股力量的博弈：第一是支持它的力量，第二是反对它的力量，第三是绥靖者的力量。原来基础就不牢固的国联进入了风雨飘摇的时期。

（一）来自日、意、德的持续挑战和英、法的绥靖

20世纪30年代众多的修改现状的国家不是一夜之间冒出来的，它们是20世纪20年代修约派及其制造的各种小危机发展的自然结果。不管这几个国家在国联内，还是在国联外，它们的所作所为主要是起反对国联的作用，因为它们一直不认同国联所倡导的集体安全思想。

首先是1931年日本发动“九一八事变”，武装侵略中国东北。这是国联历史上首次一个行政院大国侵略并吞并另一个会员国的领土。当时的中国政府寄希望于国联，立即向国联行政院提出申诉，要求国联采取行动。国联行政院于9月30日、10月24日和12月10日分别通过三次决议。这些决议没有区分侵略者与被侵略者，只是笼统地呼吁两方尽力所能，速行恢复两国间通常之关系；两国政府不能诉诸任何侵略政策或行动，并须采取消除敌对之办法；两国担任采取必要方法，防止情势之再行扩大，并避免足以再启战争及丧失生命之任何行动。①

① 方连庆、杨淮生、王玖芳编：《现代国际关系史资料选辑》（上册），北京大学出版社1987年版，第273—275页。

第三次决议决定组建一调查团赴中国进行实地调查，但由于经费不到位，李顿调查团直到 1932 年 2 月 3 日才得以成行。由于行政院的无作为，后来国联大会经过表决接受了《李顿报告书》并于 1933 年 2 月通过决议，确认中国对其东北的主权，认为日本的占领是非法的，并责成各会员国在法律上和事实上不得承认“满洲国”。这个结论虽然值得肯定，但它无助于解决中国被侵略的问题，集体安全在大国挑战面前软弱无力，日本反而以退出国联进一步向集体安全体系挑衅。事态至此，可以看出英、法国家不会关心欧洲以外的国家的安全，也不愿意冒险与一个亚洲军事强国开战，或对其进行经济制裁以加重自己的经济萧条。只要日本的侵略没有危及到他们的在华利益，他们宁可绥靖侵略者以图私利。所以在国联行政院便出现了如此正不压邪的局面，行政院没有一个代表插嘴纠正人所共知的关于“上海事件”不真实的叙述，驳斥关于“中国不是一个有组织的国家，因而不能够被国联中它的同事会员国看作是这样的国家”的一派胡言乱语，或者呼吁其他国家根据九国公约承担义务。①

对于日本“九一八事变”的后遗症，华尔脱斯准确地总结道：它蔑视国际联盟得逞，是对其他地方的一切集团或个人的一个鼓励，因为他们认为恢复国际无政府状态是符合他们的个人利益或国家利益的。② 直到 1937 年“七七事变”，国联既没有明确宣布日本为侵略者，也没有给中国任何实际的支持。

其次，1935 年 10 月 3 日意大利入侵埃塞俄比亚，国联的集体安全面临生死考验。这是国联历史上唯一的一次针对大国的侵略启动经济制裁条款。国联很快宣布意大利是侵略者，并决定对意大利进行财政和经济制裁。客观的讲，经济制裁还是对意大利的国内经济起到了一定的破坏作用，如果把石油等广泛的军用物资都包括在内，这次制裁

① 华尔脱斯著，汉敖、宁京译：《国际联盟史》（下册），商务印书馆 1964 年版，第 31 页。

② 同上书，第 9 页。

是有可能成功的。但是英、法出于抗衡德国的均势考虑，害怕制裁把意大利推向德国一边，放弃了集体安全的原则，力图以埃塞俄比亚的部分领土绥靖意大利，结果反而导致了意大利的得寸进尺和德国的蔑视。英、法从骨子里惧怕战争被希特勒看得一清二楚。另外美国利用国联经济制裁之机，积极扩大与意大利的贸易，这使得制裁必将无效。1936 年 5 月意大利宣布兼并埃塞俄比亚；7 月 4 日国联宣布结束对意大利的制裁。集体安全的泡沫破灭了。

对于国联在意大利侵略上的表现，马丁・怀特认为人们不可能避免这样的印象，即 1935—1936 年未能对意大利实行有效制裁，这是世界历史的一个转折点，对此后历次事件起着决定性的作用。这是一次重大的失败，并导致随后的一系列失败。几乎没有比这更清楚明了的检验国联机制的案例了。[①]

最后，德国 1936 年进入莱茵兰非军事区，是对国联的最后一击。这时德国已经退出了国联。根据凡尔赛条约规定，莱茵河西岸和莱茵河东岸 50 公里以内，德国无权设防，并不得驻军和举行军事演习；根据德国参加的《洛迦诺公约》的规定，侵犯非武装区，等于直接进攻法国和比利时的领土；德国进军莱茵兰，法国有权立即采取军事行动，英国、意大利有义务提供军事援助。之后国联理事会在伦敦召开特别会议，邀请德国派代表参加。会上英、法、意、比代表表示，如果德国停止在莱茵区重新设防，四国愿与德国通过外交途径讨论改变莱茵区现状。德国对此不加理睬，反倒是苏联代表准备参加国联理事会所采取的措施。

德军进入莱茵兰。直接挑战了凡尔赛体系和英法的自身安全，法国无力保障自己安全，英国拒不执行国际条约义务，使得两国的国际信誉大打折扣，至此维护国联机制的最后一点希望落在苏联身上。

---

① 马丁・怀特著，宋爱群译：《权力政治》，世界知识出版社 2004 年版，第 144—145 页。

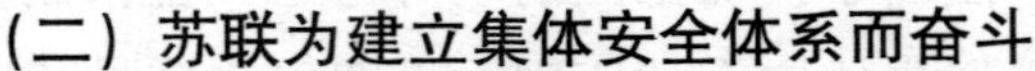

(二) 苏联为建立集体安全体系而奋斗

苏联自从1922年成立以来，一直被凡尔赛体系和国联所排斥。这种情况到了20世纪30年代，随着德、日退出国联，亚欧军国主义的兴起有了改变。苏联开始改变对国联的看法，并于1934年加入国联，成为行政院的常任理事国，从而使得国联的权力基础朝着有利于反法西斯阵营的方向转化。

与英、法的绥靖政策不同，苏联加入国联后，为建立有效的地区集体安全体系做了很多工作，比如：先后缔结了《苏联和法国互助条约》、《苏联和捷克斯洛伐克互助条约》、《中苏互不侵犯条约》，积极援助西班牙反对德、意武装干涉的战争等。但由于英、法祸水东引的动机，各方难以形成支撑国联的合力。对于苏联在国联的作用，马丁·怀特说，捍卫国联体制的最后一个大国苏联被迫陷入孤立，于是它自己也诉诸绥靖政策；[①] 华尔脱斯说，在慕尼黑协定以前，俄国政府没有想不承担集体安全的义务。但是由于硬把这种事情强加于它，它终于决定拒绝民主国家的接近而接受希特勒的接近。这对它自己和全世界是一个悲惨的决定；然而是一个俄国人对之完全不能负责的决定。[②]

面对凡尔赛体系的挑战，欧洲各大国形不成共识，国际秩序逐步瓦解，集体安全的设计始终未能成为现实。大国间互动没有因国联而增加互信，以达成大国愿意遵守的规范、原则与决策程序，反对国联的力量很快就压倒了支持国联的力量。

四、和平幻象：国联失败的原因

国联在防止战争、维护和平上失败了，这是一件大家都承认的事

---

① 马丁·怀特著，宋爱群译：《权力政治》，世界知识出版社2004年版，第149页。

② 华尔脱斯著，汉敖、宁京译：《国际联盟史》（下册），商务印书馆1964年版，第391页。

实。但是国联作为一种代表集体安全体系的国际制度为什么无效？各种看法差异很大，总结起来有四种代表性的观点。

第一种：国联理念错误说。国联所代表的集体安全理念是完全错误的。这可以卡尔和米尔斯海默为代表。卡尔说，国联的失败标志着国联赖以为基础的理论的失败。就连 19 世纪理念的基础也因之受到质疑。问题可能不是人太愚蠢、太邪恶，所以无法实施正确的原则。问题的要害可能是这些原则本身要么错误，要么不切实际；所有标准都包含着利益的成分，乌托邦主义者无法理解这一点。所以当标准崩溃时，他只能采取逃避的态度，抱怨那些不符合乌托邦原则的事实。[①] 约翰·米尔斯海默则指出了集体安全理论的九大困境，[②] 每个困境都是不易解决的硬伤。

第二种：理论正确、实践错误说。国联的集体安全理念是完全正确的，只是国联生不逢时，命运不好，或是因为国家在实施的时候出了问题。

前者认为如果这个世界是正常的，如果法国再理性一点，如果英国愿意给予国联稍微坚定的支持，如果开始对魏玛共和国不那么苛刻，如果美国没有拒绝它，如果俄国早点加入，如果英国外长是塞西尔勋爵而不是寇松爵士……国联就会成功。

后者认为如果国联盟约与凡尔赛和约分开，如果一开始在平等的基础上就立刻承认战败国的权利，如果不对国家主权作那么多的让步，以保证盟约的执行。[③] 而国联副秘书长华尔脱斯干脆说，其实国联的失败不是由于盟约的任何缺点造成的。相反，恰恰是由于没有实施盟约

---

① 卡尔著，秦亚青译：《二十年危机：(1919—1939) 国际关系研究导论》，世界知识出版社 2004 年版，第 38—39 页和第 81 页。

② John Mearsheimer, "The False Promise of International Institutions", ed. By Michael E. Brown, "*The Peril of Anarchy: Contemporary Realism and International Security*", pp. 355—360.

③ F. H. Hinsley, "*Power and The Pursuit of Peace: theory and practice in the history of relations between states*", Cambridge University Press, 1967, pp. 309—311.

条款的缘故。①

第三种：国联安全机制缺陷说。他们承认集体安全体系有实行的可能性，但国联制度存在着致命的缺陷，妨碍了其成功，比如强调国联安全机制的“含糊性、软弱性、排斥性”；② 缺乏强制执行的法律权威和军事力量，即“国联没有牙齿说”。③ 摩根索谈到国联存在着章程、结构和政治三大缺陷实际上分别对应着国际进程、国际体系和国家政策的三个层次。④ 杰维斯则强调政治家对战争记忆的淡忘和对相对收益的重视腐蚀了过去有效的安全机制。⑤

第四种：国际体系结构说。以马丁·怀特、基辛格为代表强调均势不存在是国际联盟失败的重要原因。怀特认为，欧洲均势体系因美国退出而难以维持，没有苏联的合作就不可能有稳定的欧洲均势，而英国在两次大战期间奉行的是虚假的均势政策，是将均势原则机械地用于一个拥有天然优势和潜在侵略性的国家和一个暂时占主导地位，但却完全处于守势的国家。如果英国 1922 年承诺保证法国安全，并在洛迦诺会议上将这一承诺扩展至东欧，那么战争就不会爆发。⑥

基辛格比较了维也纳体系和凡尔赛体系的不同，认为凡尔赛和约的祸害在于其结构。维也纳会议带来的百年和平，有三大支柱为支撑，每一个都不可或缺：与法国怀柔修好；维持欧洲均势；对正统观念的共识。对法国采取低姿态不见得能防止法国再次侵略，但

---

① 华尔脱斯著，汉敖、宁京译：《国际联盟史》（下册），商务印书馆 1964 年版，第 285 页。

② 王杰主编：《国际机制论》，新华出版社 2002 年版，第 261 页。

③ 门洪华：《和平的纬度：联合国集体安全机制研究》，上海人民出版社 2002 年版，第 174 页。

④ 汉斯·摩根索著，徐昕等译：《国家间政治：寻求权力与和平的斗争》，中国人民公安大学 1990 年版，第 580—587 页。

⑤ Robert Jervis，“Security Regime”，ed. By Stephen D. Krasner，“*International Regimes*”，Cornell University Press，1984，p. 184.

⑥ 马丁·怀特著，宋爱群译：《权力政治》，世界知识出版社 2004 年版，第 140 页。

法国明白四国同盟与神圣同盟一定可以集结优越的实力，使法国向外扩张的风险太大。另一方面，欧洲定期集会使法国有机会以平等地位参与欧洲协调。最重要的是，大国拥有相同的价值观，使各国既有的不满不致累积成想要推翻国际秩序。凡尔赛和约不符合上述任一条件。①

在这里基辛格实际上触及到了国际观念的结构问题。我认为国联失败的根本原因是没能做到大国一致，大国缺乏对国联的认同。由于国联从本质上说是防止战争的制度，这样大国的战争观念是否正向相同（即都否定战争），② 就成为形成制度认同的关键因素。战争观念属于一种文化现象，研究决定大国战争观形成的结构性原因显得非常迫切。

小结：国际联盟的遗产

国际联盟在维持世界和平方面失败了，但它既不像有些人说的是一场骗局，也不是在侵略者面前无所作为，起了纵容侵略的作用。它没能削弱大国之间的无政府状态，但减弱甚至消解了多起小国之间的冲突，后者也是国际无政府状态的一部分。在它接手的 66 起国际冲突中，它成功地处理了 35 起，有 20 起转到了正常的外交渠道，在处理 11 起最为严重的冲突上它失败了。③ 除了和平解决国际争端的经验教训外，国联在其他方面也给世人留下了丰富的遗产。

第一，一个世界性论坛。国联是世界上第一个常设性的世界论坛，每年一次的大会和四次的行政院会议，各国外交代表云集日内瓦，就世界上的热点问题进行讨论，这里既有大国的穿梭，也有中小国家的

---

① 亨利·基辛格著，顾淑馨、林添贵译：《大外交》，海南出版社 1998 年版，第 217 页。

② 秦亚青：《国际体系的无政府性》，载《美国研究》，2001 年第 2 期，第 139 页。

③ F. H. Hinsley, "*Power and The Pursuit of Peace: theory and practice in the history of relations between states*", Cambridge University Press, 1967, p. 319.

慷慨陈词，多数国家的发言代表了一种国际舆论和国际道义的方向。要是没有这个论坛，谁还能记得中国代表的控诉，埃塞俄比亚皇帝塞拉西的声明，以及海地代表就意大利吞并埃塞俄比亚所发出的令人警醒的忠告，“不论是大国还是小国，强国还是弱国，临近的国家还是遥远的国家，白人的国家还是有色人种的国家，都要永远记住这一点，即我们有一天也可能成为某个国家手中的埃塞俄比亚”。①

第二，一套机构。这既包括国联对大会、行政院、秘书处、国际常设法院等机构的设置，也包括众多的专门机构，比如国际劳工组织、国联卫生组织等。国际联盟是人类历史上第一次将安全机制扩大到全球范围，其成员先后有 60 多个，是第一个全球性的国际安全机制。②

第三，国际法的贡献。国联盟约不光是国际组织法、集体安全法的里程碑，它还是国际法上首次部分禁止战争的文件。国联在 20 世纪 20 年代还曾通过一系列文件，如：1923 年的《互助条约草案》、1924 年的《和平解决国际争端的日内瓦议定书》、1927 年关于侵略战争的决议，以设法宣布战争为非法。尽管国联在限制战争权上有许多失败的教训，但盟约的许多规则的确对完全禁止战争的法律发展起到了促进作用。它不但催生了以废弃战争而闻名的 1928 年《凯洛格—白里安公约》的诞生，并导致了《联合国宪章》第 2（4）条规定的禁止在国际关系中使用武力或武力威胁这一发展的顶峰。③《盟约》在组织上的缺陷，比如大会与行政院权限不明，行政院的普遍否决权，会员国自由退出等地方则被后来的《联合国宪章》所纠正。

第四，国联在殖民地托管、防止传染病、遣返战俘、国际经济合

---

① 小约瑟夫·奈著，张小明译：《理解国际冲突：理论与历史》，上海人民出版社 2009 年版，第 139—140 页。

② 徐奔郁、唐永胜著：《从国际联盟到联合国—全球性安全机制的演变及前景》，载于《欧洲研究》，2005 年第 3 期。

③ 黄瑶：《论禁止使用武力原则：联合国宪章第二条第四项法理分析》，北京大学出版社 2003 年版，第 30—31 页。

作等方面的成功经验更为后来的联合国经济与社会理事会和专门机构开展工作提供了宝贵的借鉴。

总之，我们不能因国联后来在对付侵略者方面的失败就全盘否定它的贡献。勿以善小而不为，勿以恶小而为之。国联维持和平的失败，并不等于国际组织的终结，国际制度的消亡。第二次世界大战开始不久，有远见的政治家已着手筹划建立新的国际合作。事实证明，联合国在目的和原则上，在制度和方法方面，处处显示出国联经验的特征。

第四章

联合国与国际体系的无政府性

与短命的国联不同，联合国迎来了它的68周年纪念日。尽管对它的效力还充满了争议，但经历了冷战的严重对峙而存活下来，经历了冷战后剧烈的国际权力结构变迁仍能发挥维持和平与安全作用，这本身就是一个奇迹。联合国成立时的权力分配已不复存在，联合国依旧不能对付超级大国的侵略，但绝大多数主权国家并没有因此抛弃联合国，反而更强烈的主张国际争端应回到联合国的框架内解决，新崛起的大国德国、日本、印度、巴西并不是联合国体系的挑战国，而是一如既往的谋求成为安理会的常任理事国。因此，21世纪联合国的权力基础进一步扩大了，其面临的任务有增无减。那么是什么原因保持了联合国的活力？它在机制上有什么创新？它在削弱无政府性方面效力如何呢？它对国际权力结构主要起的是支撑作用，还是侵蚀作用呢？下面就围绕着上述几个问题展开探讨。

第一节　新战争、新制度：重新设计和平

与欧洲协调、国际联盟一样，联合国也是大战的产物。只不过这次战争更为惨烈。除了参战国数目、物质人员的损失大大超过拿破仑战争和一战以外，核武器的出现及其使用是一个新现象，这一技术因

素后来证明对国际体系的结构和进程都产生了深远的影响。历史是割不断的，二战中的战胜国再次痛定思痛，决心通过国际合作，欲免后世再遭今代人类两度身历惨不堪言之战祸。[①] 欧洲协调和国际联盟的记忆再度泛起，二战的炮火彻底摧毁了美国的孤立主义、法国的悲观主义、苏联的机会主义和英国的保守主义。[②] 经过圣詹姆斯宫盟国间宣言、大西洋宪章、联合国宣言、莫斯科普遍安全宣言和德黑兰宣言，国际合作的构想越来越明确，再经过顿巴顿橡树园会议、雅尔塔会议和旧金山会议，联合国的蓝图勾画完毕并从理想成为了现实。

和以前的国际制度相比，联合国建立时的条件和方式有着鲜明的特点。

首先，在建立时机的选择上，联合国的缔造者们吸取了国联的教训，决定在战争结束前完成这一国际组织的建立。以往的教训表明，战争一旦结束，过去的盟国之间的矛盾将公开化。没有了迫在眉睫的共同危险，合作的难度将大为增加。国联将签订和约与建立国际组织交织在一起，成为国联为人诟病的关键因素。联合国决定趁热打铁，在大国团结牢固的时候完成筹建的任务。把联合国与和约分开，是为了使得联合国成为和平时代的组织，而不是维护战胜者利益的自私工具。这一点为战后战败国重新融入国际社会扫清了障碍。

其次，大国对建立联合国保持了高度认同。美、苏、中、英尽管在联合国的具体蓝图上意见不一致，但对于建立联合国一事是衷心拥护的，不像在建立国联时大国的三心二意。战时的合作关系强化了大国的共识。

再次，和以上两点有关系，联合国在建立的过程中，较少受到国内政治的阻力。罗斯福总统明智的邀请反对党的议员共同参与筹建联合国，不用费心去与孤立主义势力做斗争；英国再也提不到是安全的生产者，国会不再争论是介入欧洲事物还是独善其身；苏联、中国的

① 资料来源：联合国宪章的前言。

② 朱建民：《国际组织新论》，台北正中书局1977年版，第90页。

政治制度更决定了在建立联合国问题上国内反对势力的弱小。因此利用战时各国行政权力的膨胀之机，国际组织得以顺利建立。

最后，联合国的筹建不是一次会议完成的，而是经历了多次国际会议的磋商。经过磨合，大国的意见趋与一致。1944 年 8 月的顿巴顿橡树园会议定下了未来国际组织的名称、主要机构以及分工、基本的投票程序；1945 年 2 月的雅尔塔会议解决了安理会的表决程序和创始会员国资格问题；1945 年 4 月制宪会议，联合国的根本大法得以完成。

联合国在成立的过程中，有意拉开与国联的距离，仿佛联合国是一个全新的国际组织。在称谓上也用心良苦，如：以“宪章”代替“盟约”、以“托管”代替“委任统治”、以“国际法院”代替“国际常设法院”。但事实上联合国与国联的关联十分密切，若干方面且表示联合国为国联的法定继承人。惟表面上则闭口不言此种关联，以免开罪苏联，失敬美国。苏联被国联开除过，对国联怀有嫌怨；美国则以内争之故，对国联存有芥蒂。其他国家或多或少也各有一番抑郁挫折的感觉。为忘却这些不愉快的往事，自应另起炉灶，以新组织作为国际合作的新开端。何况国联已背了“无能”、“失败”的罪名，即使不为美、苏忌讳着想，为丢掉历史包袱，也应和过去一刀两断，以新耳目。①

联合国同时也是欧洲协调的继承者，联合国可以说是大国协调和集体安全制度的混合物，它是二者的扬弃，而不是简单相加。关于其机制上的创新将在本章第二节中详细阐述。

像威尔逊之于国联一样，罗斯福总统在联合国的创立上立下了汗马功劳。是他给未来国际组织冠名“联合国”，是他提出美、苏、中、英“四警察”的思想，是他说服斯大林和丘吉尔放弃区域组织而同意建立全球性的国际组织，而在平衡国际政治与国内政治方面，他更富于智慧，为美国人接受联合国打下了基础。

---

① 朱建民：《国际组织新论》，台北正中书局 1977 年版，第 157 页。

实际上二战后美国国内存在着六种关于世界秩序的思潮，即：(1) 全球治理；(2) 经济世界主义；(3) 在北大西洋地区的民主国家间建立政治秩序；(4) 关于美国地缘政治利益和欧亚心脏地带的考虑；(5) 鼓励第三种力量即西欧政治经济统一；(6) 为了两极抗衡苏联建立一个充分的西方联盟。①

基辛格认为在动荡时期，领导者若将民众的经验奉为圭臬，固可换得一时的民心，却不免要遭后世的唾骂，因为他牺牲了后世子孙的利益。领导者若太走在时代的前端，则难以获得民意的认同。伟大的领导者必须是个教育家，在个人的远景与民众熟悉的事物之间建立起桥梁。但他也必须愿意忍受高处不胜寒，以带领社会遵循他所选定的方向前进。② 这一说法完全适合罗斯福。③ 虽然丘吉尔更多的是从领土和军事力量的平衡考虑问题，斯大林倾向于设计一个由美、苏、英三大国共同支配的反德、保证苏联安全的单一功能的国际组织，但最后还是美国的全球性的、多功能的国际组织方案占了上风。

值得一提的是中国对联合国的成立做出了巨大贡献，一方面中国军民在太平洋战场的顽强抵抗，对于打败世界法西斯力量起到了中流砥柱的作用，中国的国际地位大为提升，成为世界四强之一；另一方面，中国人充分发挥自己的聪明才智，在参与决策、组织协调和代表小国利益方面做出了重要贡献，其中最为重要的贡献便是：中国尽力为中小国家及殖民地人民争取正当合法的权益和利益，从而使得联合国具有了更为进步的历史意义，形成了二战后持续不断、日益高涨的民族民主运动，对于人类社会的历史进程做出了积极的

---

① G. John Ikenberry, *After Victory*, Princeton and Oxford, Princeton University Press, 2001, pp. 175—185.

② 亨利·基辛格著，顾淑馨、林添贵译：《大外交》，海南出版社 1998 年版，第 337 页。

③ 关于联合国美国方案形成的细节分析，请参考刘晓莉：《联合国创建过程中的美国方案》，载于《武汉大学学报》，2012 年第 65 卷第 1 期，第 55—61 页。

推动。[1] 因此中国与联合国的关系和中国与国际联盟的关系形成了巨大的反差。

从1945年10月24日始，联合国正式成立至今近70年的时间里，国际权力结构既有持续期，也有变更期，国家行为也时而冲突，时而合作，因此对联合国的评价也几经变化，一个突出的问题是联合国是集体安全制度吗？它存在的理由是什么？下面先概括几种有影响的观点。

1. 联合国体系是一种公共产品，它证实了霸权稳定论。金德尔伯格（Charles Kindleberger）通过分析1929—1933年的世界经济大萧条，吉尔平（Robert Gilpin）通过分析霸权周期共同构筑了霸权稳定论的框架。该理论认为国际制度是一种公共产品，霸权国凭借自己的强大实力，提供自由贸易体制、稳定的国际货币和必要的国际安全保障。这种公共产品谁都可以用，用了不会减少，因此它是世界的稳定器。同时，霸权国还要提供强制，用以制裁、惩罚违规者，霸权国有能力和意愿维持世界秩序的稳定。

但历史证明，联合国力图维护的稳定与霸权国要维持的稳定并不完全一致，而且霸权国并不总是有意愿维持世界秩序，提供公共产品，这从冷战后联合国的经费危机以及被架空便可见一斑。[2]

2. 联合国是集体安全与权力政治的混合物。中国学者朱建民、陈乐民、门洪华都持这种观点。如朱建民认为，联合国是创立国际组织过去经验、战时规划、大国（特别是美国）领导、小国合作，多边谈判（折中意见分歧、利害冲突的谈判）、民间压力（渴望一个较好的进

---

① 刘晓莉：《国民政府与联合国筹建方案的确立》，载于《武汉大学学报》，2008年第61卷第4期，第461页。

② 中国学者对霸权稳定论最富于学理的批判请参考秦亚青：《霸权体系与国际冲突—美国在国际冲突中的支持行为（1945—1988）》，上海人民出版社2008年版。

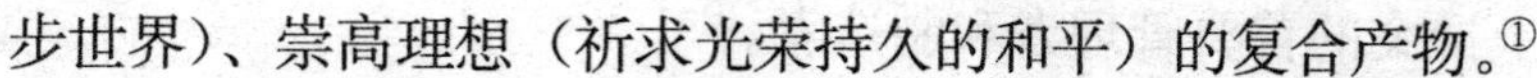

步世界）、崇高理想（祈求光荣持久的和平）的复合产物。[①]

3. 联合国是霸权自我约束的产物。代表人物是伊肯伯里（John Ikenberry），他在冷战后提出了仁慈霸权论。他认为维也纳体制主要靠协商机制和大国克制的规范。20 世纪的体制涉及到全球或区域多边制度和联盟的建立，尽管在这些秩序中权力均衡和其他约束机制也很明显。这些机制表明了管理和约束大国方式的变化，这些机制变得越来越多样、复杂和相互关联。[②]

他的核心观点是战后霸权国之所以积极建立约束自己的制度，一是为了降低维持秩序成本，二是为了通过制度延长自己的霸权。伊肯伯里还从以下三个方面论证了他的观点：第一，霸权国的自我约束并非出于利他动机，而是一种利益驱动，他主要是为了获得二等国家的合作和服从；第二，自我约束并非所有霸权国都能做到，只有具备自由民主政体的美国才可以做到，美国的霸权因其国内政体的民主性质从而使其带有自由开放的特征；第三，霸权国的自我约束与国际制度的捆束效用有关。制度总是具有“粘合性”，它将国家行为“锁定”在持续的、可预测的发展进程中。[③]

但冷战后美国的一些行为并不符合这种自我约束理论。美国以自己的标准频频对外干涉，尤其是 2003 年的美伊战争，极大地削弱了联合国的权威。可见，没有世界政府的约束，靠自我约束是不行的。这点正如沃尔兹所指出的，逝世于 1713 年、生前曾担任法国国王的牧师和顾问的费列农（Fenelon）在临终前写到，他从不知道有哪个手中握有超凡权力的大国能够在较长时间内温和地行事。[④] 苏联解体以后，美

① 朱建民：《国际组织新论》，台北正中书局 1977 年版，第 154 页。还可以参考门洪华：《和平的纬度：联合国集体安全机制研究》，第 184—186 页；陈乐民：《西方外交思想史》，中国社会科学出版社 1995 年版，第 282 页。

② G. John Ikenberry，*After Victory*，Princeton and Oxford，Princeton University Press，2001，p. 44.

③ 朱立群：《欧洲安全组织与安全结构》，世界知识出版社 2002 年版，第 24 页。

④ 沃尔兹著，信强译：《国际政治理论》，上海人民出版社 2003 年版，第 19 页。

国成为世界上冲突的首要管理者和制造者。[①]

4. 世界需要联合国。代表人物基欧汉，他认为随着各国经济相互依赖的加深，国家对国际机制的需求越来越大。国际机制一旦被创造出来，即使提供机制的霸权国衰落，国际机制因其本身的功能还将长期存在下去，并促进国家间合作。但今天面临的问题是国际机制的供给与需求并不是那么均衡，美国没有足够的意愿总是保证对国际机制的供给，反而更多地在国际机制外组织临时同盟解决它关心的问题。[②]

因此，对联合国的评价，既牵涉到其内部机制的特点，也与时代的变迁、大国权力结构的变化、各国观念结构的变化密不可分。靠一种理论视角难以解释复杂的制度体系的创立、维持和变迁。下面笔者试图从联合国集体安全机制的创新方面，比较它与以前国际制度的不同。

第二节　涅槃重生：联合国集体安全机制的创新

联合国的集体安全机制在《联合国宪章》中有明确的表述，从和平解决争端到集体安全、抗击侵略，从裁减军备和军备控制到区域办法都有专门章节予以规定。这里要着重分析的是联合国的决策机制和维持和平机制。其创新主要来自两个方面，一是对历史经验的总结，二是在实践中的变通出新。

一、《联合国大宪章》：集体安全再构想

由于国联的失败，所以联合国宪章特别注意弥补盟约的缺陷。宪

① 沃尔兹：《冷战后国际关系与美国外交政策》，载中国人民大学复印报刊资料《国际政治》，2004 年第 11 期，第 103 页。

② 此处笔者受到 2005 年 4 月 19 日与外交学院朱立群教授谈话的启发，朱教授还提到制度的不同类型，其功能和有效性都会不同；安全领域的制度合作会相对困难，而且制度的建立与维持又有着很大的不同。

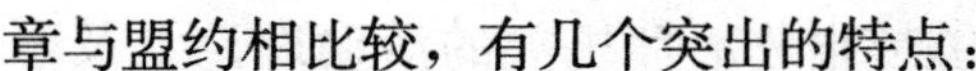

章与盟约相比较，有几个突出的特点：

1. 在基本原则上，联合国宣布战争为非法，禁止在国家关系中使用或威胁使用武力；而国联没有宣布战争为非法。

2. 与国联相比，联合国各机构间的分工更为明确。首先联合国纠正了国联时期大会和行政院的职责重复，互相争权的情况，大会成为一个审议和监督机关，而为保证联合国行动迅速有效起见，各会员国将维持和平与安全之主要责任，授予安全理事会，并同意安全理事会之履行此项责任之下之职务时，即系代表各会员国（第五章第二十四条第1款）；当安理会对于任何争端或情势，正在执行本宪章所授予该会之职务时，大会非经安理会请求，对于该项争端或情势，不得提出任何建议。（第四章第十二条第1款）。可见，与大会的主要属于议事性质的职能不同，安全理事会的职能主要是属于执行性质的，这种执行的职能差不多完全限于维持国际和平与安全。①

为了平衡大国与中小国家之间的要求，宪章把经社理事会、托管理事会的领导权、秘书长的委派权授予大会。秘书长的权力和国联秘书长的相比，有了提高。

其次，国际法院与国际常设法院的地位不同，它成为联合国的司法机关，属于联合国的组成部分。

再次，联合国与区域组织的分工更为清楚。与国联消极地包容区域协议不同，联合国积极鼓励区域办法或区域机关应付维持国际和平与安全，如果区域办法解决不了，再提请联合国解决。因为与联合国相比，一些区域办法因地缘政治、共同文化、历史传统的原因而易于奏效。如果任何争端事无巨细，全一下子交给联合国去解决，联合国的资源有限，将无力处理更为重大的问题。但区域办法的前提是与联合国的宗旨、原则相符合。

还有在与专门机构的关系上，联合国可谓是分权而不集中，专业

---

① 拉萨·奥本海著，王铁崖、陈体强译：《奥本海国际法》（上卷，第一分册），商务印书馆1905—1906年版，第316页。

而分工。对此，朱建民解释到国联对非政治性机关的活动理论上及事实上均树立一种中央指挥监督的制度；反之，联合国除中央组织即联合国本部外，还有一批独立自主的专门机构并行不悖。这些专门机构均系根据政府间协定而成立，其本身都是庞大的国际组织与联合国合作，接受其概括的领导，但在各自领域内享有充分行动自由；中央组织对之只能作为劝告性协调，而无权威性控制。[①]

3. 联合国的表决机制更为合理，操作性更强。

首先，在大会各国无论大小，每国一票，充分体现了主权平等的原则，取消了过去大会通过决议，需要全体一致的办法，而改为多数表决制。其中对于重要问题的决议应以到会及投票会员国 2/3 多数决定；对于其它他问题的决议，应以到会及投票会员国过半数决定。

其次，安理会的表决，一方面关于程序事项的决议，应以 9 票通过；关于其他事项以 9 票包括全体常任理事国的同意票才能通过。这当中大国对于非程序性事项享有否决权，这是大国实力在安理会的反应，可以说是加权表决制的一种体现；另一方面任何事项，如果有 7 个非常任理事国反对，就可以集体否决大国力图通过的决议，这里面有中小国家牵制大国之意，而在过去国联行政院任一理事国都享有否决权，这种全体一致的程序将使得行政院无所作为。

关于否决权问题，从联合国成立之前一直到今天，不断受到许多人的非议，认为是大国的特权，是导致联合国集体安全机制瘫痪的元凶。但实际上它是保证大国参与联合国的必要条件。可以说没有否决权，就没有全体大国加入，也就难以有联合国的存在。否决权不是宪章给予大国的特权，而只是对国际权力分配中大国突出地位的一种认可。大国在安理会享有的权力突出，它在维持国际和平与安全方面的责任也巨大。安理会机制的前提是如果五大国一致，就可有效对付世界上发生的任何侵略行动。许多人批判这个假定的虚妄，认为在实践

① 朱建民：《国际组织新论》，台北正中书局 1977 年版，第 160—161 页。

上不可行，认为正是大国一致原则的建立，在某种程度上为集体安全的达成设置了实质性障碍。[①]

但实际上宪章的起草者不是那么无知，天真地认为大国会自动保持一致。对此，朱建民说得很在理，创造联合国的确曾假定大国团结，并根据此项假定着手建造工作。惟这项假定的要点不在大国合作是否确有其事，而在非有其事不可，否则世界和平无望[②]（这很有几分建构主义的味道!）。否决权是大国对国际争端态度的晴雨表，如果有大国行使否决权，就表明在采取强制行动前应慎之又慎，有人形象地把它比喻为电路上的保险丝，保险丝毁了，可以保全房子。同时，否决权机制也是对欧洲协调经验的总结，欧洲协调的成功之处正在于承认大国的特权，在国际干预上尽量求得大国间的谅解、支持或默认。通过不间断的会议外交，延续了当时的均势结构。

当然，表决机制要绝对的合理公正很难做到，任何表决机制都含有利益标准。不光表决机制，实际上整个国际制度都处于公正与秩序的张力之中。是主要追求国际组织的普及性，还是主要追求国际组织的有效性并不是一个容易解决的问题。

二、变通与实践：联合国何以塑造安全?

（一）联合国体系内政治重心的演变

根据宪章的规定，安理会是负责维持国际和平与安全，执行联合国决议的行动机关。但由于联合国刚一运转，就碰上了冷战的爆发，两大阵营的对垒使得安理会陷于瘫痪。从 20 世纪 40 年代中期到 50 年代末，美国为首的西方阵营在安理会中占有绝对优势。苏联提出的草案达不到安理会所需的最低票数，所以不需美国行使否决权，苏联的

---

① Innis L. Claude, Jr., "*Swords Into Plowshares: The Problems and Progress of International Organization*", pp. 264－265.

② 朱建民：《国际组织新论》，台北正中书局 1977 年版，第 165 页。

提案就被否掉了；反之对于美国支持的提案，苏联只有行使否决权，才能保护他的少数派地位。这样随着安理会的无所作为，大国开始想办法在延续安理会机制的情况下，把提案转到大会里进行表决，这样大会的地位得以提高。

1947 年 11 月，第二届联大通过了一项由美国代表提出的关于设立大会临时委员会的决议。它决定由全体会员国各派一名代表组成这一临时委员会（简称“小型联大”），作为闭会期间进行工作的辅助机构，以协助大会实现其有关维持和平与安全的职责。但由于苏联、东欧等国的抵制，小型联大没有起多大作用。

1950 年 5 月，美、英、法等国又向联大提出“联合一致，共策和平”决议草案，并为大会所通过。该决议的核心内容是：“无论何种场合，遇有对和平之威胁，和平之破坏或侵略行为发生的情况时，若安理会因缺乏常任理事国一致同意，不能行使其维持国际和平与安全之主要责任，大会应立即考虑此一事项，以期对会员国建议采取集体行动，包括在有破坏和平或侵略行为情形下，使用必要的武力，以便维持或恢复国际和平与安全。大会若正在休会，得于接到请求 24 小时内举行紧急特别会议。如有安理会任何 7 票（现改为 9 票）或会员国过半数之请求，此项紧急特别会议必须召集之”。[①] 该决议的通过，为大会在 20 世纪 50 年代发挥主导作用提供了前提。因为大会在 1956 年苏伊士运河事件，1958 年的中东危机和 1960 年的刚果危机中发挥重大作用，人们称 20 世纪 50 年代为联合国大会的年代。

进入 20 世纪 60 年代以来，因为联大会员国构成发生变化，联合国处理危机的重心又转向安理会来处理，大会的角色又恢复到了宪章的有关规定上，但 20 世纪 50 年代联合国权力重心的变通具有重大意义，它使得联合国免于破产，且为联合国开展维持和平行动提供了法律依据。

---

① 门洪华：《和平的纬度：联合国集体安全机制研究》，上海人民出版社 2002 年版，第 258 页。

（二）联合国的维和行动机制。这是集体安全机制创新中最引人注意的部分[①]

1. 维和行动的概念。“维持和平”一词的正式使用始于1965年联合国大会建立维持和平行动特别委员会。由于宪章对于维和行动并无规定，因此各界对其概念解释并不一致。刘恩照总结了五种定义，[②] 给人突出的印象是联合国秘书长与维和行动关系密切。比较而言，我更欣赏王杰关于维和行动的定义，即“由联合国安理会或大会通过决议创建的，并由秘书长指挥的，使用武装的和非武装的军事人员包括警察部队和文职人员，从事解决国际冲突，恢复维持国际和平的一种集体行动”。[③]

2. 维持和平行动的内容。维持和平行动是宪章第六章和平解决争端失败，而第七章强制行动又无力实施时的一种变通方式。它要扮演的角色不是以武力抗击侵略，而是以中立者的角色去调停冲突。

从严格的意义上讲，维持和平行动处理的是国家之间的冲突，因此其作用主要为三种：即监督并维持停火、帮助撤军、设立对立各方间的缓冲地带，也就是起观察和监督作用。[④] 与此相配套，联合国维和

---

① 关于联合国维和行动是不是集体安全，联合国维和行动代际的划分，国内学界并不一致，这一点可以参考夏路：《联合国维和：集体安全?》，载于《国际政治研究》，2006年第3期，第75—87页。作者认为联合国维和不是集体安全，更接近于危机管理的性质，半个多世纪以来，联合国维和经历了宪章制度模式、“联合一致共策和平”决议模式、哈马舍尔德模式（第一代维和模式）、第二代维和模式和第三代维和模式五种类型。还可以参考聂军：《联合国维和与集体安全辨析》，载于《欧洲》，2005年第3期，第28—38页。聂军还对联合国维和行动成功的条件，进行了很好的变量控制分析，具体可以参考《联合国维和成功的条件》，载于《国际政治科学》，2008年第2期，第1—37页，还有他的专著：《冲突中的守望——联合国维和行动成功条件研究》，世界知识出版社2011年版。关于维和行动的分类，还可以参考中国国际战略学会军控与裁军研究中心编：《国际维和行动新视角——中外学者纵论维和行动前沿问题》，军事谊文出版社2003年版。

② 刘恩照著：《联合国维持和平行动》，法律出版社1999年版，第7—8页。

③ 王杰主编：《联合国遭逢挑战》，中央编译出版社1995年版，第40—41页。

④ 彭艳：《当前联合国维和行动的发展及前景》，载《联合国与世界秩序》（陈鲁直、李铁城主编），北京语言学院出版社1993年版，第24页。

行动应在主权平等（联合国宪章第一章第二条第1款）和不得认为授权联合国干涉在本质上属于任何国家国内管辖之事件（宪章第一章第二条第7款）的原则下来开展。这就势必要求联合国维和行动必须征得驻在国同意，异常克制，严守中立和非持久的临时性质。[①] 恪守这些准则，维和行动就比较成功，否则就面临巨大的风险。

但是冷战结束后，国家内乱并蔓延到国外，成为冲突的主要表现形式。因此出现了所谓的第二代维和行动，联合国维和机制面临着新的挑战。

3. 第二代维和行动。国内学术界一般认为从1988年之后，联合国维和行动进入了第二代，第一代所恪守的同意、中立、非武力原则被突破。加利秘书长认为，“第二代维和行动是需要民事专家、救援人员和士兵一同工作，包含有政治、人道主义、社会、经济等部分的多功能行动。其目标包括帮助交战各方停止暴力冲突，实现政治和解，民主重建”。[②] 比较第一代与第二代维和行动的不同，实际上反映了大国安全观念的变化，表现为维和行动指导思想的变化，焦点是国际组织与国家主权的关系。两代维和行动的不同主要表现为：

第一，目的不完全相同。第一代维和行动主要是调停国家间冲突，第二代主要是处理一国内战，进行人道主义干预。

第二，方式不同。第一代维和行动是以非武力方式进行；第二代更多地靠武力手段强制实现和平；第一代在已停止冲突的情况下进入，第二代在各方冲突时介入；第一代由联合国单独指挥；第二代更多地转包给大国主导的多国部队或一些区域组织。

第三，主角不同。第一代维和部队成员主要是中小国家提供，而第二代维和部队中，美、英、法、俄的军人成为主导性力量，甚至德、日也积极派兵参与。

---

① 李铁城著：《联合国50年》，中国书籍出版社1995年版，第193页。

② *The Blue Helmets—A Review of United Nations Peace-keeping*, Third edition, Published by the UN Department of Public Information, 1996, pp. 287－288.

第四，后果不同。第一代维和行动较为成功，而第二代毁誉参半。衡量维和行动成功与否的标准可以参考：安理会授权维和行动的目标和任务是否实现；维和行动的开展是否有助于冲突的解决；冲突是否被遏制；包括维和部队人员和平民百姓在内的人员伤亡是否减少。[①]

（三）秘书长机制的创新

国联盟约关于秘书长的没有规定，宪章关于秘书长的核心规定是第十五章第九十八条秘书长在大会、安全理事会、经济及社会理事会及托管理事会之一切会议，应以秘书长资格行使职务，并应执行各该机关所托付之其他职务。秘书长应向大会提送关于本组织工作之常年报告。第九十九条规定，秘书长得将其认为可能威胁国际和平及安全之任何事件，提请安全理事会注意。这两条笼统的规定为秘书长发挥政治主动性提供了法律依据。

秘书长的政治作用可以分为三类，即事件发生前的预警作用，事件发生后的“救火”作用，事件平息后监督有关决议的实施，再次预警作用。[②] 秘书长的政治主动性对秘书长机制的创新以及联合国集体安全机制的创新有着很大的影响。试想如果没有哈马舍尔德的政治主动性就不会有预防性外交和联合国维和行动的实现；如果没有加利的主动，联合国就不会实施如此多的缔造和平行动。虽然大国的失和或一致是秘书长得以实现其蓝图的权力条件，安理会或大会授权是其组织前提，但秘书长机制本身发挥独立作用也是必不可少的。

1. 哈马舍尔德与联合国预防性外交。预防性外交的概念与哈马舍

---

① 李铁城：《世纪之交的联合国》，人民出版社 2002 年版，第 9—10 页。

② 贾烈英：《试析联合国秘书长的地位及职能》，载《联合国与世界秩序》（陈鲁直、李铁城主编），北京语言学出版社 1993 年版，第 160—174 页。进一步研究可以参考陈鲁直：《联合国秘书长与维持国际和平与安全》，载《美国研究》1995 年第 2 期；陈鲁直：《冷战后联合国秘书长面临的新挑战》，载《国际问题研究》2000 年第 4 期；复旦大学刘国明的硕士论文：《联合国宪章九十九条下秘书长的政治权力》，2008 年。

尔德有不解之缘，正如集体安全的概念与威尔逊的名字联在一起一样。[①] 预防外交的原意是在国际冲突没有发生之前，采取主动的外交手段，把冲突的诱因消灭于无形，使冲突不至于发生。

哈马舍尔德的预防外交不是此意。"预防外交"一词的首先出现是哈马舍尔德在1960年所做的年度工作报告。他提出联合国组织必须关注集团势力分歧之外新发生的冲突，在这种情况下预防性行动必须首先旨在填补这个真空，使其不致引起来自任何主要大国一方的行动。联合国在它不对任何大国集团承担义务的基础上的参与，可以在可能的程度上提供一种关系到所有各方的保障，反对来自另一方的先发制人。对这一特殊的需要和特殊的可能性，我称之为预防性的联合国外交。[②]

可见哈马舍尔德的预防外交是要把冷战未波及的一些地区冲突局部化，由联合国采取主动来填补真空，防止它引发大国间的冲突。后来预防性外交在苏伊士运河、黎巴嫩、刚果、也门等地展开，这些行动得以实行，既与大国的默许有关，也与哈马舍尔德的主动和才能分不开。预防性外交发展成了联合国维持和平行动。

但从理论上讲，预防外交不同于集体安全行动。这点朱建民解释得非常到位，集体安全的部队旨在对侵略国家从事战斗，打败侵略，击退侵略。预防外交的部队所负职责也许各有不同——由监督停火到观察隔离，由防止战事再起到阻止种族冲突，甚至任务界说不明不白，如刚果行动——但绝不包括以堂堂之阵与侵略国家交锋而挫败之……预防外交的主题是帮助所有国家避免战争，而非帮助某些国家抵抗攻

---

① 朱建民：《国际组织新论》，台北正中书局1977年版，第625页。

② 转引自周启朋：《关于联合国预防外交的几点分析》，载《联合国机制与改革》，北京语言学院出版社1995年版，第136页。关于国内学者研究预防性外交的文章可以参考官少朋：《哈马舍尔德和他的预防性外交》；李志鸿：《新时期扩大的维和行动：预防性外交与常备部队》，载《走向21世纪的联合国》（谢启美等主编），世界知识出版社1996年版；石磊的硕士论文《试析哈马舍尔德的预防外交思想》对哈马舍尔德预防外交思想的渊源、内容及评价都做了精当的研究，见北京语言大学硕士论文，2011年。

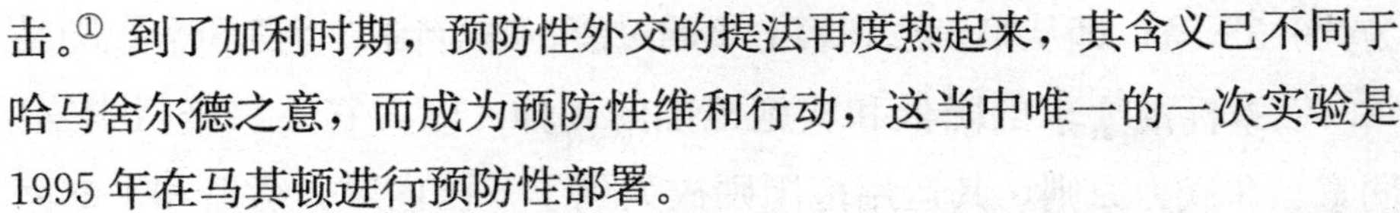

击。[1] 到了加利时期，预防性外交的提法再度热起来，其含义已不同于哈马舍尔德之意，而成为预防性维和行动，这当中唯一的一次实验是1995 年在马其顿进行预防性部署。

2. 加利和缔造和平。在前联合国秘书长中，加利属于没有干满任期的激进派中的一位。[2] 他在任内提出的“冲突后缔造和平”的概念，对联合国的第二代维和行动带来了极大的影响。

冷战后随着联合国维和行动的复兴，秘书长也被赋予了许多新职能。这首先表现在 1992 年 1 月安理会举行了首次首脑会议，会议邀请秘书长就在宪章的框架内如何加强联合国的效力，提高其在预防外交、建立和平及维持和平方面的能力进行分析，提出建议。[3]

另外，在 1998 年新版的《联合国手册》中，对秘书长的职能作了很多增补，如《宪章》说秘书长是联合国“行政首长”，实际上他的职能比这多得多；在世界社会面前，秘书长是联合国及其体现的价值的象征；秘书长既是“秘书”又是“长”，“秘书”是说他是负责秘书处行政的首席执行官，“长”是说他是国际社会意志的发言人和化身；秘书长既是外交官又是活动家，既是调解人又是辩护人等。[4]

1992 年加利在《和平纲领》中提出了冲突后缔造和平的概念，其意思是指采取行动，以避免再度爆发冲突，其主要措施包括冲突地区实现非军事化；建立相应的军备控制体系；改革国家制度和机构；改善警察和司法体系；发展经济，保护人权。[5] 如果说联合国宪章第六章为“争端之和平解决”，第七章为“对于和平之威胁、和平之破坏及侵略行为之应付办法”，学者们则把联合国“维持和平”内容形象地比喻

---

① 朱建民：《国际组织新论》，台北正中书局 1977 年版，第 640—641 页。

② 李铁城主编：《世纪之交的联合国》，第八章联合国秘书长机制研究，人民出版社 2002 年版，第 290—296 页。

③ An Agenda For Peace：Preventive diplomacy，peacemaking and peace-keeping，A/47/227—S/24111，http//：www. org. un/.

④ 李铁城：《世纪之交的联合国》，人民出版社 2002 年版，第 290 页。

⑤ 门洪华：《和平的纬度：联合国集体安全机制研究》，上海人民出版社 2002 年版，第 301 页。

为“6.5”章，即从第六章到第七章的过渡；联合国“缔造和平”则是“6.5”章标准要求的降低和实施范围的延伸。因为它不再坚持中立、同意、非武力原则，其运用范围则放大到了一国内政。缔造和平的兴起，带来了20世纪90年代人道主义干涉、新干涉主义的滥觞。从而给国际组织与国家主权、大国与小国的关系带来了许多新的挑战。联合国第二代维和行动的实施，与冷战后秘书长机制的变化有很大关系。

第三节　实证分析：联合国削弱无政府性的历史考察(1945—1990)

中国学界对冷战时期联合国的作用一般评价不高，认为东西方冷战使得大国一致原则近乎荡然无存，因此联合国在冷战中的积极作用极为有限，特别是在涉及东西方斗争领域，它更是无能为力；[①] 战后，美、苏从争夺霸权发展到全球对抗，联合国很快被淹没在冷战之中，美、苏很快就在联合国里开辟了战场。[②] 而美国学者对联合国常见的指控为，控制联合国的多数派，对待世界问题的态度是偏颇的，偏向反对整体西方，特别是反对美国；联合国是个清谈的场所，大量无用的演说、决议、委员会、研究报告、官僚只增加了联合国的花费却没有什么实际效果；联合国在履行世界和平这一首要职责方面不得力，因此也不再需要重视它。[③]

要评价冷战时期联合国维持和平与安全的作用，需要把它放到当时的国际环境中去考察。下面我拟从国际权力结构变迁、大国认同度、联合国与冷战的关系的角度分析联合国的作用。

---

① 张小明：《冷战及其遗产》，上海人民出版社1998年版，第214页。

② 李铁城：《联合国50年》，中国书籍出版社1995年版，第308页。

③ 请参考联合国研究参考资料第21辑，“联合国在当代世界中的作用”，北京语言学院联合国研究课题组编译，1992年，第6—12页，选自埃文·卢亚德的《联合国史》，1982年版。

一、东西冷战与国际权力结构变迁

二战结束后，国际政治的中心已不再是欧洲，英、法、德、意都衰落了，美、苏成为当时综合实力最强大的国家，从而形成了国际政治的两极结构。1945 年，美国独占资本主义世界工业产量的 60%，占对外贸易的 32.5%以及黄金储备总量的 59%。① 二战后美国的海空军都是世界一流的，且独家垄断了原子弹；苏联虽然在二战中受到了巨大损失，但拥有一支世界上最强大的陆军，也很快研制成功了原子弹，再加上社会主义阵营的形成以及长期的高军费支出，从总体军力上可以与美国为首的西方阵营相抗衡。但苏联的 GDP 总值明显少于美国，二战后长期在美国总量的 1/4—2/5 之间变动。按米尔斯海默的财富指数对比，美苏之间的差距则更为直观。这里的财富指的是钢、铁以及能源消费的综合指标。②

表 4.1 1945—1990 年美苏超级大国的财富对比

国别＼年代	1945	1950	1955	1960	1965	1970	1975	1980	1985	1990
美国	84%	78%	72%	67%	67%	65%	63%	65%	66%	68%
苏联	16%	22%	28%	33%	33%	35%	37%	35%	34%	32%

这种经济实力的差距将使得苏联在与美国的长期对抗中处于不利地位。1947 年杜鲁门主义的出笼标志着冷战的全面展开。冷战现象在政治、军事、文化、经济多领域都有表现，从而形成了两极结构的具体特点，比如政治上两大力量（两种不同社会制度的国家）势不两立；

① 王绳祖主编：《国际关系史》，第 7 卷，世界知识出版社 1995 年版，第 27 页。

② 约翰·米尔斯海默著，王义桅、唐小松译：《大国政治的悲剧》，上海人民出版社 2003 年版，第 97 页。

军事上两大集团强烈对抗；两种类型的经济并行发展，交往较少；两大阵营内部基本上是一元结构、一个中心；两极结构长期相对稳定，从某种意义上说它是一种以地域为基础，以地缘政治为核心形成的板块式经济和军事格局。①

联合国成立时，冷战还没有发生，那时人们还寄希望于它能成为集体安全的工具。但冷战的爆发，极大的限制了联合国的作用，冷战很快就在联合国里得到了反映，联合国成为了集团斗争的工具，斗争从一个机关转移到另一个机关，联合国难以再扮演一个能在全球范围内提供集体安全的角色。

在冷战40多年的岁月中，美、苏攻守态势互有变化，这随着两国综合实力的变化，领导人观念的变化而变化。总的来说，从1945年到20世纪60年代末是美国扩张阶段，美国凭借其在联合国的优势，尽量利用联合国从事一些有利于自己的活动，而苏联只好用否决权或其他方式进行防御；20世纪70年代是苏攻美守阶段，美国因越战、石油危机和布雷顿森林体系的瓦解，实力大为削弱。在联合国里美国也处于防御地位，其使用否决权的次数明显增加，且超过了苏联。联合国的活力虽然系于大国一致原则，在冷战时期它主要是看美、苏是否一致。联合国无所作为，将强化两极结构；联合国充满生机，将侵蚀两极结构。

尽管受到冷战的限制，联合国没有像国联一样彻底走向死亡。在两极零和博弈的情况下，联合国还是有所作为，这是为什么呢？这就有必要从大国对联合国的认同的角度去分析。正是联合国提供的规范影响了大国的思维方式，从而影响了大国的行为，使它们在不知不觉中受到了联合国的制约。

---

① 李景治、林甦主编：《当代世界经济与政治》，中国人民大学出版社2003年版，第58—59页。

二、大国对抗与联合国认同分析

联合国一出生，就碰到了一个僵冷、对抗的两极世界。在这种结构下，联合国所代表的国际进程如何展开呢？大国能让它发挥主动性吗？答案应该是部分肯定的。一方面联合国成为了冷战的场所，另一方面联合国也积极填补真空，努力降低战争的烈度和周期，从而在一个核武器存在的时代里，减少了大国间迎头相撞的可能性。

大国对联合国发挥作用的支持或默认，来源于联合国所提供的规范被大国所接受。这方面主要体现在《联合国宪章》和联合国有关决议的新规范中。这些规范实际上可分为两大类，一类是强化主权的，一类是限制主权的。两者之间虽然有冲突，但缺一不可。它们之间的张力正好体现了摩根索所说的国家主权和国际组织的效率之间的矛盾，国际组织要是有效，就必须损害它的成员的行动自由；成员国要是强调它们的行动自由，就必然损害国际组织的有效性。当国家愿意约束自己的行动自由时，规范就起作用了。

（一）联合国关于强化主权的新规范

具体体现为：1. 国家独立、主权平等不得侵害；2. 不干涉国家内政；3. 民族自决和非殖民化原则。这当中尤其是非殖民化原则使得主权国家的数目急剧增加，从而扩大了联合国的权力基础，增加了其合法性。美、苏在对抗中，也都举非殖民化旗帜，这进一步加强了大国对非殖民化的认同，加速了战后殖民体系的瓦解。联合国在非殖民化领域的贡献，极大地提高了联合国的威望。因此秘书长吴丹总结联合国的三大贡献为“3D”，即非殖民化（Decolonization）、发展（Development）和裁军（Disarmament）；而加利则说，联合国成立半个世纪以来，对付的重大问题就是与第三世界相关的问题。[①]

---

① 加利著，张敏谦等译：《永不言败：加利回忆录》，世界知识出版社 2001 年版，第 360 页。

（二）联合国提供的限制国家主权的新规范

1. 在国际关系中不使用武力和武力威胁的原则。这一原则是对过去几百年来国家的“诉诸战争权”的否定。凡与联合国宗旨相悖的使用武力甚至武力威胁都是非法的事情。这对国家主权当然是很大的限制。因此，王铁崖指出第二次世界大战以后的国际法的重要特征之一是从废弃战争到禁止武力的使用，这是战争和武力在国际法上的地位的根本改变。[①]

2. 促进和鼓励尊重人权的原则。这包括全世界不分种族、性别、语言、宗教地尊重人权和最基本的自由权。主权和人权都是含义很多的历史概念，在不同历史阶段和不同文化背景下，其含义差别很大。他们有时一致，有时不一致。联合国强调尊重人权，无疑把着眼点不光放在维护国家的权力上，而放大到了人的权利上，这必然也包括不同于国家单位的集体人权，如民族、种族文明应享有的权利。实际上集体安全的目标应是世界体系的安全，而世界体系的安全与人的安全是相通的。至于主权高于人权，还是人权高于主权的争论已远远不是一个学术问题，而是联合国在实践中不能回避的问题。一旦接受了联合国限制主权的规范，国家必然认同联合国缔造和平的原则。

3. 安理会机制本身就是国家主权应受限制的具体表现。只不过这里的国家更多的是中小国家，大国通过的决议要对中小国家的主权形成约束，这也可以算是维持世界和平与安全的代价吧。

（三）联合国建立前就存在的某些规范也有利于大国对联合国的认同

这一点就是布尔所说的构成国际社会的规则、价值观、协议等。这些是长时段起作用的社会要素，它使得国际社会连结在一起。对此，布尔指出，绝大多数国家在绝大多数的时候，都尊重国际社会的共处

① 王铁崖：《国际法引论》，北京大学出版社1998年版，第297页。

原则，比如相互尊重主权、协定必须得到遵守以及限制使用暴力的规则。同样地，绝大多数国家在绝大多数的时候，参与如下共同制度的创建：国际法的形式与程序，外交代表制度，承认大国的特殊地位，以及开始产生于19世纪的普遍性国际功能性组织，例如：国际联盟和联合国。[①] 正因为国际社会的存在，所以即使在东西方阵营的对抗和分裂如此严重的时候，这些共同规范开始起作用了。如它们并没有断绝外交关系，没有否认对方拥有主权，没有否定双方应该遵循共同的国际法，也没有主张把联合国分裂成两个敌对的组织。[②]

冷战史专家加迪斯认为，美苏关系已经达到一种新的成熟度，这种成熟度似乎反映了两个大国逐渐致力于“根据规则”进行“竞赛”，这些规则比如有尊重势力范围、避免直接的军事对抗、核武器只能用作最后手段、宁要可预测的疯狂也不要不可预测的理性、不谋求破坏对方的领导等。[③]

美、苏的冷战已使联合国倡导的集体安全制度不再可行，他们各自组织了自己的军事集团进行对抗。即使如此，他们都把自己的军事组织修饰成集体安全的样子。虽然双方的宣传都不可信，但可以看出联合国的规范在起作用，双方都要论证自己的行为符合联合国宪章的精神。从北大西洋公约和华沙条约中可以明显地看出来，两个条约几乎原封不动地提到了联合国宪章的有关条文。“两个条约都以接受联合国宪章第一章第二条第三款和第二条第四款中的有关解决争端和不使用武力的原则为开端。同时这两个条约又都响应了《联合国宪章》中

① 赫德利·布尔著，张小明译：《无政府社会：世界政治秩序研究》（第二版），世界知识出版社2003年版，第33页。

② 赫德利·布尔著，张小明译：《无政府社会：世界政治秩序研究》（第二版），世界知识出版社2003年版，第34页。

③ 约翰·刘易斯·加迪斯著，潘亚玲译：《长和平—冷战史考察》，上海人民出版社2011年版，第309—315页。

第五十一条和第五十二条中关于自卫和区域安排的规定。”[①]

三、联合国与国际和平

尽管联合国成立不久，它就成了冷战对抗的场所，在安理会、大会等机构中充满了争斗，秘书长的产生及其发挥作用处处受到大国对抗的影响，但作为国家间组织的联合国还是发挥了不可替代的作用。我国资深外交家陈鲁直非常中肯地指出联合国毕竟没有重蹈国际联盟的覆辙，这不能不说是两极格局的作用所致。在两极对立的情况下，美苏通过不断的武器竞赛而达到的核平衡，是两极结构得以维持的物质基础，也是联合国得以存在下去的前提条件。联合国的集体安全机制一直没有能建立起来，但它在美苏对抗而又不愿意陷入直接的武装冲突的局面下形成的维持和平行动，却起了缓和矛盾的积极作用。[②]

联合国在削弱无政府性方面的贡献，主要表现在联合国的规范对国家行为的影响上。

第一，调停大国间冲突，防止发生全球性战争。冷战期间大国间的直接对抗多发生在大国具有战略利益的地区，这里以古巴导弹危机为例进行说明。1962年，美苏之间的古巴导弹危机使美苏走到了核战争的边缘。但经过联合国秘书长吴丹的斡旋，使得双方可以找一个台阶体面的退下来。因为当时赫鲁晓夫所面临的问题是如何退让而不至于在第三世界面前颜面尽失。对第三世界来说，导弹部署的象征性意义在于表明苏联准备保护任何受到“美帝国主义”威胁的友好国家。联合国秘书长吴丹帮助他走出了困境。秘书长收发的类似信件与回应得到各方草拟、同意和交流。赫鲁晓夫感到可以顺从来自国际社会的

---

① 迈克尔·霍华德：“国际安全中联合国作用的历史发展”，选自《全球治理——分裂世界中的联合国》（亚当罗伯茨、本尼迪克特金斯伯里主编），中央编译出版社2010年版，第80页。

② 陈鲁直：《国际组织与世界秩序——为联合国成立50周年而作》，载《国际问题研究》1995年第4期，第2页。

一个最高官员的请求，进而采取行动平息直接危及世界和平的一场危机。作为一条退路，联合国发挥了它的作用。[①]

第二，对大国侵略小国进行道义谴责，比如 1979 年苏联入侵阿富汗后，从 1980 年起，每届联大都以压倒多数通过要求外国军队立即全部无条件地撤出阿富汗的决议，这使得苏联声誉扫地，在国际上限于孤立。1987 年和 1989 年美军入侵格林纳达和巴拿马后，联大也都通过要求外国军队撤走，谴责美军入侵的决议。[②]

第三，联合国推动非殖民化运动，重建了国际社会，使得民族自决和国家独立蔚然成风，大量主权国家得以产生并加入到联合国大家庭中。联合国关于非殖民化的新规范主要体现在两个地方，一是宪章第十一章《关于非自治领土之宣言》，二是 1960 年联大 1514 号决议《给予殖民地国家和人民独立宣言》，即非殖民化宣言，决议要求必须立即无条件的结束一切形式的殖民主义。1961 年联大成立了非殖民化特别委员会，该委员会在推动非殖民化进程中发挥了重要作用。它公开抨击殖民政策，为殖民地人民争取独立的斗争提供了一个法律讲坛；它展开关于殖民地政治、经济和文化的研究，为大会采取措施提供了依据；它派出视察团，了解和监督非殖民化宣言实施的情况；当它感到自己的职权限制了自己发挥作用时，就促成安理会采取强制行动。委员会的活动使联合国始终保持了对殖民大国的压力。[③] 不但联合国托管理事会圆满完成了托管任务，世界非自治领的数目也由联合国成立时的 84 块下降到 18 块。[④] 非殖民化成为一种规范并在全世界得到普及和认同，联合国功不可没。

---

① 安东尼·帕森斯：《联合国与民族国家利益》，选自《全球治理——分裂世界中的联合国》（亚当罗伯茨、本尼迪克特金斯伯里主编），中央编译出版社 2010 年版，第 113 页。

② 李铁城：《联合国 50 年》，中国书籍出版社 1995 年版，第 103 页，第 121—122 页。

③ 王文：《论联合国在推动世界非殖民化进程中的历史作用》，载《联合国与世界秩序》，北京语言学出版社 1993 年版，第 347 页。

④ 李铁城：《联合国 50 年》，中国书籍出版社 1995 年版，第 293 页。

第四，联合国维持和平行动，极大地缓解了地区热点冲突。联合国在冷战期间共实行了18次维和行动，[①] 主要是在亚、非、拉的动荡地区进行。这当中有三次维和行动格外引人注目，因为它们涉及到了新规范的制订和实行。

1. 联合国的第一次维持和平行动——1948年联合国停战监督组织（UNTSO），其主要使命是在第一次中东战争结束后，监督阿以停战。参加这次维和行动的军事观察员人数虽然不多，但他们的做法所表现出的特点无疑是维和行动规范的萌芽，比如说他们是联合国工作人员，佩带联合国袖章；他们是中立的、公正的，不偏向争端的任何一方，他们只报告他们根据停战协定所见到的客观事实；他们不佩带武器。[②]

2. 联合国的第一支维持和平部队——1956年联合国第一支紧急部队（UNEF—1），其主要使命是监督外国军队撤出埃及，监督埃以脱离接触。这里的外国军队还包括了联合国安理会的常任理事国英法的军队。这次行动得以成行，既与美国在关键时刻向自己的坚定盟友施压有关，也和美苏的共同支持分不开，这反映出美苏共享某些规范这一事实。

联合国秘书长哈马舍尔德为这次维和行动制订了如下原则：（1）维和行动是联合国宪章中规定的临时办法，并不妨碍有关当事国之权利、要求和立场；（2）维和行动只有征得有关各方的一致同意才能实施；（3）维和部队只有在自卫时方可使用武力。人们把这三点概括为中立的原则、同意的原则和自卫的原则，并称之为“哈马舍尔德三原则”。[③]

3. 1960年的联合国刚果行动（OUNC），其主要使命是监督外国军队撤出刚果，防止内战。这次维和行动在历史上倍受争议，秘书长哈马舍尔德的遇难更增添了一丝神秘色彩。这次维和行动的不同之处

① 门洪华：《和平的纬度：联合国集体安全机制研究》，上海人民出版社2002年版，第451—453页。

② 李铁城：《联合国50年》，中国书籍出版社1995年版，第78页。

③ 同上书，第80页。

为，在安理会的授权下，联合国部队先是介入刚果地方分子同中央政府的纠纷，在中央政府发生分裂后又介入中央两派的斗争以及后来出现的新的中央与闹分裂的地方的冲突。[①] 联合国应不应该采取强制行动？如何采取？如何解决在一个国家分裂时开展维和行动征得驻在国同意？是否要保持绝对的中立？刚果案例无疑对维和行动的新规范提出了挑战。

第五，联合国始终支持南非黑人反对种族隔离的斗争——人权规范的国际化。联合国宪章倡导“不分种族、性别、语言或宗教，增进并鼓励对于全体人类之人权及基本自由之尊重”（宪章第一章第一条第3款），后来联合国通过的《世界人权宣言》（1948年）、《德黑兰宣言》（1968年）、《发展权利宣言》（1974年）、《维也纳宣言和行动纲领》（1993年）都是人权规范的丰富和发展，联合国把人权规范与世界和平与安全联系起来，它认为不消灭种族隔离就无法恢复地区和平，这在南非的案例中得到鲜明体现。

南非的种族隔离政策是一种制度化的对非白人各种权利的种族歧视。这个问题的最初出现是在1946年，当时印度指控南非政府制定了歧视印度血统的南非人的法律。1952年，因南非的种族隔离政策引起的南非种族冲突问题被划入大会议程。关于这一问题和关于印度最初的指控，南非政府一直认为这个问题本质上属于其国内管辖范围，根据宪章规定联合国不得审议这一问题。

多年来联合国各机构特别是大会，为了向南非被压迫人民提供政治、道义和物质的支持而采取了各种各样的措施。这些措施包括对解放运动表示支持，要求释放政治犯，体育方面的抵制，传播关于种族隔离制度罪恶的资料，召开有关这一问题的国际会议、专门纪念活动以及援助种族隔离受害者的自愿捐款等。自从1962年以来，大会多次敦促安理会对南非实行强制性经济制裁；大会从1970年起中止南非的席位，尤其是1977年安理会决定对南非实行强制性武器禁运，这标志

① 李铁城：《联合国50年》，中国书籍出版社1995年版，第86页。

着在联合国历史上第一次根据本组织的宪章第七章对一个会员国采取行动，宪章第七章规定对和平的威胁采取强制行动。[①]

联合国对反对种族隔离规范的制定和长期不懈的宣传，终于导致了1994年新南非的诞生，人们将永远记住，正是联合国的努力世界才消除了种族主义的最后堡垒。

总之，尽管冷战左右了随后45年的全球政治，美国和苏联之间的对抗堵塞了安全理事会，使之无法在维护国际和平与安全方面发挥主导作用。但是假如没有联合国，1945年之后的世界很可能更为血腥。20世纪下半叶，国家之间的战争少于上半叶。考虑到在同一期间国家的数目增长了几乎4倍，人们很可能预料国家之间的战争将会有显著增长。然而事实并非这样，对此联合国功不可没。联合国通过若干途径削减了国家间战争的危险，发明了维持和平；秘书长开展外交工作；通过国际法院解决争端，并奉行反对侵略战争这一坚定立场，所有这些都促进了和平。[②]

第四节　联合国削弱无政府性的历史考察（1991—2013）

一、和平契机：冷战终结与国际权力结构变迁

20世纪80年代末—90年代初的苏东剧变，标志着冷战的结束。由于苏联的解体，国际权力结构分配发生急剧变化。冷战后的国际格局学术界说法很多，单极说、向多极转化说、一超多强说、一二三五多层结构说（一个超级大国美国；军事上两强即美、俄；经济上三强即美、日、欧；政治上美、欧、日、俄、中）等。但有一点很明显，

① 《联合国手册》（第十版），中国对外翻译出版公司1988年版，第二部分第3节《促成和平》，第89—99页。

② 《威胁、挑战和改革问题高级别小组的报告》，第一部分：达成新的共识，第10—11条，http：//www.un.org/。

当前的国际权力结构既不是多极，也不是两极，更不是单极，而一强走弱、多强易位成为明显的结构性特征。这从 2010 年大国的 GDP 和军费支出对比中可见一斑。[①]

表 4.2 当前世界大国经济总量与军费开支比较

内容 \ 国别	美国	中国	日本	德国	法国	英国	俄罗斯
GDP 比例	100	40	38	23	18	15	10
军费开支	100	17	8	6	8	8	8

可见当前无论是从 GDP 总量，还是军费支出，美国都还享有明显的优势，我们可以把当前的国际格局叫做霸权结构，这种世界性的霸权结构在历史上未曾出现过。就目前情况来看，任何一个大国在近期内都难以在硬实力方面超过美国：欧盟远远没有成为真正意义上的一个国家；日本的衰退还在进行时；中国虽然 GDP 总量接近美国的一半，但人均 GDP 还差很远，综合实力距离更大；俄罗斯只是在军事上能对美国构成一定的反制，而在战略上整体处于守势。在这种背景下，美国对联合国的态度就成为联合国发挥作用与否的重要变量。

二、重振权威：认同强化与联合国的复兴

随着冷战的结束，大国对联合国的认同度越来越高，大国在联合国对抗急剧下降。这从冷战后联合国安理会否决权使用之少、通过决议之多，维和行动增长之快可见一斑。[②] 联合国安理会从半瘫痪状态，到恢复活力，到国际社会期望值过高，使第二代维和行动受挫，最后又回落到正常状态。下面我们分析几个典型案例，看冷战后的联合国

① 资料来源：GDP 数据来自 www.worldbank.org.cn/；军费开支数据来自 http://www.sipri.org/。二者都以美国的总量为 100，对比其他大国占其比例。

② 可参考第五章的相关数据分析。

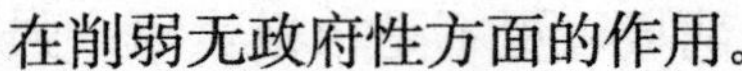

在削弱无政府性方面的作用。

(一) 海湾战争中的联合国

1990年8月2日伊拉克入侵、吞并了科威特。安理会迅速做出了反应，仅在海湾战争爆发前就通过了12项决议。这些决议先后采取了政治、外交、经济制裁一直到武力制裁的各种强制手段，以期制止侵略行为。尽管安理会尚无条件采取宪章第42条所设想的最具强制性的军事行动，但它授权各会员国以安理会的名义采取了措施，并最后由多国部队把侵略者驱逐出科威特，恢复了科威特的主权和领土完整。①

联合国在海湾战争中的表现集中体现了大国一致原则的重要性，这是联合国历史上最接近集体安全理论的一次强制行动，它极大地提高了联合国的声望，使主权国家看到了集体安全制度的可行性。在海湾战争结束后，安理会又组建了伊科观察团，对两国接壤的非军事区实施监督。安理会常任理事国各派军事观察员参加，这是五大国首次共同派员参加维持和平行动。②

联合国在海湾战争中成功实施集体安全行动，也使得大国对其价值有了新的认识，1992年联合国召开了历史上首次五大国首脑会议，进一步强化了秘书长的职责，对此后来加利回忆道：在这次安理会峰会上，我被要求承担比我的任何一位前任更多的责任。为了使这一授权名副其实，我将不得不维护自己职务的独立性，与反对我履行全体会员国赋予我的职责的任何会员国对抗，不管它是一个大国还是一个小国。③ 当时美国也想借助联合国建立世界新秩序，美国军队要在联合国维持和平行动，采取预防性外交方面承担更大的使命，美国的行动

---

① 李铁城：《从海湾战争看联合国的集体安全机制》，载《联合国机制与改革》（袁士槟、钱文荣主编），北京语言学院出版社1995年版，第110页。

② 李铁城：《联合国50年》，中国书籍出版社1995年版，第126页。

③ 加利著，张敏谦译：《永不言败：加利回忆录》，世界知识出版社2001年版，第27页。

要成为国际社会更广泛干预的催化剂。[①] 在这种背景下，就有了加利的《和平纲领》，第二代维和行动的转向及其受挫。

（二）联合国在索马里维和行动的失败

为了应对索马里因内战而引起的人道主义灾难，联合国于1992—1995年实行了两期维和行动。第一期主要目标为挽救生命，维护索马里各邻国的资源，减少饥饿与暴力的恶性循环，维和行动取得了一定的成功；第二期主要是用武力保证国际赈灾活动，强制解除国内冲突各派武装，组建警察部队，协助索马里重建经济，主持成立索马里新政府等，这种任务超过了维和行动的传统范围，全面介入了索马里内部事务。[②] 后由于维和士兵大量遇袭身亡，联合国部队被迫撤出了索马里，维和行动以失败告终。国内有学者认为，联合国索马里维和行动是联合国维和历史上最惨痛的失败，为维和行动之滑铁卢。[③]

现在看来，索马里维和行动失败的主要原因是维和行动偏离了被主权国家认可的三项规范，即中立、同意与自卫。它提醒联合国在其新规范远不成熟之前，不要轻易抛弃旧规范，规范的形成、传播与被接受需要时间，联合国的优势在于其中立地位和其规范的普适性，它不能过于倾向某大国的新观念。在建构规范的过程中，权力不是唯一的因素，而且有时甚至不是最重要的因素。

（三）联合国在前南斯拉夫的维和行动

冷战时期，联合国没有机会在欧洲从事维和行动。冷战结束后，

---

① 官少朋、朱立群、周启朋主编：《冷战后的国际关系》，世界知识出版社1999年版，第81页。

② 官少朋、朱立群、周启朋主编：《冷战后的国际关系》，世界知识出版社1999年版，第327—329页。

③ 门洪华：《和平的纬度：联合国集体安全机制研究》，上海人民出版社2002年版，第325页。

苏东很多地区发生了民族冲突。其中南斯拉夫解体的过程就伴随着多场血腥的民族冲突，其中主要发生在塞尔维亚族、克罗地亚族与波黑的穆斯林族之间。联合国 1992 年成立保护部队，开始执行维和任务，到 1995 年根据安理会决议将前南地区维和部队一分为三，改组为驻波黑联保部队，驻克罗地亚联合国恢复信任行动，驻马其顿联合国预防性部署部队。其中后两支维和行动因恪守了维和的基本原则而获得了成功，尤其是在马其顿的预防性部署部队是联合国历史上第一次预防性外交的实验，是联合国首次向没有发生冲突和战争的非联合国会员国（当时马其顿自宣布独立以来尚未得到国际上的普遍认可）派出维和部队。①

而在波黑的维和行动由于得不到塞尔维亚族的合作陷入了困境，后安理会通过决议允许北约介入，使用空中支援手段协助维和部队保护安全区，从而北约渐渐控制了波黑的局势，直到 1995 年底联合国维和部队彻底向北约执行部队移交了权力。

从以上三个案例的分析中，可以看出联合国在维持和平与安全时，必须区分面对：是侵略，还是民族冲突；是由秘书长指挥维和部队，还是由大国主导的多国部队实行维和行动；是维持和平，还是强制和平；失败后是由联合国承担责任还是由大国承担责任？处理不好这些问题将损害联合国的声誉，过高的期望值一旦碰壁也将使人们对联合国的认同走向它的反面。的确到目前为止，如何在一个主权国家的世界中召集和指挥一支部队的难题仍然是联合国的致命缺点。②

---

① 官少朋、朱立群、周启朋主编：《冷战后的国际关系》，世界知识出版社 1999 年版，第 330 页。

② 爱德华·勒克著，裘因、邹用九译：《美国政治与国际组织》，新华出版社 2001 年版，第 219 页。

三、披荆斩棘：和平挑战与联合国的改革

1. 当前权力结构的挑战有两方面的含义：一是霸权结构对联合国的影响；二是权力的第二梯队中新兴大国的崛起对安理会的构成形成挑战。

首先分析霸权结构与联合国的关系。霸权与制度实际上有两面性，一方面是霸权在建立和维持制度方面的巨大作用，另一方面霸权并不总是遵守制度，霸权关注的是霸权结构的稳定，而不是和平，这样维护霸权体系与维护联合国制度的有效性并不是一回事。美国在冷战后对联合国的工具理性态度越来越明显，对我有用则强化，对我不利则弃之如敝履。而且美国凭借自己的巨大实力，或绕开联合国，发动对中小国家的战争，或不断在联合国的改革上做文章，从机构改革到会费问题，从联合国的规范到秘书长人选，都显示出联合国所承受的来自霸权结构的巨大压力。

其次，德、日等二战战败国的重新崛起以及巴西、印度等新兴工业化国家的壮大是明显事实，他们要求成为安理会常任理事国呼声日切。如果安理会这样的“大国俱乐部”长期不接纳他们，其合法性和有效性都将有问题。现在他们之所以不挑战联合国体系，一是因为霸权结构的存在，二是他们认为接受联合国规范符合自己的国家利益。因此安理会如何既反映大国权力分配，又能保证效率是一大难题。

实际上，权力结构与国际制度有效性的关系并不像看上去那么简单。对此，奥兰·扬分析到，从广义上说，权力分配越对称，在开始时建立一种制度安排就越困难，但它一旦得以形成，其有效性也越高。权力对称使得在社会体系内为数众多的成员间达成协议成为必需，从而提高了形成规制的交易成本。但与此同时，对称又确保了任何个体都无法掌握足够的权力去藐视制度安排的指令而不受惩罚或鼓动对通行的制度安排进行改变。非对称性则起到相反的效果。严重的非对称

性产生出权力精英——会降低制度的有效性，因为它允许团体中的一些成员可以无视制度的指令，只要他们认为这样做符合其目标，这样就会引起其他成员的怨恨。①

2. 非国家行为体的扩张与全球治理问题。当前国际社会的一个突出特征是国际体系进程复杂化程度加大。② 各种各样的非国家行为体数目剧增，互动频度加大，其涉入的领域和施加影响的方式五花八门，可以说联合国的领域里都能看到非国家行为体的影子。它们参与议程设定，政策制定和政策实施。③ 联合国在和其他国际组织合作的的同时，也受到其他国际组织的挤压，如“八国集团”、“20 国集团”；受到区域性国际组织的竞争，如北约；还受到国内冲突日益增加，如何恰当应对的困扰。

而在国际非政府组织中，也存在着大量制造公害的组织，如恐怖主义组织、贩毒组织、黑社会组织网络、武器走私团伙等，他们造成的非传统安全已日益突破国界的限制成为全球公共问题。这样，全球公共问题既可能是公害问题，例如生危机态和环境污染，也可能是公益问题，例如和平的维持以及全球福利的提高等；它们既有高级政治领域的议题，例如裁军与安全，也有低级政治领域的议题，例如生态与环保。④ 非国家行为体的扩张和全球治理的需要都对国家主权概念提出了挑战，而传统的主权观正是联合国成立的基础。这样联合国本身既面临着走向世界政府，限制各国主权的机遇，也面临着主权国家的顽强抵制而步国联后尘的危险。关于当前国际体系的变迁可以参考布

---

① 奥兰·扬：《国际制度的有效性：棘手案例与关键因素》，载《没有政府的治理》（罗斯瑙主编），江西人民出版社 2001 年版，第 209 页。

② 秦亚青：《观念调整与大国合作》，载《现代国际关系》，2002 年第 5 期，第 6 页。

③ 王杰、张海滨、张志洲主编：《全球治理中的国际非政府组织》，北京大学出版社 2004 年版，第 190 页。

④ 苏长和：《全球公共问题与国际合作：一种制度的分析》，上海人民出版社 1999 年版，第 6 页。

赞勾勒的一幅蓝图—后现代国际体系的基本形式。[①]

图 4.3 国际体系的未来形式

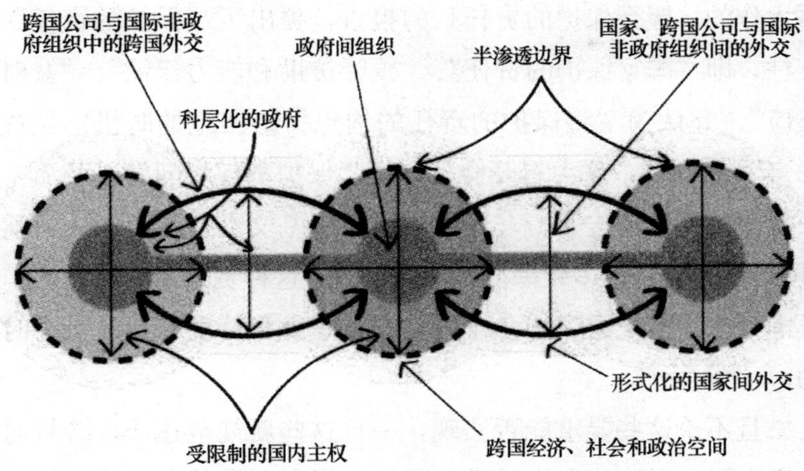

3. 联合国改革的深层次问题——宪章规范的延续与转变。联合国宪章从制订之时起就充满了争议。生效之后，关于其内容的解释又频频求助于国际法院。发展至今，联合国宪章有过几次小的修改，主要是关于增加安理会非常任理事国和经社理事会理事国数目等非实质性问题。冷战结束后，对联合国改革的要求既有技术性的，也有规范性的。例如：安南秘书长在 2005 年 3 月 21 日向第 59 届联大提交了题为《大自由：为人人共享发展、安全和人权而奋斗》的改革报告，[②] 其中技术性修改如废除敌国条款、撤消托管理事会、提高联大的工作效率、择优聘用联合国职员等；而呼吁关注人类安全，制定使用武力标准，定义恐怖主义，提升人权地位等将意味着联合国进一步强化限制国家主权的规范。

联合国宪章是指导当代国际关系的基本准则，其内涵的国际规范

---

① 巴里·布赞著，刘德斌译：《世界历史中的国际体系—国际关系研究的再构建》，高等教育出版社 2004 年版，第 325 页。

② 资料来源：http：//www. un. org/。

是国际秩序的基石，但进入21世纪以来，人道主义干涉和保护的责任的理念被一些西方大国不断提倡，构成了对宪章的严峻挑战，虽然这些理念的含义并没有权威的界定。2009年联合国秘书长潘基文在第63届联大作的《履行保护的责任》的报告，提出了“保护的责任”的三大支柱，即“国家保护的责任”、“国际援助和能力建设”、“及时果断的反应”，并认为“将保护的责任的构想付诸实施的时机已经成熟”。2012年9月5日，联大召开会议，就“保护责任”问题以及潘基文秘书长提交的相关报告举行非正式对话。潘基文在会上表示，目前围绕“保护责任”存在很多顾虑，一些国家担心这种责任遭到滥用，但这样的顾虑不应当阻止国际社会在面临严重暴力和煽动暴力的行为时采取行动。①

姑且不论这些要求能否实现，一旦这些新规范达成，必将对国家行为产生深远影响，也将对联合国的生死存亡及其合法性和有效性形成严峻的考验。因此联合国的改革问题远远不是各机构的改革，而实际上反映了某些国家观念力图上升为国际规范的努力，其主要的推动者是当今的西方发达国家。可以说，国际组织又走到了十字路口。

小结：联合国的光荣与梦想

联合国走过了近70个春秋，它在和平、发展、人权领域都发挥着不可替代的作用。它在构建和平，减弱无政府性方面的作用，联合国问题专家李铁城教授有一个中肯的评价：“联合国是缓和国际冲突的重要渠道，是集体应对各种威胁和挑战的有效平台，是维护和平的一个基地……《联合国宪章》所确立的国际关系准则，联合国的道义力量，安理会的干预、调停、斡旋和强制制裁，对遏制冲突爆发以及结束和缓解已经爆发的冲突，确实发挥了重要作用。安理会已成为安全阀，

① 资料来源：http：//www.un.org/。

它既可以提供一个搁置最危险问题的地方，又可以是解决国际争端的最后场所，从而有效避免了事态恶化。联合国致力于国际军控与裁军，即使在冷战时期也曾达成一些军控和裁军协议。至于联合国的维和行动，更是一项富有意义的创新和突出的成就，它对控制冲突成效显著。"[①] 联合国也因为其对世界和平的巨大贡献，诺贝尔和平奖6次授予联合国机构，6次授予为联合国工作做出杰出贡献的知名人士。[②]

70年来，联合国制度正常运转的基础是什么？有人形象的比喻联合国有三条腿，所以其结构比较坚固。这三条腿分别为国际安全、经济进步和政治文化理解。[③] 当然这三条腿必须兼顾，不能有的太粗、有的太细，否则结构也是不可能稳固的。

当前联合国改革的呼声日切，实际上联合国从成立之日起就充满了改革。今天联合国改革的争论主要围绕着如何处理联合国改革进程中的几大主要关系和矛盾，包括维护国家主权与侵蚀国家主权之间的关系、国家利益与全球利益之间的关系，发达国家与发展中国家的关系，效率与合法性之间的关系，实际可能性与愿望之间的关系，特殊性与普遍性的关系，公民政治权利和经济权利之间的关系，强制性与

---

① 李铁城主编：《走近联合国》，人民出版社2008年版，第376—377页。

② 联合国系统曾七度荣获诺贝尔和平奖，1954年和1981年联合国难民事务高级专员办事处（难民专员办事处）两度获奖，1965年联合国儿童基金会（儿童基金会）获奖；1988年联合国维和行动获奖；2001年联合国及其秘书长共同获得诺贝尔和平奖；2005年联合国国际原子能机构获得诺贝尔奖。为联合国做出卓越贡献而获奖的个人有：1945年美国国务卿科德尔·赫尔获奖；1949年布里金勋爵作为联合国粮食及农业组织（粮农组织）的创始总干事获奖；联合国巴勒斯坦问题代理调解专员拉尔夫·本奇因1949年对交战双方进行停战调解而于1950年获奖；加拿大外交部长莱斯特·皮尔逊于1957年因成功地解决了苏伊士冲突问题获奖；第二任联合国秘书长达格·哈马舍尔德因加强联合国的行动，在刚果执行和平使命时，因飞机失事罹难，遇难之后获和平奖；科菲·安南是第二位获诺贝尔和平奖的秘书长；2005年国际原子能机构总干事巴拉迪获得和平奖。本资料转引自李铁城：《关于联合国及其改革问题—纪念联合国成立60周年》（上），载《思想教育理论导刊》，2005年第10期，第42页。

③ 保罗·肯尼迪著，卿劼译：《联合国过去与未来—联合国与建立世界政府的构想》，海南出版社2008年版，第28—29页。

中立性之间的关系以及《联合国宪章》的严肃性和可塑性之间的关系。[①]

这当中的核心主要在于，新的权力结构的出现以及全球化背景下西方国家主权观念的变化。联合国的改革很大程度上是国际权力的再分配，联合国制度框架不反映德、日的实力与利益固然有问题，但同样联合国不反映以中国为代表的发展中国家的崛起也是缺乏合法性的。安全、发展、人权当然是联合国未来的重要议程，但孰先孰后，孰轻孰重，其确切的内涵和标准是什么，国家间争议是很大的。联合国应反映所有重大力量的关切。我们到底能接受什么条件下的安全、和平与合作？权力和理想二者不能偏废，需要保持动态的平衡。忽视权力，将招致国际联盟的命运；而没有可行的理想，人类将永远在权力政治中轮回。记得华尔兹非常尖刻的说过，如果和平是某个国家的根本目标，那么该国在任何时候都能够拥有和平——它只须屈膝投降即可。[②]同样联合国追求的应是建立在共同安全与国际合作基础上的世界性的和平。西方大国靠武力推行西方式的价值观和民主模式，不可能带来持久的和平与繁荣，而只能是把无政府状态带进很多国家的国内政治中。

预测未来是理论研究的功能之一，但是预测联合国的未来在作者看来非常困难，就像预测任何社会现象一样。没有一个学者预见到苏联的解体和冷战以这样的方式结束，没有一个学者预测到2008年的全球金融危机。人类社会现象万有相通，变量关系复杂，对于联合国将来构建和平的作用作者保持一种谨慎的乐观。

---

① 钱文荣：《联合国及安理会的改革》，载李铁城主编：《世纪之交的联合国》，人民出版社2002年版，第260—269页。

② 肯尼思·华尔兹著，信强译：《人、国家与战争：一种理论分析》，上海人民出版社2012年版，第186页。

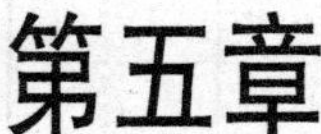

第五章

权力分配、国际规范与国际制度的有效性

第一节　个案与数据

一、欧洲协调有效性的相关数据

欧洲协调成立于 1815 年，拿破仑战争结束之后，灭亡于 1914 年第一次世界大战的爆发，成员为欧洲当时的五个主要国家即英国、俄国、法国、普鲁士（德国）、奥匈帝国。欧洲协调的存在被认为带来了欧洲的百年和平。可以说大国从拿破仑战争吸取的主要教训一是防止一国独大，二是防止国内革命波及他国。

表 5.1　1820—1913 年欧洲五国 GDP 总量对比

国别 \ 年代	1820	1850	1870	1880	1890	1900	1905	1913
英	100	100	100	100	100	100	100	100
俄	109	Na	87	Na	70	87	Na	108
法	109	100	75	71	66	66	63	67
普德	49	49	46	46	49	56	60	68

续表

年代 国别	1820	1850	1870	1880	1890	1900	1905	1913
奥匈	Na	16	Na	Na	Na	17	Na	19

注：每年以英国的总量为 100；奥匈帝国的数字以可见的奥地利与匈牙利的数字相加，只是个接近数字；Na 代表没有数据。①

表 5.2　1817—1913 年欧洲五国军费支出总量对比

年代 国别	1817	1818	1820	1822	1830	1840	1853	
英	37	37	29	24	23	20	15	
俄	19	22	23	23	21	26	33	
法	21	20	23	25	35	36	29	
普德	7	7	9	9	8	7	6	
奥匈	16	15	15	18	13	11	18	
年代 国别	1858	1865	1869	1880	1890	1900	1904	1913
英	27	26	26	19	20	46	28	20
俄	22	25	25	27	21	17	24	25
法	28	30	28	29	25	17	18	19
普德	6	7	12	17	26	15	20	25
奥匈	18	11	9	9	9	6	9	11

注：每年以五国军费的总和为 100；由于欧洲协调在初期开的首脑会议最多，所以最初几年相隔较近，以此比较权力分配的变化；其他时间点都尽量选的是大国间发生战争的头一年。②

① 奥古斯·麦迪逊著，李德伟译：《世界经济两百年回顾》，改革出版社 1997 年版。

② 资料来源：http：//www.umich.edu/cowproj/databaseset.html，the correlates of war project database archives。

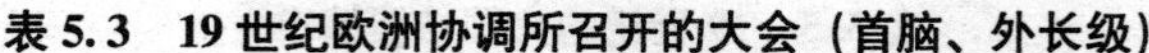

表 5.3　19 世纪欧洲协调所召开的大会（首脑、外长级）

地　点	时间	会 议 主 题
维也纳	1815	和平条约、四国同盟、协调
亚琛	1818	法国
特洛波	1820	革命、那不勒斯
莱巴赫	1821	那不勒斯革命
维罗纳	1822	意大利、西班牙、东方问题
巴黎	1856	和平条约
柏林	1878	东方问题

表 5.4　19 世纪欧洲协调所召开的和平会议（大使级）①

地　点	时 间	主　题
伦敦	1830.2	比利时
罗马	1831.2	教皇国的改革
伦敦	1838.9	比利时
维也纳	1839	东方问题
伦敦	1840.1	东方问题
伦敦	1850.2	石勒苏益格—荷尔斯坦
维也纳	1853	东方问题
维也纳	1855	东方问题
巴黎	1858	诸侯国
巴黎	1860.1	叙利亚
伦敦	1864	石勒苏益格—荷尔斯坦
伦敦	1867	卢森堡
巴黎	1869	克里特
伦敦	1871	黑海
康斯坦丁堡	1876.7	东方问题
马德里	1880	摩洛哥
柏林	1884.5	非洲

① 表 1—3 和 1—4 都引自 F. H. Hinsley，“*Power and the pursuit of peace*”，Cambridge University Press，1967，p. 124.

表 5.5 19 世纪的大国结盟情况①

1	1815 年	四国同盟（奥、英、普、俄针对法国）
2	1815 年	神圣同盟（奥、普、俄）
3	1818 年	五国同盟（修改四国同盟，加上法国）
4	1851 年	奥、普同盟
5	1851 年	恢复神圣同盟（奥、普、俄）
6	1854 年	法、英同盟
7	1854 年	奥、普攻守同盟和军事协定
8	1854 年	英、法、奥同盟
9	1866 年	法、奥同盟
10	1872 年	德、奥、俄三皇同盟；1881、1884 续订
11	1878 年	奥、英同盟
12	1879 年	德、奥同盟
13	1882 年	德、奥、意三国同盟；1887 年续订
14	1887 年	俄、德再保险条约（防御同盟）
15	1888 年	奥、德同盟
16	1894 年	法、俄同盟
17	1897 年	奥、俄协约

表 5.6 欧洲协调的周期性②

	1815—1822	1823—1856	1857—1875	1876—1914
制度的运用	高	高	低	中
观念的一致	高	中	低	低
结果权威性	高	高	低	中

二、国际联盟有效性的相关数据

国际联盟成立于 1920 年，解散于 1946 年，最初成员国 42 国，最

① Helga Haftendorn, "*Imperfect Union*", Oxford University Press, 1999, p. 79.

② 罗西瑙主编，张胜军、刘小林译：《没有政府的治理》，江西人民出版社 2001 年版，第 52 页。

多时为1934年的59国，累计参加国为63国，当中先后有17国退出，但当时的大国没有同时在国联里待过。先后担任过国联行政院常任理事国的国家为英国、法国、意大利、日本、德国、苏联。国际联盟被认为无力解决和平与战争问题是一次失败的实验。可以说大国从一战吸取的教训主要是防止大国结盟，重走战争之路，为此宁可用小国绥靖革命性国家，以避免不必要的全面战争。

表5.7 1920—1939年世界大国GDP总量对比

年代 国别	1920	1926	1931	1935	1939
英	34	27	32	37	33
法	21	22	25	24	23
日	15	14	16	20	23
意	16	15	16	19	17
德	19	18	21	25	30
苏	Na	Na	36	48	50
美	100	100	100	100	100

注：每年以美国的总量为100。①

表5.8 1920—1939年世界大国军费支出总量对比

年 代 国 别	1920	1926	1931	1935	1939
英	28	15	8	6	3
法	7	8	8	8	3
意	6	5	5	5	2
日	8	6	4	3	6

① 安格斯·麦迪逊著，李德伟译：《世界经济两百年回顾》，改革出版社1997年版。

续表

年代 国别	1920	1926	1931	1935	1939
德	1	4	3	16	40
苏	21	47	60	54	20
美	30	15	12	8	3

注：每年以七国军费的总和为100。①

表 5.9 世界大国加入、退出国联时间表

年代 国别	1920	1926	1933	1934	1937	1939
英	Y	Y	Y	Y	Y	Y
法	Y	Y	Y	Y	Y	Y
日	Y	Y	N	N	N	N
意	Y	Y	Y	Y	N	N
德	N	Y	N	N	N	N
苏	N	N	N	Y	Y	N
美	N	N	N	N	N	N
会员国军费占比例	49	38	25	74	46	6

注：Y代表该年该国为国联成员国，N代表该年该国不是国联成员国。会员国军费所占比例基数为当年七国的总和。②

三、联合国有效性的相关数据

联合国成立于1945年，创始会员国51个，2013年会员国达到193个，美、英、法、苏（俄）、中为安全理事会的5个常任理事国。联合国跨越了冷战与冷战后时期，安理会也经历了从瘫痪到复兴的转变。但总的看，很少有成员国退出联合国，相反倒是争取早日加入联

① 资料来源：http：//www.umich.edu/cowproj/databaseset.html，the correlates of war project database archives。

② 同上。

合国，尤其是争当联合国各机构常任理事国和非常任理事国的愿望非常强烈。大国从二战吸取的教训主要是大国合作，保证和平，战时的盟友将成为和平时期的合作伙伴，为此重建国际组织，大国将是和平的支柱，而不是紧张局势的来源。

表 5.10　1946—1998 年联合国安理会五大国 GDP 总量对比

国别＼年代	1946	1950	1960	1970	1980	1990	1998
美	100	100	100	100	100	100	100
苏（俄）	25	35	42	44	41	2	9
英	24	24	22	20	17	17	15
法	12	15	17	19	19	19	16
中	Na	N	14	7	9	6	10

注：每年以美国的总量为 100；关于中国的数据因与事实出入较大，本文采用的是联合国出版的国际统计年鉴中，所能找到的中美相关数据之百分比。①

表 5.11　1946—1999 年联合国安理会五大国军费支出总量对比

国别＼年代	1946	1950	1960	1970	1980	1990	1999
美	61	40	47	41	34	52	63
苏（俄）	12	43	38	41	47	23	12
英	24	7	5	3	6	7	8
法	2	4	4	3	6	6	8
中	1	7	7	13	7	11	9

注：会员国军费所占比例基数为当年五国的总和。②

---

①　安格斯·麦迪逊著，李德伟译：《世界经济两百年回顾》，改革出版社 1997 年版；奥古斯·麦迪逊著，伍晓鹰等译：《世界经济千年史》，北京大学出版社 2003 年版；《International Statistical Yearbook》，published by UN，volume 1951－2004。

②　资料来源：http：//www.umich.edu/cowproj/databaseset.html，the correlates of war project database archives；http：//www.first.sipri.org/。

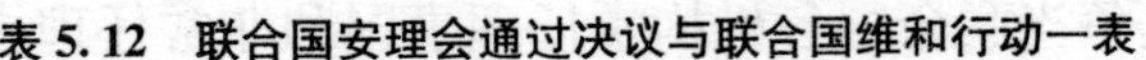

表 5.12　联合国安理会通过决议与联合国维和行动一表

指标＼年代	1945—1949	1950—1959	1960—1969	1970—1979	1980—1989	1990—1999	2000—2010
安理会决议	0—78 号	79—132 号	133—275 号	276—461 号	462—646 号	647—1284 号	1285—1966 号
各期百分比	4	3	7	11	9	32	34
维和行动次数	2	2	6	3	5	36	12
各期百分比	3	3	9	5	8	54	18
维和行动人数	217	6664	22838	12335	7618	158333	147815
各期百分比	0.06	1.9	6.4	3.5	2.14	44.5	41.5

注：百分比的基数都设为 100。①

表 5.13　联合国安理会否决票一览表

国别＼年代	1945—1949	1950—1959	1960—1969	1970—1979	1980—1989	1990—1999	2000—2010
美	0；0	0；0	0；0	21；8.3	35；13.9	5；2	11；4.4
苏（俄）	45；17.8	44；17.5	18；7.1	7；2.8	4；1.6	2；0.8	7；2.8
英	0；0	2；0.8	1；0.4	12；4.8	11；4.4	0；0	0；0
法	2；0.8	2；0.8	0；0	7；2.8	6；2.4	0；0	0；0
中*	0；0	1；0.4	0；0	2；0.8	0；0	2；0.8	5；2
总数	47；18.7	49；19.5	19；7.5	49；19.4	56；22.2	9；3.6	23；9.1

注：表中第一个数字为该国在每一时间段内所投否决票次数，第二个数字为此否决票数占 1945—2010 年总否决票数的比例。*此表中中国在 1970 年以前所投否决票为国民党台湾当局所为。②

① 资料来源：http：//www. un. org/sc/documents/resolutions；http：//www. un. org/zh/peacekeeping/。

② 资料来源：http：//www. un. org/zh/sc/meetings//veto/。

第二节 个案与数据的相关分析

一、欧洲协调情况分析

学术界尽管对欧洲协调起止时间说法不一，有说止于1822年，有说止于1854年，有说1870年，有说1914年，但在这100年间没有发生体系性战争是一事实。分析其中的原因，大国遵守了协调的精神，相互协商和集体决策，建立缓冲国，限制冲突范围是非常重要的。那么又是什么原因是大国基本上遵守了相关的制度呢?

首先从大国权力分配的角度看，英国在GDP总量上一直占有优势，法国、奥匈有些衰落，普鲁士完成统一后逐步增加，俄罗斯先是衰退但后来又赶了上来。在军费支出方面，前40年俄国增长较快，英、俄争霸突显，克里木战争失败后俄开始回落；后40年德国迅速增加，成为英国的有力对手。而同期，俄、德两国军费的增长速度要高于其GDP总量的增长速度。英国军费开支与其GDP相比并不高，且用在海外占相当比例，它对于欧洲大陆没有称霸的野心，只是扮演一个平衡手的角色。1900年英国军费开支骤增是因为布尔战争所致。考虑到19世纪各国复杂的结盟关系，可以说欧洲的权力均衡基本上得到了保证，五大国没有一国在总体实力上享有绝对优势。欧洲协调时期的权力分配不是霸权结构，而是均势结构。

再从各国对欧洲协调的态度来分析。各国在欧洲协调初期最为积极，前40年是它的黄金期。虽然英国对于神圣同盟保留很多，对于参加协调趋于消极，但从表5.4中可以看出，在17次大使级会议中，伦敦承办了7次，这既表现了英国的地位，也表示了英国对多边会议的态度。俄、奥、普三国经济相对落后，又由于意识形态接近屡屡结盟，从而强化补充了欧洲协调的作用。欧洲大陆只要三个大国维持现状，大局就已定了。但如果两个大国结成僵硬的同盟，力图用武力修改现状，逼着对立的联盟出现，欧洲协调的灵活性将无用武之地，体系性战争将要发生。

可以说欧洲协调的成功首先得益于大国的权力均衡能在一种动态的微调中得以保持，没有一个国家能获得超强的地位，从而再次发动称霸欧洲的战争；其次各大国总体上对欧洲协调的认同起了关键性的作用。各国以实力支持了协调的进行。对此，基辛格总结到，“有基于相同理念而达成的协议为后盾，均势才能发挥最大的效用。均势可压制破坏国际秩序的实力，基于共同理念的协议可扼阻破坏国际秩序的欲望。有实力而无合理的安排会引起测试实力的争战，有合理安排而无实力为后盾，则只是虚有其表。如何结合这两者是维也纳会议的挑战，也是其成就，由此所建立的国际秩序有一世纪之久未见到全面性的战争”。①

二、国际联盟情况分析

国际联盟不同于欧洲协调，是一个普遍性的国际组织，其目标也远比欧洲协调宏大。因此在分析它的国际环境时，有必要把美、日等大国考虑进去。

首先，从大国权力分配分析。一是大国 GDP 总量对比，这时美国的 GDP 总量已远远超过其他国家，美国实力已成为影响国际体系的重要因素。如果再加上德国、苏联，国联成立时，没有这几国参加，将不能代表当时的大国实力分配。当然国联标榜其发挥作用主要依靠道德、国际规范、国际法的力量，诉诸国家的良心，废弃权力政治。二是从军费开支比例看，英、美明显支出越来越少，与其 GDP 总量不成正比，苏联一直保持了较高比例，德国在希特勒上台后，军费迅速增加，法国综合国力已降为与意日比肩的二流国家。从表 2—3 可以看出，国联会员国的军费支出与国联外大国相比很少占有优势。

其次，从国联内的实力对比看，应该说英、法集团比意、日或德、

① 亨利·基辛格著，顾淑馨、林添贵译：《大外交》，海南出版社 1998 年版，第 57 页。

意、日集团占有优势，起码不处于劣势，如果英、法真的支持国联，对侵略者从一开始就不姑息，把危险解决在萌芽中，国联还是有希望的。但英、法对和平、安全、威胁的理解相去甚远，互相推卸责任，实行绥靖政策，缺乏维护国联权威的意愿。英法之间没有形成对国际规范的共识。

再次，从大国对国联的态度分析。一是谁是国联会员国？七大国中从来没有同时在国联里面，美国一直没有加入，意、日、德先参加后退出，苏联后参加，时间不长被开除。二是即使作为国联行政院常任理事国的英国、法国，也常常逃避责任，不肯以实力支持国联的行动。

可以说，无论从制度安排与权力分配的相对一致，还是大国的信念与意愿，国联都是先天不足，后天乏力，何况还有它的内部机制的缺陷。苏联的加入曾给国联带来了暂时的希望，但英、法、苏联之间彼此缺乏信任，因此最终形不成支撑国联的合力。国联的失败已成定局。

三、联合国情况分析

从表 5.12 中可以看出，联合国在冷战期间和冷战后的表现差别很大，20 世纪 90 年代以后，联合国的安理会决议和维和行动的比例都占到 18%—54%的比例，大国间合作明显加强，应该说这时期联合国的效力是较高的。

首先从大国实力对比分析。冷战期间，苏联的 GDP 总量一直比美国差很远，大概在其 1/4—2/5 之间徘徊；军费开支方面，在 1950—1990 年间，美、苏基本持平。如果考虑到两个集团对抗与核武器因素，双方的战争能力可以说是大体平衡的。冷战结束后，美国成为唯一超级大国，在 GDP 总量和军费支出上远远高于其他强国。可以说大国的权力分配是非常不平衡的。

其次从大国对联合国的态度分析。苏联在 1946—1969 年间，在安理会行使否决权最多，占到了否决票总数的 42.4%。在 1970—1990 年间，美国行使否决权最多，占到了总数的 22.2%。整个冷战期间安理会通过的决议占总数的 34%，维和行动次数占总数的 28%，维和人数仅占 14%，可以说冷战期间，大国对联合国的认同度较低，冷战后大国对联合国的认同度有了很大提高，各国对联合国寄予了更大的希望，联合国的效力得到认可。（冷战持续了 45 年，冷战后过去了 23 年。）

第三节　个案与数据的归纳性结论

1. 从案例一可以说，大国间权力分配均衡，欧洲协调与国际权力分配大体一致。大国认同度越高，欧洲协调越成功。认同度与制度有效性是正相关。

2. 从案例二可以说，大国间权力分配失衡，国际联盟与国际权力分配不一致。大国认同度越低，国际联盟越失败。认同度与制度有效性是正相关。

3. 从案例三可以说，冷战期间的联合国，大国实力均衡，联合国与国际权力分配基本一致。大国的认同度越低，联合国的效力越低；冷战后的联合国，大国实力不平衡，但联合国内部的安理会结构基本与国际权力分配一致。大国对联合国的认同度越高，联合国的效力越高。

综合考虑上述三个案例，可以看出，大国实力分配的相对均衡是国际制度有效性的必要条件，进程与结构因素要大体协调。在制度结构与权力结构基本一致的前提下，大国认同与国际制度的有效性是正向相关关系。那么大国对国际制度的认同是如何产生的呢？

在此我的假设是：国际制度所包含的国际规范影响国家的观念和行为，从而决定了国际制度的有效性。但国家观念（国内规范）对国际规范又有反作用，他们是相互建构的，用图 5.14 表示：

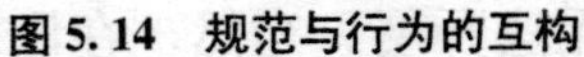

图 5.14 规范与行为的互构

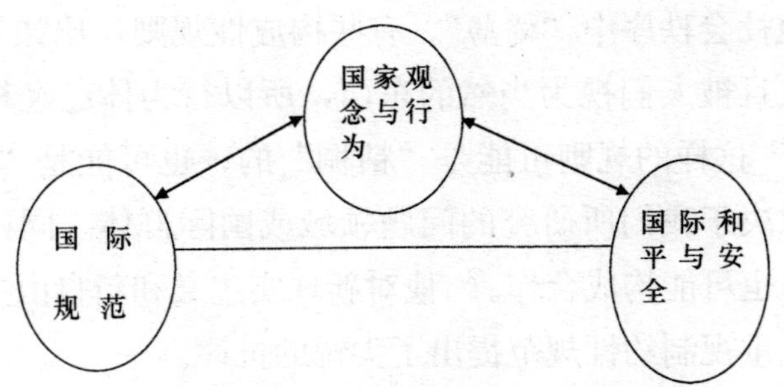

这里我借用卡赞斯坦和鲁杰关于规范的两种分类来分析国际制度的有效性。卡赞斯坦认为规范这个概念是用来描述在某种特定的认同下关于行为体合适行为的共同预期。在一些情况下，规范像规则一样起作用，界定一个行为体的认同，这样就有了构成性效果，即表明什么样的行为会使得相关的他者认可一些特别的认同。在其他情况下，规范像标准一样起作用，即在已界定完毕的认同下，表明合适的法规。在后面这种情况下，规范起着调节的作用，规定合适行为的标准，这样规范或界定（构成—constitute）认同，或制约（调节—regulate）行为，或二者兼有。①

这样卡赞斯坦提出了两种规范，即制约性规范（regulatory norms）和构成性规范（constitutive norms），前者涉及确定合适行为的标准，进而塑造政治行为体的利益，协调它们的行为；后者规定了行为体的认同，也规定行为体利益和约束行为。②

鲁杰则用的是制约性规则（regulative rules）和构成性规则（constitutive rules），其含义与卡赞斯坦的是一致的。他特别强调构成性规则是一切社会生活的制度基础。没有构成性规则，一切有组织的人类

① Peter J. Katzenstein Edited, The Culture of National Security, Columbia University Press, 1996, p. 5.

② 彼得·J. 卡赞斯坦著，李小华译：《文化规范与国家安全》，新华出版社 2001 年版，第 21 页，李小华把“regulatory norm”译为“限制性规范”，秦亚青先生主张译为“制约性规范”。

活动包括国际政治，都无法开展。当然，在国际政治领域构成性规则可能比在其他社会秩序中“稀薄”。有些构成性规则，比如领土权，已经是积淀已久且被人们视为当然的东西，所以行为体已经根本不再视其为规则了。[①] 这样的规则可能是“粘稠”的，也可能是“稀薄”的，粘稠与稀薄取决于我们所研究的问题领域或国际群体。同样的规则可能构成冲突，也可能构成合作。[②] 他对新现实主义和新自由主义忽略构成性规范，只重视制约性规范提出了尖锐的批评。

很显然，构成性规范比制约性规范程度要高，但实现的难度更大。制约性规范是为了管理国家行为，而构成性规范是为了生成国家行为。制约性规范的作用反映了因果关系，而构成性规范表现的是建构关系。

欧洲联盟的建立和发展，可以说是构成性规范获得初步成功的个案。由于有了相似的历史、文化和价值观，各方形成了构成性规范，并按照从低级政治逐步过渡到高级政治的步骤实施。国家主权观念的渐变，国家追求更大的安全共同体而不再是狭隘地仅仅忠于自己的主权，这对欧盟新规范的形成起了很大的作用。欧盟的构成性规范的形成，并没有得到当时的两极权力的积极支撑，所以我们可以说它是在一种低权力的状态下形成的。当然欧盟的构成性规范是区域性的，其在低政治领域要比高政治领域“粘稠”，它要扩展到全球还需要相当长的时间，而且也没有保证它一定能成为全球性的国际规范。

按照卡赞斯坦和鲁杰的标准，来分析欧洲协调，国际联盟和联合国所内含的规范，我们可以得出如下结论：

1. 欧洲协调是制约性规范。因为地缘相近，五大国基于共同的利益即欧洲不爆发战争而遵守了欧洲协调制度，该制度调节了他们的行为，但没有内化成他们的规范性认同。欧洲协调是大国之间建构共同战争观的结果，由于这时期各国国内政治压力不大，各国意识形态相

---

① 约翰·杰拉尔德·鲁杰著、秦亚青译：《什么因素将世界维系在一起？新功利主义与社会建构主义的挑战》，载卡赞斯坦、基欧汉、克拉斯纳主编：《世界政治研究中的探索与争鸣》，上海人民出版社 2006 年版。

② 同上。

近，对拿破仑战争有相同的感受，所以在战争观上易于达成共识，并切实履行，通过对法国恩威并施，五大国形成了关于战争规范、原则、决策程序的地缘文化，[①] 这种地缘文化表现为欧洲协调，它有力地约束了大国的行为。关于地缘文化的形成以及国际结构与进程的关系，可以用图 5.15 和图 5.16 表示。

图 5.15　共同战争观的形成

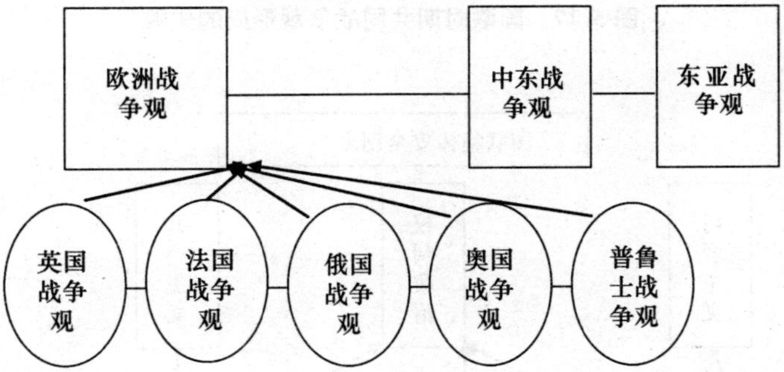

欧洲战争观
中东战争观
东亚战争观
英国战争观
法国战争观
俄国战争观
奥国战争观
普鲁士战争观

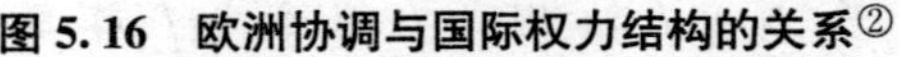

图 5.16　欧洲协调与国际权力结构的关系[②]

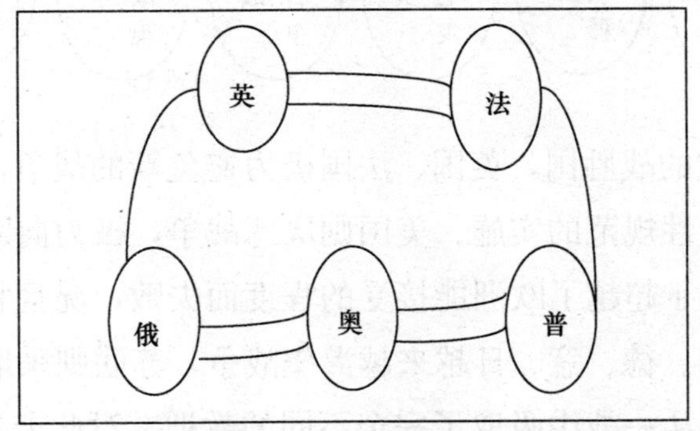

注：外面边框是五大国的共识即欧洲协调所代表的地缘政治文化，里面是权力分配，在一定的时间内，英、法更为接近，俄、普、奥更为紧密，但这些互动不同于结盟，是较为松散的，它们的关系可以形容为斗而不破。

---

① 秦亚青、亚历山大·温特：《建构主义的发展空间》，载《世界经济与政治》，2005 年第 1 期。

② 戈登·克鲁格、亚历山大·乔治著，时殷弘、周桂银、石斌译：《武力治国与方略》，商务印书馆 2004 年版，第 51 页。

2. 国际联盟是未形成的构成性规范。国联时期，大国权力分配从全球看可以说是多极均势，从欧洲看是不均衡的多极。世界大国之间未能围绕战争观形成共同的地缘文化，更谈不上体系文化，而地缘文化是国内规范与国际规范的中间站和纽带。国联时期战争观的建构可以用图 5.17 表示。

图 5.17　国联时期共同战争观形成的失败

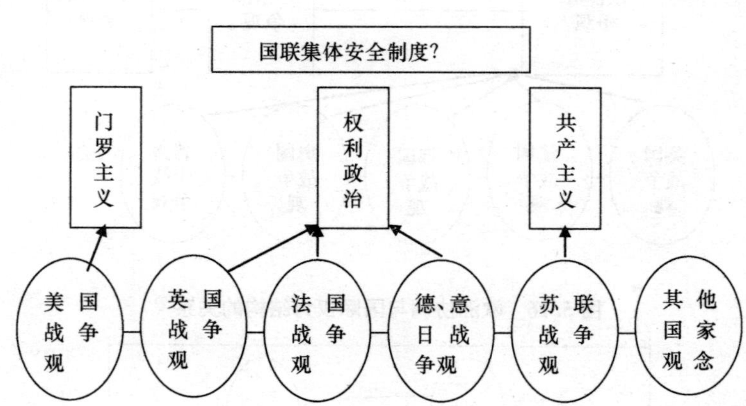

作为一战的战胜国，英国、法国极力避免新的战争，但其实力已无法保证制约性规范的实施。美国则厌恶战争，极力向欧洲推广构成性规范，但由于超越了欧洲能接受的程度而失败，况且它自己也并不是真正的认同。德、意、日越来越渴望战争，苏联则采取积极措施防止战争。各国从一战中吸取了完全不同的教训。对此卡尔写到，1918年之后，很容易使那些生活在英语国家的人们相信，战争对任何人都没有好处。但是在英语国家生活的人只是人类的一部分。对于德国人来说，这一观点就难以接受，因为他们在 1866 年和 1870 年的战争中得到了极大的好处。德国人认为他们在战争之后受了苦，但这不是因为 1914 年战争本身，而是因为他们输掉了这场战争。对于意大利人来说，这一观点也很难具有说服力。意大利人抱怨的也不是战争本身，他们抱怨的是协约国的背叛，认为协约国在和平安排中欺骗了意大利。还有波兰人、捷克斯洛伐克人，他们不但不厌恶战争，反而认为正是由于这场战争，他们的国家才得以生存，法国人也一样。战争使法国人收回了阿尔萨斯和洛林，他们当然不会为这样的战争完全感到懊恼。①

威尔逊等人力图给当时的世界提供一种全新的国际规范，用国际法、国际舆论和国际组织来实施集体安全，由于完全靠大国认同这种规范来保证世界和平与安全，这种构成性规范超越了时代，但是基于利益上的行为性规范也没有形成，这样一方面构成性规范飘在空中，制约性规范又不存在，世界处在了一种失范的状态中，这造成了国际联盟的彻底失败。

3. 联合国是制约性规范和构成性规范兼而有之。它对于大国主要是制约性规范，对于中小国家主要是构成性规范。联合国安理会大国一致原则，主要是保证大国的利益不受侵犯，在这个前提下，大国参与联合国，在维护国际和平与安全方面负起特殊的责任；而中小国家，很多是在联合国规范的作用下成立、活动和变迁的，它们的观念和行为都受到了联合国的建构，用费丽莫的话说就是国家部分是通过与它者——其他国家、国际组织、非政府组织——之间的互动来理解利益，它们说服国家相信某个新目标的价值或善意，② 国家利益的再定义常常不是外部威胁和国内集团要求的结果，而是由国际共享的规范和价值所塑造的，规范和价值构造国际政治生活并赋予其意义。③ 在冷战时期，东、西两大阵营各自形成了自己的地缘文化，其意识形态的对抗非常激烈，这影响了联合国建构大国规范性认同的效果。但两个阵营还是有很多共识，这些共识主要表现为不发生第三次世界大战，相互

---

① 卡尔著，秦亚青译：《20年危机（1919—1939）：国际关系研究导论》，世界知识出版社2005年版，第50—51页。

② 玛莎·费丽莫著，袁正清译：《国际社会中国家利益》，浙江人民出版社2001年版，中文版自序，第6页。

③ 同上书，第3页。

默认对方对具有战略利益的势力范围的管辖，这成了支撑联合国存在的基础。而冷战结束后，地缘文化呈现多样化趋势，其中一些深层次的规范比如宗教、文明日益发挥明显作用，其对国际规范的建构日益复杂化。下面以图 5.18 和图 5.19 分别表示冷战前后的战争观的形成。

图 5.18　冷战时期大国的战争观

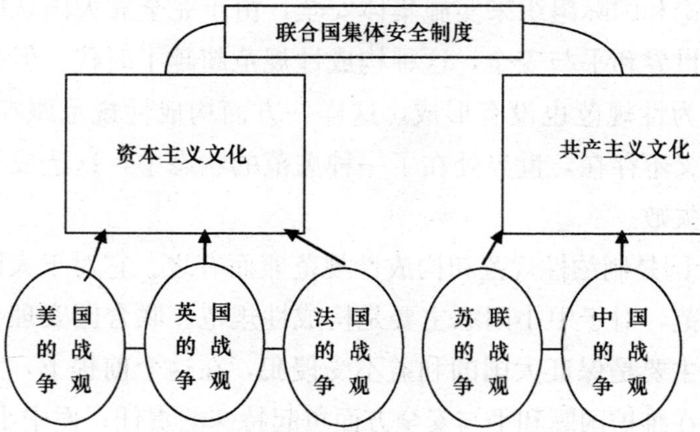

联合国集体安全制度
资本主义文化
共产主义文化
美国的战争观
英国的战争观
法国的战争观
苏联的战争观
中国的战争观

图 5.19　冷战后大国的战争观

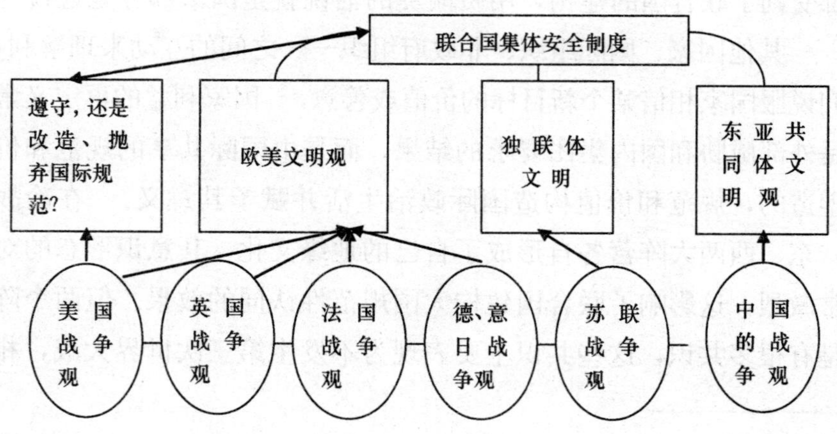

通过对以上三个案例的分析，我们还可以得出如下结论：规范并不是比权力更重要，可以说它是一种非物质性权力、起了物质性权力所起不了的作用。在许多情况下，它与华尔兹的权力、基欧汉的制度

之间的界限并不是十分清晰。国际规范也并不总是好的，比如过去奴隶制度、殖民制度都曾经属于国际规范；它也并不总是能够成功地建构国家观念与行为；国际规范既有不同类型，又有不同层次；国际规范内部，国际规范与国家规范之间，国际规范与非国家行为体的规范之间充满了矛盾，相互融合、妥协才是可行之路。

第四节 权力结构、国际规范与制度有效性的逻辑关系

权力结构与国家认同的不同结合，影响了制度效力的高低。如果以“Power1”代表权力均衡，“Power2”代表权力不均衡，“Identity1”代表大国认同度高，“Identity2”代表认同度低，那么决定国际制度有效性高低的结构组合将以下面的方式排列：$P_1I_1>P_2I_1>P_1I_2>P_2I_2$。影响国家认同度的因素是国际规范的性质，制约性规范只影响国家的行为，而构成性规范建构国家的认同，制约性规范离不开权力的支撑，而构成性规范可以在权力不足的情况下单独发挥作用。

通过三个案例的分析，可以看出制约性规范和权力分配关系密切，在权力支撑得以保证的情况下，制约性规范容易有效，即国际和平与安全得以保证；而构成性规范和权力分配的关系程度低，虽然它起作用的条件并不比制约性规范简单，但在低权力状态下它可以单独发挥作用。具体来说：

一、权力分配与制度安排的关系

权力是制度建立的物质保证，制度的建立和维持有赖于权力的支撑，我们可以说制度是一个权力化的过程，如果它们成功地融合在一起，将相互强化，密不可分。一般说来，大国权力均衡是国际制度有效性的必要前提，国际制度应反映这种权力结构，有了权力与制度的基本一致，国际制度的有效性易于得到保证。

二、制度安排与制约性规范的关系

制度安排里包含了大量的规范因素，制度是人类社会实践的产物，它同时是权力和规范的连接体，人类选择什么样的制度带有很大的主观性，而它有效与否和制度里包含的规范性质关系很大。一般说来，制约性规范更容易保证制度的成功，因为制约性规范符合大国的眼前利益，大国操作起来更容易，但由于制约性规范不改变大国身份与认同，一旦大国觉得再遵守制约性规范不符合自己的利益时，他们会不再遵守制约性规范。

三、制度安排与构成性规范的关系

构成性规范不但影响大国行为，还建构大国身份与集体认同，它力图超越制约性规范，超越权力政治，生成一种全新的国际关系，在这种规范主导下，国际制度将自动调节国际关系，体系战争将成为不可思议的事情。

四、权力分配与制约性规范的关系

权力与规范之间也是互构的关系，它们既独立存在又相互影响，大国权力均衡有利于制约性规范的实施，各国为了自己的利益会接受制约性规范，克制自己的行为，相互协商，因为它们的权力资本不足以使它们抛弃制约性规范，而大国对制约性规范的遵守又反过来延续了国际权力均衡状态。但当权力分配失衡时，大国会基于利益测算而决定是否继续遵守制约性规范，因为这些规范并没有在大国中得到很深的内化。

五、权力分配与构成性规范的关系

构成性规范并不是和国家利益无关，只是它使得大国对国家利益的看法发生了变化，遵守国际规范本身符合集体的利益，也就当然符合个体的利益。构成性规范将产生新的行为体，全新的游戏，由于它是在大国主体间产生了新的社会事实，获得了自己的本体地位，它不会还原到国家层次，它也就不怎么受物质性的权力分配的影响，所以它和权力分配关系不大，它可以在低权力状态下发挥作用。但问题是构成性规范本身形成非常困难，我们还处于威斯特伐利亚体系的时代，绝对主权的观念虽已受到侵蚀，但大量的主权单位合并的事情并没有发生，在没有历史先例的情况下，全球构成性规范的生成与发挥效力将是一个长期的过程，因为国际关系中构成性规范的形成往往预示着世界体系的转变。

附 录

（本附录是笔者根据秦亚青教授的《世界政治理论的探索与争鸣》译者前言和《关系与过程——中国国际关系理论的文化建构》第四章编辑而成，它很好地对应了本书的核心概念和探讨的主题。）

附录1:《国际关系理论的争鸣、融合与创新》

秦亚青

在这篇译著的前言中，我不想深入讨论国际政治经济学，仅想就国际关系理论的一般性问题谈几点看法，目的是让读者对第四次学理辩论的背景、发展和意义有一个比较清晰的印象。主要想梳理三个方面的内容：(1) 20 世纪 70 年代以来国际关系理论的发展脉络；(2) 新自由主义与建构主义的争论焦点；(3) 本书出版以来国际关系理论发展的几个特点。

一、理论脉络

20 世纪 70 年代以来，国际关系理论发展主要是以国际制度研究为重心的。国际机制理论产生于对国际组织的研究尤其是对联合国的研究。但最初的研究停留在描述层面，理论化程度很低，也没有形成可以传世的学理成果。这种状况到 20 世纪 70 年代开始转变，国际关系学界从国际政治经济学领域入手，展开了高度理论化的研究。20 世纪70年代以来，国际制度理论成为国际关系理论发展的一条重要发展路线。它上承现实主义的霸权稳定论和国际机制理论，中继新自由制度主义的理性主义国际制度理论，下达建构主义的国际规范和国际文化理论，勾画出国际关系理论的主要发展轨迹，也显示了三大理论学派的形成。沿着这条主要的发展轨迹，不断地学理争论开拓了新的学术空间，也产生了新的理论。

从20世纪70年代至今，国际关系主流理论的发展可以大致分为两个阶段。

第一个阶段始于20世纪70年代，直到20世纪90年代初期。在这一时期，国际关系主流理论是在新现实主义和新自由主义之间展开的，就是所谓国际关系学的第三次论战，也可以称为“权力与制度之争”。之所以称为权力与制度之争，是因为新现实主义将国际体系的权力结构作为国家行为的根本原因，而新自由主义则将国际制度这一非结构因素当作影响国家行为的重要变量。当时，国际组织研究开始走出了对国际组织结构和功能的描述，更多地朝着国际制度转化，研究重点是国际制度如何影响国家行为，尤其是国际制度是否能够促进国家之间的合作。从这个意义上讲，这一时期是一个研究转型期，研究重心从组织转向了制度。当时美苏关系出现了一定的缓和势头。在双方基本达成战略均势之后，核恐怖带来的相对稳定以及美、苏双方的战略谈判给国际制度研究带来了动力，出现了国际组织研究的新的空间，基欧汉和奈在1972年出版了他们研究跨国主义的著作。但颇有意思的是，这一阶段的研究兴趣是被美国实力衰退这样一个现实主义的权力命题挑动起来的。当时国际关系学界比较普遍地接受了美国霸权衰退的基本估计。金德尔伯格对世界经济领域大萧条的研究将霸权和经济秩序联系在一起，而维系这对关系的因素就是世界经济领域的国际机制。霸权稳定论学者受到启迪，将这一推理用于国际关系学界，并首先从国际政治经济领域开始，逐步深入地讨论权力、国际机制和国际秩序之间的关系。虽然强现实主义者仍然认为国际组织不过是强国手中的玩偶和工具，但以克拉斯纳为代表的温和现实主义者却认为国际机制是一个很值得研究的现象。他批评了强现实主义者的极端观点，将国际机制设为干预变量，也就是说，在一定的权力结构条件下，国际机制确实可以影响国家的合作和冲突行为。

克拉斯纳的研究激发了对国际机制研究的兴趣。20 世纪 70 年代初开始复兴的新自由主义学派，在 20 世纪 70 年代中后期，也围绕国际机制提出并发展了一套理论。于是，新现实主义和新自由主义围绕国际机制展开了交锋。1982 年春季号的《国际组织》杂志表现的就是这一次论战，后来成书出版，定名为《国际机制》。这一期特刊是国际组织引发的一次意义重大的学理论战，在研究议程设置和理论化程度方面的影响延绵至今。以克拉斯纳、杰维斯、斯特兰奇为代表的现实主义学派和以哈斯、基欧汉、斯坦为代表的新自由主义学派营垒坚实，旗帜鲜明。一方是新现实主义的观点，坚持国际机制是干预变量，虽然有着很大的作用，但仍然需要依附权力；另一方是新自由主义的观点，认为国际机制可以是自变量，不依附强权而独立存在。1984 年基欧汉的《霸权之后》出版，新自由制度主义日臻成熟。之后的 10 年里，新现实主义和新自由制度主义作为国际制度研究中的两大对立学派，一直在变论中激活新的学术兴奋点。正是在相互的竞争之中，国际制度研究达到了新的理论高度。这一时期的国际组织研究已远远超出对具体国际组织的结构和功能的讨论，开始从理论层面上探讨国际组织形成的规则和机制在影响国家行为体行为方面的一般性规律。

第二阶段从 20 世纪 80 年代末、90 年代初期至今，主要是新自由主义和建构主义国际制度理论的辩论，重点是国际制度的服务功能（涉及对行为体行为的影响）和建构功能（涉及对行为体身份的建构）。这一辩论可以称为“制度与文化之争”。如果说新现实主义和新自由主义之间的争论是第三次论战的话，理性主义和建构主义之间的论战可以称为国际关系学的第四次论战。其间，在研究国际组织对国家行为影响的同时，国际制度所具有的建构作用逐渐成为国际关系研究人员关注的重点之一。这一研究兴趣的扩展和转向主要有两个原因：其一，通过单纯研究国际制度对国家行为制约和影响而产生和发展起来的理性主义理论，已经无法涵盖诸多与国际组织有关的现象；其二，国际关系理论界主流建构主义的兴起，导致了国际关系领域的社会学转向，促使研究人员更多地考虑国际规范、国际机制对国家身份和利益的建构作用。1987 年，温特在《国际组织》杂志发表《国际关系理论中的行动者—结构问题》的论文，冲击了理性主义对国际体系结构和行动者之间的静态表述，提出行动者与结构互构的动态过程；1989 年，德斯勒在《国际组织》发表《行动者—结构辩论中至关重要的问题》，在批判结构现实主义的基础上，进一步提出身份转化问题，认为的结构现实主义理论是静态理论，静态结构是无法具有转化性理论内涵的；1992 年，温特再度在《国际组织》发表“无政府状态是国家建构的：权力政治的社会建构”一文，成为主流建构主义的宣言式文章。建构主义的兴起，为国际组织和国际制度的研究开辟了新的天地，使这一研究不仅局限于国际制度对国家行为的研究层面。国际制度的研究开始向另外一个深度发展：国际组织、国际制度、国际规范等因素是如何建构国家身份和影响国家偏好的。这一辩论的重要观点反映在《世界政治中的探索与争鸣》一书中。

二、无政府性

无政府性是国际关系理论的重要假定，核心概念和思想内核，其基本定义是没有集中的权威权力机构。各派理论对其意义的理解很是不同。

现实主义认为，以丛林原则为特征的无政府状态是国际体系的标志，是国际体系不同于国内体系的根本所在。因此，也是国际关系的第一推动。国家生来就处于霍布斯文化状态，这种状态是无法改变的先验存在。正因为如此，国家之间的冲突是第一性的，合作是第二性的；冲突是绝对的，合作是相对的。现实主义学者克拉斯纳在研究国际机制的时候，将国际机制界定为干预变量。这虽然弱化了强现实主义者的观点，但毕竟国际机制与国际权力结构是毛和皮的关系。国际机制固然可以在权力结构允许的情况下起到促进合作的作用，但权力结构是根本。一旦权力不存，机制自然失效。

新自由主义对现实主义的基本假定提出了质疑，尤其是在国际合作问题上与新现实主义发生了根本的分歧。在这方面影响极大的一篇论文是新自由主义学者米尔纳的文章《对国际关系理论中无政府假定的批判》。她提出了一个根本问题：无政府状态不是国际体系的标志性特征。她认为国际社会并非全然属于无政府世界，国内社会也并非全然属于有政府世界。现实主义的错误是将无政府状态视为与等级状态对立的概念。实际上，从无政府状态到有政府等级状态形成了一个延续体，国内社会和国际社会是程度上的差异而非本质上的差异。正因为如此，国际合作难题其实是现实主义虚构出来的逻辑，不是国际社会中的事实。其他新自由主义则强调国际体系的无政府性不等于国际体系并不存在合作的可能，也不承认无政府性决定了国际体系的合作是权宜之计，是非根本现象。

建构主义对无政府性的质疑是更具根本意义的，因为建构主义认为无政府状态是行为体互动行为的结果，不是国际体系中固有的客观事实。所以，建构主义学者更加强调国际社会存在的规范和规则可以抑止无政府性。温特 1992 年的文章《无政府状态是国家造就的》指出，无政府逻辑是国家行为体在互动过程中形成的社会性建构，现实主义定义的无政府逻辑只不过是无政府逻辑的一种。国家在互动过程中，可以建构多种无政府逻辑，包括每个人反对每个人的霍布斯文化，也包括承认相互的生存权并开展竞争的洛克文化和构筑友善共同体的康德文化。建构主义指出，无论新现实主义还是新自由主义，都以接受霍布斯无政府逻辑为研究起点，这是国际关系的一大误区。如果说，米尔纳将无政府状态当做一种国内国际社会都存在的现象，国内的等级状态和国际无政府状态只不过是程度上的差异，那么，温特则从根本上认为无政府状态是人造的现象。既然是人造的社会现象，就可以有多种不同的无政府状态，也就可以重构无政府状态。所以说，建构主义对现实主义视为第一推动的无政府假定提出了颠覆性质疑。

三、国际制度

国际机制研究始于新现实主义和新自由主义的辩论，国际制度与国际合作之间的关系是辩论的核心问题。新现实主义的国际机制研究是供应派机制理论，亦即国际机制是霸权国供应的公共产品。所以其理论始终围绕权力的杠杆展开，比如吉尔平的霸权稳定论，强调霸权国家提供国际机制的目的是维持国际秩序，以低成本保证自己的国家利益。这样一来，霸权国家的实力就成为国际机制存在和运行的基础。如前文所述，克拉斯纳在这个基础上前进了一步，提出国际机制是干预变量，从根本上仍然是依附于权力的。所以，无论是吉尔平还是克拉斯纳，都以权力结构为第一考虑：国际体系的权力结构是绝对的、根本性的；国际制度提供的合作是相对的，是有条件的。基欧汉的需求派国际制度理论提出，国际制度的存在和运行是由于国家的需要，因为国际制度可以降低交易成本、提高信息透明度，所以国家需要国际制度，以摆脱囚徒困境，争取双赢的结果。这样，国际制度就具有了服务功能，使国家知道如何权衡利弊，如何在国际制度提供的框架之内，以最小的成本获得最大的利益。结果是减弱了无政府性效应，加大了国家之间合作的可能。在基欧汉那里，国际制度获得了独立的地位，与权力结构共同成为影响合作行为的主要变量。1984 年基欧汉的《霸权之后》出版，带动了一大批新自由制度主义的实证研究，最终形成以国际制度需求理论为核心的新自由制度主义。

新自由制度主义国际制度理论讨论国际制度对国家行为的制约，强调国际制度对促进合作的积极意义。建构主义学者则从国际制度在建立国际规范、建构国家身份认同方面提出了新的思考点。这就发展了一种不同于新自由制度主义的国际制度理论，理论中心也从对国际制度解决问题的服务功能转向国际制度塑造行为体偏好和身份的转化作用。鲁杰的《什么因素将世界维系在一起?》是阐释建构主义国际制度理论的开拓性论文。他提出了三种不同的建构主义形态，也强调了国际规则的两种类型：限制性规则和构成性规则。对于论文中提出的问题，鲁杰对国际制度的阐述就是建构主义的基本回答：国际体系是社会性的建构，国际社会需要规则和制度加以维系。这篇论文对建构主义的国际制度观做出了理论层面的阐释，多次被转载产生了很大的影响。

从本质上说，新自由主义和建构主义的争论在于国家的身份和利益是行为体先验给定的因素，还是后验实践互动的结果。这是一个本体论问题。新自由主义（包括其他政治学和经济学理性主义学派）是把行为体的身份和偏好视为先验给定的因素，所以才会根据这样的身份和偏好做出利益最大化的理性选择；建构主义则认为身份和偏好主要是后验实践的结果，因此身份可以变化，偏好可以调整，行为也就因之而变化和调整。正因为如此，新自由主义将无政府性视为先验给定，将行为看作在无政府常态下为实现自我利益而做出的合理选择；建构主义则将无政府性视为互动形成的结果，认为不同互动方式会产生不同的无政府文化，造就不同的身份和利益，行为不过是身份的反映。文化变，则身份变；身份变，则利益变；利益变，则行为变。新自由主义和建构主义的国际制度理论之间的最大不同是国际制度的服务功能和建构功能。前者是理性主义国际制度理论的核心，后者是建构主义国际制度理论的重点。换言之，就是国际组织解决问题的功能和转化行为体身份的功能。目前，这依然是国际制度理论的一个研究重点。

四、观念作用

在新现实主义那里，观念是被排斥在研究框架之外的内容，是被抽象掉了的因素。对古典现实主义的一大改革就是所谓的消尽冗繁留清瘦，将非物质性的、非可观察性的因素尽可能删除。在1989年基欧汉和米尔纳主编的《观念与外交政策》一书中，已经明显地表现出国际关系学者意识到观念的重要意义，所以才将观念这一理念性因素和理性主义的许多客观因素视为同样重要的变量。比如，新自由主义认为利益是客观因素，观念是主观因素，利益和观念都会影响行为体行为。这与新现实主义排除主观因素的科学化做法已有很大的不同。但是，新自由主义对观念的处理是将其列为与其他客观因素同样重要的自变量。建构主义认为这是一种进步，因为观念因素毕竟被列为影响行为的重要变量。但同时建构主义者也认为，这是一种颠倒顺序的做法，因此，在根本上是谬误的。对于建构主义来说，理念重于物质，观念先于利益。所以，合理的顺序是观念决定利益，利益决定行为，而不是观念和利益共同决定行为。

由于建构主义强调观念的作用，所以国际规范就成为建构主义研究的重要概念。国际规范属于观念范畴，主要是社会范畴之内的事情，所以，它是新现实主义排斥于其研究之外的内容，也是新自由主义的理性选择难以收入的变量。建构主义的规范研究表现在这样几个方面。首先，国际规范形成于国际行为体的互动之中，在国际组织中逐步取得合法性，得到成员国的认同，并影响成员国的偏好。当今国际关系研究的一个前沿问题就是国际规范，包括国际规范的形成、发展和作用等。比如：芬尼莫尔和斯金克的文章讨论了规范的形成，提出了规范生成的生命周期阶段论。其次，国际规范对于国际关系行为体具有重要的转化作用。国际规范研究是建构主义的重要研究议程，其根本意义在于建构行为体的身份、偏好和利益。这在克拉托赫维尔 1989 年的著作《规则、规范与决策》中已经得到了深刻的阐述，芬尼莫尔在 1996 年的著作《国际社会中的国家利益》中，对国际规范造就身份和偏好的问题做出了实证性研究。

五、规则治理与关系治理

在讨论世界秩序的时候，现实主义理论集中到主要大国和权力结构上面：大国的关系决定了国际关系的命运，硬实力决定了国际关系的结果，传统安全决定了国际关系的走向。国际秩序就是建立在国际实力分配基础上的国际体系秩序，比如均势秩序和霸权秩序。在现实主义的秩序框架中极少具有社会的成分，也几乎没有非国家行为体的活动空间。但是，冷战之后势头甚猛的全球化却带来了无数新的问题。

这些问题难以使用传统的国际关系理论加以阐释，也难以归结为单纯的国家之间的关系。比如恐怖主义、环境污染、流行病、自然灾害等非传统安全已经成为国际社会共同面临的全球性问题。它们既非国家发起，也不是军事实力能够予以解决的。这些新的全球性挑战涉及国家，也涉及非国家行为体，并且无论一国的实力多么强大，都无法单枪匹马地解决问题。一方面，这些问题使得国际社会受到无序混乱状态的威胁；另一方面，也加大了国家之间合作的余地。国际治理已经成为国际关系中具有重要意义的概念。如何塑造国际行为体的期望与利益，如何使国际制度的设计促成国际行为体之间的合作，如何通过学习过程形成共识，如何通过共识整合行为体的利益与偏好。这些问题说明，国际制度的成败关系到国际治理的成败。

新自由主义的治理理论集中在利益共赢的“制度治理”上面，以制度提供利益为主要治理动力，基本假定仍然是国际制度降低了行为体之间的交易成本，提高了信息的透明度，便利了共赢型博弈，加大了国际行为体实现利益的可能，因而加强了它们的合作取向，达到减弱战争危险、维持秩序和国际治理的目的。但不同层面的自由主义治理理论涉及的治理主体是不同的。国家、非国家行为体都是重要的因素，有的时候，非国家行为体甚至超过国家的作用，比如恐怖组织。罗西诺在国际治理方面做出了开拓性的研究。

建构主义的国际治理理论则强调“规范治理”。比如阿德勒和巴尼特主编的《安全共同体》收入了研究国际共同体的重要论文，认为在国际层面建立共同体是可能的，这样的共同体能够影响国家的安全政策，使共同体成员更趋和平。凯克和斯金克 1999 年在题为《国际与地区政治中的跨国倡议网络》的论文中，提出跨国界的非政府倡议网络在建构规范方面的重要作用。当然，在这方面比较超前的观点是温特的世界国家理论。温特认为，一方面，在国际体系的无政府状态下，存在国家实力的差异和国家之间的竞争；另一方面，国家又有着追求在平等基础上得到承认的心理需求。所以，世界体系最终的结果是世界国家的出现，也隐含只有具有高度身份认同的世界国家才能真正实现世界治理。

同时，在地区层面，地区主义成为与全球化势头相似的世界性现象。欧盟、北美、东亚的地区一体化进程都充满了活力。地区一体化被视为区域治理的重要因素和全球治理的重要组成部分，地区主义理路也在很大程度上涉及国际制度的内容。新现实主义认为地区若无明显的实力结构，如大国协调或势力均衡，则必然不稳定。新自由主义的地区主义理论却强调地区制度建设，希望重建新功能主义的理论框架，强调地区一体化带来的实际利益，考虑国内、国际两个层面各种行为体的理性行为是如何推动地区一体化进程的。建构主义的研究则更多地考虑地区一体化和地区性的国际制度是怎样影响成员国和其他非国家行为体的偏好和认同，政府、准政府组织和非政府组织如何形成跨国家的地区网络，以新的身份共同参与国际治理，并最终建立区域共同体。

从整个过程来看，新自由主义和建构主义在国际治理方面走过的道路可以概括为：国际机制—国际制度—国际治理，即接过新现实主义的国际机制研究问题，发展了新自由制度主义和建构主义国际制度的研究议程，继而又出现了包含新自由主义和建构主义的国际治理理论。全球化带来了全球性问题，全球问题需要全球治理。否定国际体系的绝对无政府性引导出国际社会、国际组织、国际规范、国际制度等一系列概念。这些概念得到了重新诠释，更加密切地与全球治理联系在一起。无论是新自由主义还是建构主义，都认为国际领域的治理需要规则。所以两种理论都承认“制度治理”，当然，它们对制度的作用做出了不尽相同的解释。同时，治理的目的是建立一个有序的国际市民社会，其中包括国家，也包括非国家行为体。而这种市民社会则既有利益共赢的成分，也有观念共享的因素；既有实现既定行为体的利益考虑，也有使行为合法化的规范性需求。所以说，两种理论也都赞同“规范治理”，虽然它们对规范的功能也有着不尽相同的理解。既然如此，“制度治理”和“规范治理”就能成为相辅相成的两个因素，两种理论也就可能在构建国际治理理论方面实现补充性交融，即它们本质上都属于“规则治理”。

规则治理强调治理依赖规则，治理的关键在于确立明确的、有约束力的规则，因为规则清晰地确定了相关行为体需要遵守的准则，规定了行为体的权利和义务。只要有规则，也就会有秩序和治理。规则包含正式规则和非正式规则，虽然两者都被视为治理的重要因素，但是正式的规则对于秩序而言，有着更加重要的意义。

但是规则治理有着重要的缺陷，主要表现为关系治理的缺失。

具体来说，规则治理的缺陷有以下几点。首先，对规则的依赖发展到极端，则会逐步失去了人性，失去了人情，失去了原本制定规则的基本目的。应当承认，人的社会无论是国际社会还是国内社会，都不能仅凭抽象理性和非人性假定就可以对其全面管理和完全解释，无论是在更重规则的社会，还是在更重关系的社会，人的情感与理性一样是人的行动和人的可能的源泉。一个真正和谐的社会和理想的社群，应该是充满情感和友谊的，而不是仅凭利益权衡的。其次，规则不是万能的，人们即使再强调规则，也不可能最终编织一个没有缝隙的规则治理天网，所以，规则不可能管理到每个细节。再次，规则治理对道德的忽视、甚至根本不将道德置于模式研究要素之中，这就否定了人之为人、人的社会之为人的社会的一个基本准则。道德缺位，并且理直气壮地被缺位，不是人类社会的现实，更不是人类社会治理的理想。当一些高度现代化和商业化的社会发生重大问题的时候，道德再度受到重视，道德的缺位则被评为不正常的事情。

关系治理是被西方主流国际关系理论忽视的另一种治理模式。关系治理是一个进行社会/政治安排的参与协商过程，用来管理、协调和平衡社会中的复杂关系，使社会成员能够在产生于社会规范和道德的相互信任的基础上，以互惠与合作的方式进行交往，并以此建立和维持社会秩序。它与规则治理的的不同特征在于：

表 6.1　规则治理与关系治理的区别

	规则治理	关系治理
世界观	本质主义	关系主义
治理对象	行为个体	社会关系
治理机制	执行规则	谐和关系
治理取向	控制结果	经营过程
核心概念	个体利益	相互信任

国际关系领域对规则的现有研究表示，规则在受到权力支持和加强的时候，在条款非常明确的时候，在个体行为体愿意接受并执行的时候，可能会产生有效地治理。同时，交易成本经济学的研究表明，规则在制定的初始时期会产生高昂的成本（国际关系文献认为霸权国是制定规则的关键，霸权国权力也是一种极高的成本，霸权国提供公共物品也是要付出昂贵代价的）。关系治理的模式在社会具有基本信任的条件下可能达到预期效果，在结合恰当的情况下可能与规则治理共同发挥事半功倍的作用。我们通过推理可以知道，规则和关系在一些重要条件得到满足的情况下，则会出现相互加强的效果，使得有效良治成为可能。但我们需要认真的思考和务实的分析，当具有什么条件—无论是必要条件、充分条件还是充要条件—的时候，可以实现有效和良性的治理，这是对于综合模式展开深入研究的重点所在。

附录 2：大不列颠、俄国、普普士和奥地利四国同盟条约（节录）

（1815 年 11 月 20 日）

第一条　缔约国相互允诺，维护本日与信仰基督的国王陛下所签订的条约生效，并照看各条约条款以及相关的专约，得以最严格和最忠实地履行。

第二条　缔约国既经参与适才结束之战争，乃本着坚定不移地维护去年在巴黎做出的安排、维护欧洲安全和利益的目的，认为通过本约重申上述保证并将之确认为共同责任是可取的—须依据本日与最信仰基督的国王陛下之全权代表签订的所做的修改—特别是应重申和确认根据1814年4月11日条约永久剥夺拿破仑·波拿巴及其家族在法国的统治权之约定，缔约国通过本约保证，全力维持这一剥夺，必要时不惜使用全部武力。由于曾鼓动昨日篡权的革命原则会以其他方式出现而再次震撼法国并危及其他国家的安宁，因此，缔约国庄严地承认加倍注意其民族安宁和利益旁无责贷，同时相约，万一不幸事变再次发生，应在它们之间，并与最信仰基督的国王陛下会商，以便采取他们认为对追求各自国家安全和欧洲普遍安宁所必需的种种措施。

第三条 缔约国与最信仰基督的国王陛下一致同意，在法国划出一条军事阵地线，并在若干年内由同盟国的一支军队加以占领，以就它们权力之能所及获致本约第一条和第二条所含诸规定值效果；它们还一致同意采取旨在维持法国重建的秩序、保证欧洲安宁的任何有益措施，因此约定，万一上述军队受到法国方面的攻击，或者受到此种攻击的威胁，缔约国必须再次组成军事集团反对该国；为维护上述规定，或为确保与之相关的重大利益，每一缔约国应根据肖蒙条约的规定，特别是根据该条约第七条和第八条，及时地提供六万足员的军队；此外，留驻法国的军队，或者做紧急情况所需的上述军队之组成部分，应开始行动。

第四条 倘若不幸地发现前条所规定的兵力尚嫌不足，缔约国应及时地就各国为支持共同事业而另行提供的军队数进行会商；它们还允诺，必要时不惜动用全部武力，使战争迅速而胜利地终结；它们保留在一致同意的基础上规定足以保证欧洲不再出现类似灾难之和平条约的权利。

第五条 为促进和保证本条约之履行，亦为加强目前使四国君主团结无间以谋举世康乐之相互联系，缔约国业已同意定期举行会议，会议或由四国君主亲自主持，或由各自的大臣出席，以便磋商其共同利益，并考虑各个特定时期可被认为最为有益的措施，以利于各国的安宁和繁荣以及欧洲和平之维护。

附录3：国际联盟盟约

（1919年4月28日通过）

缔约各国，为增进国际间合作并保持其和平与安全起见，特允承受不从事战争义务，维持各国间公开、公正、荣誉之邦交，严格遵守国际公法之规定，以为今后各国政府间之规范，在有组织之民族间彼此关系中，维持正义并恪遵条约上之一切义务，议定国联盟约如下：

第一条

（一）国际联盟之创始会员国应以本盟约附件内所列之各签字国及附件内所列愿意无保留加入本盟约之各国为限，此项加入应在本盟约实施后两个月内备声明书交存秘书处并应通知联盟中之其他会员国。

（二）凡一切自治国家、自治领或殖民地，为附款中所未列入者，如经大会三分之二之同意，得加入为国际联盟会员，惟须确切保证有笃守国际义务之诚意，并须承认联盟所规定关于其海、陆、空实力暨军备之章程。

（三）凡联盟会员国，经两年前预先通告后，得退出联盟，但须于退出之时将其所有国际义务，及为本盟约所负之一切义务履行完竣。

第二条

联盟按照本盟约所规定之行动，应经由一大会及行政院执行之，并以一常设秘书厅予以助理。

第三条

（一）大会由联盟会员国之代表组织之。

（二）大会应按照所定时期，或随时遇事机所需，在联盟所在地或其他择定之地点开会。

（三）大会开会时，处理属于联盟行动范围以内，或关系世界和平之任何事件。

（四）大会开会时联盟每一会员国只有一投票权，且其代表不得逾三人。

第四条

（一）行政院由主要协约及参战各国之代表与联盟其他四会员国之代表组织之。此联盟之四会员国由大会随时斟酌选定。在大会第一次选定四会员国代表以前，比利时、巴西、西班牙、希腊之代表应为行政院委员。

（二甲）行政院经大会多数核准，得指定联盟之其他会员国，其代表应为行政院常任委员。行政院经同样之核准，得增加大会所欲选举为行政院委员之名额。

（二乙）大会应以三分之二之多数，决定关于选举行政院非常任委员之规则，特别是决定关于非常任委员任期及被选连任条件之各项规章。

（三）行政院应随时按事机所需，并至少每年一次，在联盟所在地或其他择定之地点开会。

（四）行政院开会时得处理属于联盟行动范围以内，或关系世界和平之任何事件。

（五）凡联盟会员国未列席于行政院者，遇该院考量事件与之有特别关系时，应请其派一代表列席该院。

（六）行政院开会时，联盟每一会员列席于行政院者，只有一投票权，并只有代表一人。

第五条

（一）除本盟约或本条约另有明文规定者外，凡大会或行政院开会时之决议，应得联盟出席于会议之会员国全体同意。

（二）关于大会或行政院之程序问题，连指派审查特别事件之委员会在内，均由大会或行政院予以规定，并由联盟出席于会议之会员国多数决定。

（三）大会第一次会议及行政院第一次会议均应由美国总统召集之。

第六条

（一）常设秘书厅设于联盟所在地。秘书厅设秘书长一人暨应需之秘书及职员。

（二）第一任秘书长以附件所载之人员充任之。嗣后，秘书长应由行政院得大会多数之核准委任之。

（三）秘书厅之秘书及职员由秘书长得行政院之核准委任之。

（四）联盟之秘书长，当然为大会及行政院之秘书长。

（五）联盟经费应由联盟会员国担负，其分配比例，由大会决定之。

第七条

（一）以日内瓦为联盟所在地。

（二）行政院可随时决定将联盟所在地改移他处。

（三）凡联盟或其所属各部门之一切职位，包括秘书厅在内，无分男女，均得充任。

（四）联盟会员国之代表及其办事人员，当服务于联盟时，应享有外交特权及豁免。

（五）联盟或其他人员或出席会议代表所占之房屋及他项产业，均不得侵犯。

第八条

（一）联盟会员国承认为维持和平起见，必须减缩各本国军备至适足保卫国家安全及共同履行国际义务的最少限度。

（二）行政院，应在估计每一国家之地理形势及其特别状况下，准备此项减缩军备之计划，以便由各国政府予以考虑及施行。

（三）此项计划至少每十年须重行考虑及修正一次。

（四）此项计划经各政府采用后，所定军备之限制非得行政院同意，不得超过。

（五）因私人制造军火及战争器材引起重大之异议，联盟会员国责成行政院筹适当办法，以免流弊，惟应兼顾联盟会员国有未能制造必需之军火及战争器材以保持安全者。

（六）联盟会员国担任将其国内关于军备之程度，陆、海、空之计划，以及可为战争服务之工业情形互换最坦白、最完整之情报。

第九条

关于第一、第八两条各规定之实施及大概关于陆、海、空各问题，应设一常设委员会，稗向行政院陈述意见。

第十条

联盟会员国担任尊重并保持所有联盟各会员国之领土完整及现有之政治上独立，以防御外来之侵犯。如遇此种侵犯或有此种侵犯之任何威胁或危险之虞时，行政院应筹履行此项义务之方法。

第十一条

（一）兹特声明，凡任何战争或战争之威胁，不论其直接影响联盟任何一会员国与否，皆为有关联盟全体之事。联盟应采取适当有效之措施以保持各国间之和平。如遇此等情事，秘书长应依联盟任何会员国之请求，立即召集行政院会议。

（二）又声明，凡影响国际关系之任何情势，足以扰乱国际和平或危及国际和平所依之良好谅解者，联盟任何会员国有权以友谊名义，提请大会或行政院注意。

第十二条

（一）联盟会员国约定，倘联盟会员国间发生争议，势将决裂者，当将此事提交仲裁，或依司法解决，或交行政院审查。联盟会员国并约定无论如何，非俟仲裁员裁决或法庭判决，或行政院报告后三个月届满以前，不得从事战争。

（二）本条内无论何案，仲裁员之裁决或法庭之判决，应于适当期间宣告，而行政院之报告应自受理争议之日起六个月内作成。

第十三条

（一）联盟会员国约定，无论何时联盟会员国间发生争议，认为适于仲裁或司法解决，而不能在外交上圆满解决者，将该问题完全提交仲裁或司法解决。

（二）兹声明，凡争议有关条约之解释，或国际法中任何问题或因

第十七条

（一）若一联盟会员国与一非联盟会员国，或两国均非联盟会员遇有争议，应邀请非联盟会员之一国或数国承受联盟会员国之义务，稗按照行政院所认为正当之条件，以解决争议。此项邀请如经承受，则第十二条至第十六条之规定，除行政院认为有必要变更外，应适用之。

（二）前项邀请发出后，行政院应即调查争议之情形，并建议其所认为最适当与最有效之办法。

（三）如被邀请之一国拒绝承受联盟会员国之义务以解决争议，而向联盟一会员国从事战争，则对于采取此行动之国即可适用第十六条之规定。

（四）如争执之双方被邀请后，均拒绝承受联盟会员国之义务以解决争议，则行政院可筹一切办法，并提各种建议以防止战事，解除纷争。

第十八条

嗣后联盟任何会员国所订条约或国际协议，应立送秘书厅登记并由秘书厅从速发表。此项条约或国际协议未经登记以前不生效力。

第十九条

大会可随时请联盟会员国重新考虑已经不适用之条约以及长此以往将危及世界和平之国际局势。

第二十条

（一）联盟会员国各自承认凡彼此间所有与本盟约条文抵触之义务或谅解，均因本盟约而告废止，并庄严保证此后不得订立类似协议。

（二）如有联盟任何一会员国未经加人联盟以前，负有与本盟约条文抵触之义务，则应采取措施以摆脱此项义务。

第二十一条

国际协议如制裁条约或区域协商类似门罗主义者，皆属维持和平，不得视为与本盟约内任何规定有所抵触。

第二十二条

（一）凡殖民地与领土于此次战争之后不复属于从前统治该地之

国，而其居民尚不克自立于今世特别困难状况中，则适用下列之原则，即将此等人民之福利及发展成为文明之神圣任务，此项任务之履行，应载入本盟约。

（二）实行此项原则之最妥善方法，莫如以此种人民之保佐，委诸资源上、经验上或地理上足以承担此责任而亦乐于接受之各先进国，该国即以受任统治之资格，为联盟试行此项保佐。

（三）委任统治之性质，应依该地人民发展之程度、领土之地势、经济之状况、及其他类似情形而区别之。

（四）前属奥斯曼帝国之各民族，其发展已达可以暂认为独立国之程度，惟仍须受委任国予以行政之指导及援助，至其能自立之时为止。对于该受委任国之选择，应首先考虑各该民族之愿望。

（五）其他民族，尤以中非洲之民族，依其发展之程度，不得不由受委任国负地方行政之责，惟其条件为担负起信仰及宗教之自由，而以维持公共安全及善良风俗所能准许之限制为衡，禁止各项弊端，如奴隶之贩卖、军械之贸易、烈酒之贩卖，并阻止建筑要塞或设立海陆军基地，除警察或国防所需外，不得以军事教育施诸土人，并保证联盟之其他会员国在交易上、商业上之机会均等。

（六）此外土地如非洲之西南部及南太平洋之数岛，或因居民稀少，或因幅员不广，或因距文明中心辽远，或因地理接近委任国之领土，或因其他情形最易受治于受委任国法律之下，作为其领土之一部分；但为土人利益计，受委任国应遵循以上所载之保障。

（七）受委任国须将委任统治土地之情形，向行政院提出年度报告。（八）倘受委任国行使之管辖权、监督权或行政权，其程度未经联盟会员国间订约规定，则应由行政院予以明确规定。

（九）设一常设委员会，专任接收及审查各受委任国之年度报告，并就关于执行委任统治之各项问题，向行政院陈述意见。

第二十三条

除按照现行及将来订立之国际公约所规定外，联盟会员国应：

（甲）勉力设法为男女及儿童在其本国及其工商关系所及之各国，

确保公平、人道之劳动条件，并为此项目的设立与维持必要之国际机构。

（乙）承允对委任统治地内之土人保持公平之待遇。

（丙）关于贩卖妇女、儿童，贩卖鸦片及危害药品等各种协定之实行，概以监督之权授给联盟。

（丁）军械军火之贸易对于某等国为公共利益计有监督之必要者，概以监督之权授给国联。

（戊）采用必要的办法，对联盟所有会员国确保并维持交通及过境之自由，暨商务上之公平待遇。关于此款，应注意 1914 年至 1918 年战事期间内受毁区域之特别需要。

（戌）努力采取措施，以便在国际范围内预防及扑灭各种疾病。

第二十四条

（一）凡经公约规定而成立之有关国际事务机关，如经缔约各方之认可，均应置于联盟管理之下，此后创设各项国际事务机构及管理国际利益事件之各项委员会统归联盟管理。

（二）凡有关国际利益之事件，为一般公约所规定而未置于国际事务机构或委员会监督之下者，联盟秘书厅如经有关各方之请求、并行政院之许可，应征集各种有用之消息而公布之，并予以各种必要或相需之援助。

（三）凡归联盟管理之任何国际事务机构或委员会，其经费可由行政院决定列入秘书处经费之内。

第二十五条

联盟会员国对于获得准许之国内志愿红十字机关，以在世界范围内改良卫生、防止疾病、减轻痛苦为宗旨者，应鼓励并促进其设立和合作。

第二十六条

（一）本盟约之修正，经行政院全体及联盟大会代表多数之批准，即生效力。

（二）联盟任何会员国有自由不承认盟约之修正案，但因此即不复为联盟会员国。

附录4:《联合国宪章》

介绍性说明

联合国宪章是1945年6月26日联合国国际组织会议结束时在旧金山签字的，于1945年10月24日生效。国际法院规约是宪章的组成部分。

宪章第二十三、第二十七和第六十一条的修正案由大会于1963年12月17日通过，于1965年8月31日生效。第六十一条的进一步修正案由大会于1971年12月20日通过，于1973年9月24日生效。第一百零九条修正案由大会于1965年12月20日通过，于1968年6月12日生效。

第二十三条修正案将安全理事会成员自十一国增至十五国。第二十七条修正案规定安全理事会关于程序事项的决定应由九个理事国（原先为七个）的可决票，关于一切其他事项的决定则由九个理事国（原先为七个）的可决票，其中包括安全理事会五个常任理事国的同意票作出。

第六十一条修正案于1965年8月31日生效，将经济及社会理事会的成员自十八国增至二十七国。该条的进一步修正案于1973年9月24日生效，将经社理事会的成员自二十七国增至五十四国。

第一百零九条修正案是修正该条第一项，规定会员国为审查本宪章，得以大会会员国三分之二表决，经安全理事会任何九个理事国（原先为七个）之表决，确定日期及地点举行全体会议。第一百零九条第三项涉及大会第十届常会期间可能举行审查会议的问题，仍然保留原来的行文："安全理事会任何七个理事国之表决"，1955年大会第十届常会和安全理事会根据该项规定采取了行动。

正文

我联合国人民同兹决心

欲免后世再遭今代人类两度身历惨不堪言之战祸，

重申基本人权，人格尊严与价值，以及男女与大小各国平等权利之信念，

创造适当环境，俾克维持正义，尊重由条约与国际法其他渊源而起之义务，久而弗懈，

促成大自由中之社会进步及较善之民生，

并为达此目的

力行容恕，彼此以善邻之道，和睦相处，

集中力量，以维持国际和平及安全，

接受原则，确立方法，以保证非为公共利益，不得使用武力，

运用国际机构，以促成全球人民经济及社会之进展，

用是发愤立志，务当同心协力，以竟厥功。

爰由我各本国政府，经齐集金山市之代表各将所奉全权证书，互相校阅，均属妥善，议定本联合国宪章，并设立国际组织，定名联合国。

第一章　宗旨及原则

第一条

联合国之宗旨为：

一、维持国际和平及安全；并为此目的：采取有效集体办法，以防止且消除对于和平之威胁，制止侵略行为或其他和平之破坏；并以和平方法且依正义及国际法之原则，调整或解决足以破坏和平之国际争端或情势。

二、发展国际间以尊重人民平等权利及自决原则为根据之友好关

系，并采取其他适当办法，以增强普遍和平。

三、促成国际合作，以解决国际间属于经济、社会、文化及人类福利性质之国际问题，且不分种族、性别、语言或宗教，增进并激励对于全体人类之人权及基本自由之尊重。

四、构成一协调各国行动之中心，以达成上述共同目的。

第二条

为求实现第一条所述各宗旨起见，本组织及其会员国应遵行下列原则：

一、本组织系基于各会员国主权平等之原则。

二、各会员国应一秉善意，履行其依本宪章所担负之义务，以保证全体会员国由加入本组织而发生之权益。

三、各会员国应以和平方法解决其国际争端，俾免危及国际和平、安全及正义。

四、各会员国在其国际关系上不得使用威胁或武力，或以与联合国宗旨不符之任何其他方法，侵害任何会员国或国家之领土完整或政治独立。

五、各会员国对于联合国依本宪章规定而采取之行动，应尽力予以协助，联合国对于任何国家正在采取防止或执行行动时，各会员国对该国不得给予协助。

六、本组织在维持国际和平及安全之必要范围内，应保证非联合国会员国遵行上述原则。

七、本宪章不得认为授权联合国干涉在本质上属于任何国家国内管辖之事件，且并不要求会员国将该项事件依本宪章提请解决；但此项原则不妨碍第七章内执行办法之适用。

第二章　会员

第三条

凡曾经参加金山联合国国际组织会议或前此曾签字于一九四二年一月一日联合国宣言之国家，签订本宪章，且依宪章第一百一十条规定而予以批准者，均为联合国之创始会员国。

第四条

一、凡其他爱好和平之国家，接受本宪章所载之义务，经本组织认为确能并愿意履行该项义务者，得为联合国会员国。

二、准许上述国家为联合国会员国，将由大会经安全理事会之推荐以决议行之。

第五条

联合国会员国，业经安全理事会对其采取防止或执行行动者，大会经安全理事会之建议，得停止其会员权利及特权之行使。此项权利及特权之行使，得由安全理事会恢复之。

第六条

联合国之会员国中，有屡次违犯本宪章所载之原则者，大会经安全理事会之建议，得将其由本组织除名。

第三章　机关

第七条

一、兹设联合国之主要机关如下：

大会

安全理事会

经济及社会理事会

托管理事会

国际法院

秘书处。

二、联合国得依本宪章设立认为必需之辅助机关。

第八条

联合国对于男女均得在其主要及辅助机关在平等条件之下，充任任何职务，不得加以限制。

第四章　大会

组织

第九条

一、大会由联合国所有会员国组织之。

二、每一会员国在大会之代表，不得超过五人。

职权

第十条

大会得讨论本宪章范围内之任何问题或事项，或关于本宪章所规定任何机关之职权；并除第十二条所规定外，得向联合国会员国或安全理事会或兼向两者，提出对各该问题或事项之建议。

第十一条

一、大会得考虑关于维持国际和平及安全之合作之普通原则，包括军缩及军备管制之原则；并得向会员国或安全理事会或兼向两者提出对于该项原则之建议。

二、大会得讨论联合国任何会员国或安全理事会或非联合国会员国依第三十五条第二项之规定向大会所提关于维持国际和平及安全之任何问题；除第十二条所规定外，并得向会员国或安全理事会或兼向两者提出对于各该项问题之建议。凡对于需要行动之各该项问题，应由大会于讨论前或讨论后提交安全理事会。

三、大会对于足以危及国际和平与安全之情势，得提请安全理事会注意。

四、本条所载之大会权力并不限制第十条之概括范围。

第十二条

一、当安全理事会对于任何争端或情势，正在执行本宪章所授予该会之职务时，大会非经安全理事会请求，对于该项争端或情势，不得提出任何建议。

二、秘书长经安全理事会之同意，应于大会每次会议时，将安全理事会正在处理中关于维持国际和平及安全之任何事件，通知大会；

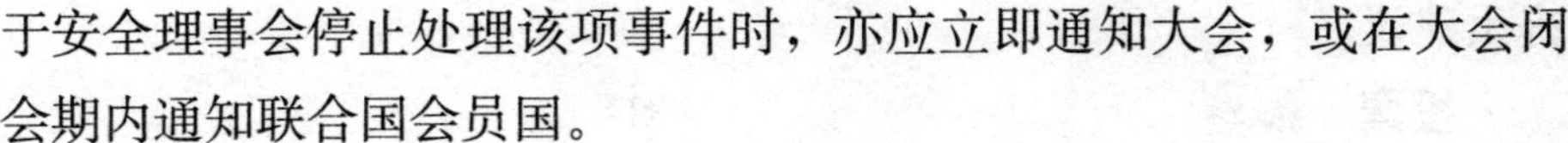

于安全理事会停止处理该项事件时，亦应立即通知大会，或在大会闭会期内通知联合国会员国。

第十三条

一、大会应发动研究，并作成建议：

（子）以促进政治上之国际合作，并提倡国际法之逐渐发展与编纂。

（丑）以促进经济、社会、文化、教育及卫生各部门之国际合作，且不分种族、性别、语言或宗教，助成全体人类之人权及基本自由之实现。

二、大会关于本条第一项（丑）款所列事项之其他责任及职权，于第九章及第十章中规定之。

第十四条

大会对于其所认为足以妨害国际间公共福利或友好关系之任何情势，不论其起原如何，包括由违反本宪章所载联合国之宗旨及原则而起之情势，得建议和平调整办法，但以不违背第十二条之规定为限。

第十五条

一、大会应收受并审查安全理事会所送之常年及特别报告；该项报告应载有安全理事会对于维持国际和平及安全所已决定或施行之办法之陈述。

二、大会应收受并审查联合国其他机关所送之报告。

第十六条

大会应执行第十二章及第十三章所授予关于国际托管制度之职务，包括关于非战略防区托管协定之核准。

第十七条

一、大会应审核本组织之预算。

二、本组织之经费应由各会员国依照大会分配限额担负之。

三、大会应审核经与第五十七条所指各种专门机关订定之任何财政及预算办法，并应审查该项专门机关之行政预算，以便向关系机关

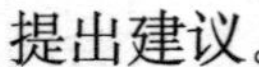

提出建议。

投票

第十八条

一、大会之每一会员国，应有一个投票权。

二、大会对于重要问题之决议应以到会及投票之会员国三分之二多数决定之。此项问题应包括：关于维持国际和平及安全之建议，安全理事会非常任理事国之选举，经济及社会理事会理事国之选举，依第八十六条第一项（寅）款所规定托管理事会理事国之选举，对于新会员国加入联合国之准许，会员国权利及特权之停止，会员国之除名，关于施行托管制度之问题，以及预算问题。

三、关于其他问题之决议，包括另有何种事项应以三分之二多数决定之问题，应以到会及投票之会员国过半数决定之。

第十九条

凡拖欠本组织财政款项之会员国，其拖欠数目如等于或超过前两年所应缴纳之数目时，即丧失其在大会投票权。大会如认拖欠原因，确由于该会员国无法控制之情形者，得准许该会员国投票。

程序

第二十条

大会每年应举行常会，并于必要时，举行特别会议。特别会议应由秘书长经安全理事会或联合国会员国过半数之请求召集之。

第二十一条

大会应自行制定其议事规则。大会应选举每次会议之主席。

第二十二条

大会得设立其认为于行使职务所必需之辅助机关。

第五章　安全理事会

组织

第二十三条

一、安全理事会以联合国十五会员国组织之。中华民国、法兰西、苏维埃社会主义共和国联盟、大不列颠及北爱尔兰联合王国及美利坚合众国应为安全理事会常任理事国。大会应选举联合国其他十会员国为安全理事会非常任理事国，选举时首宜充分斟酌联合国各会员国于维持国际和平与安全及本组织其余各宗旨上之贡献，并宜充分斟酌地域上之公匀分配。

二、安全理事会非常任理事国任期定为二年。安全理事会理事国自十一国增至十五国后第一次选举非常任理事国时，所增四国中两国之任期应为一年。任满之理事国不得即行连选。

三、安全理事会每一理事国应有代表一人。

职权

第二十四条

一、为保证联合国行动迅速有效起见，各会员国将维持国际和平及安全之主要责任，授予安全理事会，并同意安全理事会于履行此项责任下之职务时，即系代表各会员国。

二、安全理事会于履行此项职务时，应遵照联合国之宗旨及原则。为履行此项职务而授予安全理事会之特定权力，于本宪章第六章、第七章、第八章及第十二章内规定之。

三、安全理事会应将常年报告、并于必要时将特别报告，提送大会审查。

第二十五条

联合国会员国同意依宪章之规定接受并履行安全理事会之决议。

第二十六条

为促进国际和平及安全之建立及维持，以尽量减少世界人力及经济资源之消耗于军备起见，安全理事会借第四十七条所指之军事参谋团之协助，应负责拟具方案，提交联合国会员国，以建立军备管制制度。

投票

第二十七条

一、安全理事会每一理事国应有一个投票权。

二、安全理事会关于程序事项之决议，应以九理事国之可决票表决之。

三、安全理事会对于其他一切事项之决议，应以九理事国之可决票包括全体常任理事国之同意票表决之；但对于第六章及第五十二条第三项内各事项之决议，争端当事国不得投票。

程序

第二十八条

一、安全理事会之组织，应以使其能继续不断行使职务为要件。为此目的，安全理事会之各理事国应有常驻本组织会所之代表。

二、安全理事会应举行定期会议，每一理事国认为合宜时得派政府大员或其他特别指定之代表出席。

三、在本组织会所以外，安全理事会得在认为最能便利其工作之其他地点举行会议。

第二十九条

安全理事会得设立其认为于行使职务所必需之辅助机关。

第三十条

安全理事会应自行制定其议事规则，包括其推选主席之方法。

第三十一条

在安全理事会提出之任何问题，经其认为对于非安全理事会理事国之联合国任何会员国之利益有特别关系时，该会员国得参加讨论，但无投票权。

第三十二条

联合国会员国而非为安全理事会之理事国，或非联合国会员国之国家，如于安全理事会考虑中之争端为当事国者，应被邀参加关于该项争端之讨论，但无投票权。安全理事会应规定其所认为公平之条件，以便非联合国会员国之国家参加。

第六章　争端之和平解决

第三十三条

一、任何争端之当事国，于争端之继续存在足以危及国际和平与安全之维持时，应尽先以谈判、调查、调停、和解、公断、司法解决、区域机关或区域办法之利用，或各该国自行选择之其他和平方法，求得解决。

二、安全理事会认为必要时，应促请各当事国以此项方法，解决其争端。

第三十四条

安全理事会得调查任何争端或可能引起国际磨擦或惹起争端之任何情势，以断定该项争端或情势之继续存在是否足以危及国际和平与安全之维持。

第三十五条

一、联合国任何会员国得将属于第三十四条所指之性质之任何争端或情势，提请安全理事会或大会注意。

二、非联合国会员国之国家如为任何争端之当事国时，经预先声明就该争端而言接受本宪章所规定和平解决之义务后，得将该项争端，提请大会或安全理事会注意。

三、大会关于按照本条所提请注意事项之进行步骤，应遵守第十一条及第十二条之规定。

第三十六条

一、属于第三十三条所指之性质之争端或相似之情势，安全理事会在任何阶段，得建议适当程序或调整方法。

二、安全理事会对于当事国为解决争端业经采取之任何程序，理应予以考虑。

三、安全理事会按照本条作成建议时，同时理应注意凡具有法律性质之争端，在原则上，理应由当事国依国际法院规约之规定提交国际法院。

第三十七条

一、属于第三十三条所指之性质之争端，当事国如未能依该条所示方法解决时，应将该项争端提交安全理事会。

二、安全理事会如认为该项争端之继续存在，在事实上足以危及国际和平与安全之维持时，应决定是否当依第三十六条采取行动或建议其所认为适当之解决条件。

第三十八条

安全理事会如经所有争端当事国之请求，得向各当事国作成建议，以求争端之和平解决，但以不妨碍第三十三条至第三十七条之规定为限。

第七章 对于和平之威胁、和平之破坏及侵略行为之应付办法

第三十九条

安全理事会应断定任何和平之威胁、和平之破坏或侵略行为之是否存在，并应作成建议或抉择依第四十一条及第四十二条规定之办法，以维持或恢复国际和平及安全。

第四十条

为防止情势之恶化，安全理事会在依第三十九条规定作成建议或决定办法以前，得促请关系当事国遵行安全理事会所认为必要或合宜之临时办法。此项临时办法并不妨碍关系当事国之权利、要求或立场。安全理事会对于不遵行此项临时办法之情形，应予适当注意。

第四十一条

安全理事会得决定所应采武力以外之办法，以实施其决议，并得促请联合国会员国执行此项办法。此项办法得包括经济关系、铁路、海运、航空、邮、电、无线电及其他交通工具之局部或全部停止，以及外交关系之断绝。

第四十二条

安全理事会如认第四十一条所规定之办法为不足或已经证明为不足时，得采取必要之空海陆军行动，以维持或恢复国际和平及安全。此项行动得包括联合国会员国之空海陆军示威、封锁及其他军事举动。

第四十三条

一、联合国各会员国为求对于维持国际和平及安全有所贡献起见，担任于安全理事会发令时，并依特别协定，供给为维持国际和平及安全所必需之军队、协助及便利，包括过境权。

二、此项特别协定应规定军队之数目及种类，其准备程度及一般驻扎地点，以及所供便利及协助之性质。

三、此项特别协定应以安全理事会之主动，尽速议订。此项协定应由安全理事会与会员国或由安全理事会与若干会员国之集团缔结之，并由签字国各依其宪法程序批准之。

第四十四条

安全理事会决定使用武力时，于要求非安全理事会会员国依第四十三条供给军队以履行其义务之前，如经该会员国请求，应请其遣派代表，参加安全理事会关于使用其军事部队之决议。

第四十五条

为使联合国能采取紧急军事办法起见，会员国应将其本国空军部队为国际共同执行行动随时供给调遣。此项部队之实力与准备之程度，及其共同行动之计划，应由安全理事会以军事参谋团之协助，在第四十三条所指之特别协定范围内决定之。

第四十六条

武力使用之计划应由安全理事会以军事参谋团之协助决定之。

第四十七条

一、兹设立军事参谋团，以便对于安全理事会维持国际和平及安全之军事需要问题，对于受该会所支配军队之使用及统率问题，对于军备之管制及可能之军缩问题，向该会贡献意见并予以协助。

二、军事参谋团应由安全理事会各常任理事国之参谋总长或其代表组织之。联合国任何会员国在该团未有常任代表者，如于该团责任之履行在效率上必需该国参加其工作时，应由该团邀请参加。

三、军事参谋团在安全理事会权力之下，对于受该会所支配之任何军队，负战略上之指挥责任；关于该项军队之统率问题，应待以后处理。

四、军事参谋团，经安全理事会之授权，并与区域内有关机关商议后，得设立区域分团。

第四十八条

一、执行安全理事会为维持国际和平及安全之决议所必要之行动，应由联合国全体会员国或由若干会员国担任之，一依安全理事会之决定。

二、此项决议应由联合国会员国以其直接行动及经其加入为会员之有关国际机关之行动履行之。

第四十九条

联合国会员国应通力合作，彼此协助，以执行安全理事会所决定之办法。

第五十条

安全理事会对于任何国家采取防止或执行办法时，其他国家，不论其是否为联合国会员国，遇有因此项办法之执行而引起之特殊经济问题者，应有权与安全理事会会商解决此项问题。

第五十一条

联合国任何会员国受武力攻击时，在安全理事会采取必要办法，以维持国际和平及安全以前，本宪章不得认为禁止行使单独或集体自卫之自然权利。会员国因行使此项自卫权而采取之办法，应立即向安全理事会报告，此项办法于任何方面不得影响该会按照本宪章随时采取其所认为必要行动之权责，以维持或恢复国际和平及安全。

第八章　区域办法

第五十二条

一、本宪章不得认为排除区域办法或区域机关、用以应付关于维持国际和平及安全而宜于区域行动之事件者；但以此项办法或机关及其工作与联合国之宗旨及原则符合者为限。

二、缔结此项办法或设立此项机关之联合国会员国，将地方争端提交安全理事会以前，应依该项区域办法，或由该项区域机关，力求和平解决。

三、安全理事会对于依区域办法或由区域机关而求地方争端之和平解决，不论其系由关系国主动，或由安全理事会提交者，应鼓励其发展。

四、本条绝不妨碍第三十四条及第三十五条之适用。

第五十三条

一、安全理事会对于职权内之执行行动，在适当情形下，应利用此项区域办法或区域机关。如无安全理事会之授权，不得依区域办法或由区域机关采取任何执行行动；但关于依第一百零七条之规定对付本条第二项所指之任何敌国之步骤，或在区域办法内所取防备此等国家再施其侵略政策之步骤，截至本组织经各关系政府之请求，对于此等国家之再次侵略，能担负防止责任时为止，不在此限。

二、本条第一项所称敌国系指第二次世界大战中为本宪章任何签字国之敌国而言。

第五十四条

关于为维持国际和平及安全起见，依区域办法或由区域机关所已采取或正在考虑之行动，不论何时应向安全理事会充分报告之。

第九章　国际经济及社会合作

第五十五条

为造成国际间以尊重人民平等权利及自决原则为根据之和平友好关系所必要之安定及福利条件起见，联合国应促进：

（子）较高之生活程度，全民就业，及经济与社会进展。

（丑）国际间经济、社会、卫生及有关问题之解决；国际间文化及教育合作。

（寅）全体人类之人权及基本自由之普遍尊重与遵守，不分种族、性别、语言或宗教。

第五十六条

各会员国担允采取共同及个别行动与本组织合作，以达成第五十五条所载之宗旨。

第五十七条

一、由各国政府间协定所成立之各种专门机关，依其组织约章之规定，于经济、社会、文化、教育、卫生及其他有关部门负有广大国际责任者，应依第六十三条之规定使与联合国发生关系。

二、上述与联合国发生关系之各专门机关，以下简称专门机关。

第五十八条

本组织应作成建议，以调整各专门机关之政策及工作。

第五十九条

本组织应于适当情形下，发动各关系国间之谈判，以创设为达成第五十五条规定宗旨所必要之新专门机关。

第六十条

履行本章所载本组织职务之责任，属于大会及大会权力下之经济及社会理事会。为此目的，该理事会应有第十章所载之权力。

第十章　经济及社会理事会

组织

第六十一条

一、经济及社会理事会由大会选举联合国五十四会员国组织之。

二、除第三项所规定外，经济及社会理事会每年选举理事九国，任期三年。任满之理事国得即行连选。

三、经济及社会理事会理事国自十八国增至二十七国后第一次选举时，除选举理事六国接替任期在该年年终届满之理事国外，应另增选理事九国。增选之理事九国中，三国任期一年，另三国任期二年，一依大会所定办法。

四、经济及社会理事会之每一理事国应有代表一人。

职权

第六十二条

一、经济及社会理事会得作成或发动关于国际经济、社会、文化、教育、卫生及其他有关事项之研究及报告；并得向大会、联合国会员国及关系专门机关提出关于此种事项之建议案。

二、本理事会为增进全体人类之人权及基本自由之尊重及维护起见，得作成建议案。

三、本理事会得拟具关于其职权范围内事项之协约草案，提交大会。

四、本理事会得依联合国所定之规则召集本理事会职务范围以内事项之国际会议。

第六十三条

一、经济及社会理事会得与第五十七条所指之任何专门机关订立协定，订明关系专门机关与联合国发生关系之条件。该项协定须经大会之核准。

二、本理事会，为调整各种专门机关之工作，得与此种机关会商并得向其提出建议，并得向大会及联合国会员国建议。

第十一章 关于非自治领土之宣言

第七十三条

联合国各会员国，于其所负有或担承管理责任之领土，其人民尚未臻自治之充分程度者，承认以领土居民之福利为至上之原则，并接受在本宪章所建立之国际和平及安全制度下，以充分增进领土居民福利之义务为神圣之信托，且为此目的：

（子）于充分尊重关系人民之文化下，保证其政治、经济、社会及教育之进展，予以公平待遇，且保障其不受虐待。

（丑）按各领土及其人民特殊之环境、及其进化之阶段，发展自治；对各该人民之政治愿望，予以适当之注意；并助其自由政治制度之逐渐发展。

（寅）促进国际和平及安全。

（卯）提倡建设计划，以求进步；奖励研究；各国彼此合作，并于适当之时间及场合与专门国际团体合作，以求本条所载社会、经济及科学目的之实现。

（辰）在不违背安全及宪法之限制下，按时将关于各会员国分别负责管理领土内之经济、社会及教育情形之统计及具有专门性质之情报，递送秘书长，以供参考。本宪章第十二章及第十三章所规定之领土，不在此限。

第七十四条

联合国各会员国共同承诺对于本章规定之领土，一如对于本国区域，其政策必须以善邻之道奉为圭臬；并于社会、经济及商业上，对世界各国之利益及幸福，予以充分之注意。

第十二章 国际托管制度

第七十五条

联合国在其权力下，应设立国际托管制度，以管理并监督凭此后个别协定而置于该制度下之领土。此项领土以下简称托管领土。

第七十六条

按据本宪章第一条所载联合国之宗旨，托管制度之基本目的应为：

（子）促进国际和平及安全。

（丑）增进托管领土居民之政治、经济、社会及教育之进展；并以适合各领土及其人民之特殊情形及关系人民自由表示之愿望为原则，且按照各托管协定之条款，增进其趋向自治或独立之逐渐发展。

（寅）不分种族、性别、语言或宗教，提倡全体人类之人权及基本自由之尊重，并激发世界人民互相维系之意识。

（卯）于社会、经济及商业事件上，保证联合国全体会员国及其国民之平等待遇，及各该国民于司法裁判上之平等待遇，但以不妨碍上述目的之达成，且不违背第八十条之规定为限。

第七十七条

一、托管制度适用于依托管协定所置于该制度下之下列各种类之领土：

（子）现在委任统治下之领土。

（丑）因第二次世界大战结果或将自敌国割离之领土。

（寅）负管理责任之国家自愿置于该制度下之领土。

二、关于上列种类中之何种领土将置于托管制度之下，及其条件，为此后协定所当规定之事项。

第七十八条

凡领土已成为联合国之会员国者，不适用托管制度；联合国会员国间之关系，应基于尊重主权平等之原则。

第七十九条

置于托管制度下之每一领土之托管条款，及其更改或修正，应由直接关系各国、包括联合国之会员国而为委任统治地之受托国者，予以议定，其核准应依第八十三条及第八十五条之规定。

第八十条

一、除依第七十七条、第七十九条及第八十一条所订置各领土于托管制度下之个别托管协定另有议定外，并在该项协定未经缔结以前，本章任何规定绝对不得解释为以任何方式变更任何国家或人民之权利、或联合国会员国个别签订之现有国际约章之条款。

二、本条第一项不得解释为对于依第七十七条之规定而订置委任统治地或其他领土于托管制度下之协定，授以延展商订之理由。

第八十一条

凡托管协定均应载有管理领土之条款，并指定管理托管领土之当局。该项当局，以下简称管理当局，得为一个或数个国家，或为联合国本身。

第八十二条

于任何托管协定内，得指定一个或数个战略防区，包括该项协定下之托管领土之一部或全部，但该项协定并不妨碍依第四十三条而订立之任何特别协定。

第八十三条

一、联合国关于战略防区之各项职务，包括此项托管协定条款之核准、及其更改或修正，应由安全理事会行使之。

二、第七十六条所规定之基本目的，适用于每一战略防区之人民。

三、安全理事会以不违背托管协定之规定且不妨碍安全之考虑为限，应利用托管理事会之协助，以履行联合国托管制度下关于战略防区内之政治、经济、社会及教育事件之职务。

第八十四条

管理当局有保证托管领土对于维持国际和平及安全尽其本分之义务。该当局为此目的得利用托管领土之志愿军、便利及协助，以履行该当局对于安全理事会所负关于此点之义务，并以实行地方自卫，且在托管领土内维持法律与秩序。

第八十五条

一、联合国关于一切非战略防区托管协定之职务，包括此项托管协定条款之核准及其更改或修正，应由大会行使之。

二、托管理事会于大会权力下，应协助大会履行上述之职务。

第十三章 托管理事会

组织

第八十六条

一、托管理事会应由下列联合国会员国组织之：

（子）管理托管领土之会员国。

（丑）第二十三条所列名之国家而现非管理托管领土者。

（寅）大会选举必要数额之其他会员国，任期三年，俾使托管理事会理事国之总数，于联合国会员国中之管理托管领土者及不管理者之间，得以平均分配。

二、托管理事会之每一理事国应指定一特别合格之人员，以代表之。

职权

第八十七条

大会及在其权力下之托管理事会于履行职务时得：

（子）审查管理当局所送之报告。

（丑）会同管理当局接受并审查请愿书。

（寅）与管理当局商定时间，按期视察各托管领土。

（卯）依托管协定之条款，采取上述其他行动。

第八十八条

托管理事会应拟定关于各托管领土居民之政治、经济、社会及教育进展之问题单；就大会职权范围内，各托管领土之管理当局应根据该项问题单向大会提出常年报告。

投票

第八十九条

一、托管理事会之每一理事国应有一个投票权。

二、托管理事会之决议应以到会及投票之理事国过半数表决之。

程序

第九十条

一、托管理事会应自行制定其议事规则，包括其推选主席之方法。

二、托管理事会应依其所定规则，举行必要之会议。此项规则应包括关于经该会理事国过半数之请求而召集会议之规定。

第九十一条

托管理事会于适当时，应利用经济及社会理事会之协助，并对于各关系事项，利用专门机关之协助。

第十四章 国际法院

第九十二条

国际法院为联合国之主要司法机关，应依所附规约执行其职务。该项规约系以国际常设法院之规约为根据并为本宪章之构成部分。

第九十三条

一、联合国各会员国为国际法院规约之当然当事国

二、非联合国会员国之国家得为国际法院规约当事国之条件，应由大会经安全理事会之建议就各别情形决定之。

第九十四条

一、联合国每一会员国为任何案件之当事国者，承诺遵行国际法院之判决。

二、遇有一造不履行依法院判决应负之义务时，他造得向安全理事会申诉。安全理事会如认为必要时，得作成建议或决定应采办法，以执行判决。

第九十五条

本宪章不得认为禁止联合国会员国依据现有或以后缔结之协定，将其争端托付其他法院解决。

第九十六条

一、大会或安全理事会对于任何法律问题得请国际法院发表咨询意见。

二、联合国其他机关及各种专门机关，对于其工作范围内之任何法律问题，得随时以大会之授权，请求国际法院发表咨询意见。

第十五章　秘书处

第九十七条

秘书处置秘书长一人及本组织所需之办事人员若干人。秘书长应由大会经安全理事会之推荐委派之。秘书长为本组织之行政首长。

第九十八条

秘书长在大会、安全理事会、经济及社会理事会、及托管理事会之一切会议，应以秘书长资格行使职务，并应执行各该机关所托付之其他职务。秘书长应向大会提送关于本组织工作之常年报告。

第九十九条

秘书长得将其所认为可能威胁国际和平及安全之任何事件，提请安全理事会注意。

第一百条

一、秘书长及办事人员于执行职务时，不得请求或接受本组织以外任何政府或其他当局之训示，并应避免足以妨碍其国际官员地位之行动。秘书长及办事人员专对本组织负责。

二、联合国各会员国承诺尊重秘书长及办事人员责任之专属国际性，决不设法影响其责任之履行。

第一百零一条

一、办事人员由秘书长依大会所定章程委派之。

二、适当之办事人员应长期分配于经济及社会理事会、托管理事会，并于必要时，分配于联合国其他之机关。此项办事人员构成秘书处之一部。

三、办事人员之雇用及其服务条件之决定，应以求达效率、才干及忠诚之最高标准为首要考虑。征聘办事人员时，于可能范围内，应充分注意地域上之普及。

第十六章　杂项条款

第一百零二条

一、本宪章发生效力后，联合国任何会员国所缔结之一切条约及国际协定应尽速在秘书处登记，并由秘书处公布之。

二、当事国对于未经依本条第一项规定登记之条约或国际协定，不得向联合国任何机关援引之。

第一百零三条

联合国会员国在本宪章下之义务与其依任何其他国际协定所负之义务有冲突时，其在本宪章下之义务应居优先。

第一百零四条

本组织于每一会员国之领土内，应享受于执行其职务及达成其宗旨所必需之法律行为能力。

第一百零五条

一、本组织于每一会员国之领土内，应享受于达成其宗旨所必需之特权及豁免。

二、联合国会员国之代表及本组织之职员，亦应同样享受于其独立行使关于本组织之职务所必需之特权及豁免。

三、为明定本条第一项及第二项之施行细则起见，大会得作成建议，或为此目的向联合国会员国提议协约。

第十七章　过渡安全办法

第一百零六条

在第四十三条所称之特别协定尚未生效，因而安全理事会认为尚不得开始履行第四十二条所规定之责任前，一九四三年十月三十日在莫斯科签订四国宣言之当事国及法兰西应依该宣言第五项之规定，互相洽商，并于必要时，与联合国其他会员国洽商，以代表本组织采取为维持国际和平及安全宗旨所必要之联合行动。

第一百零七条

本宪章并不取消或禁止负行动责任之政府对于在第二次世界大战中本宪章任何签字国之敌国因该次战争而采取或受权执行之行动。

第十八章　修正

第一百零八条

本宪章之修正案经大会会员国三分之二表决并由联合国会员国三分之二、包括安全理事会全体常任理事国，各依其宪法程序批准后，对于联合国所有会员国发生效力。

第一百零九条

一、联合国会员国，为检讨本宪章，得以大会会员国三分之二表决，经安全理事会任何九理事国之表决，确定日期及地点举行全体会议。联合国每一会员国在全体会议中应有一个投票权。

二、全体会议以三分之二表决所建议对于宪章之任何更改，应经联合国会员国三分之二、包括安全理事会全体常任理事国，各依其宪法程序批准后，发生效力。

三、如于本宪章生效后大会第十届年会前，此项全体会议尚未举行时，应将召集全体会议之提议列入大会该届年会之议事日程；如得大会会员国过半数及安全理事会任何七理事国之表决，此项会议应即举行。

第十九章　批准及签字

第一百一十条

一、本宪章应由签字国各依其宪法程序批准之。

二、批准书应交存美利坚合众国政府。该国政府应于每一批准书交存时通知各签字国，如本组织秘书长业经委派时，并应通知秘书长。

三、一俟美利坚合众国政府通知已有中华民国、法兰西、苏维埃社会主义共和国联盟、大不列颠及北爱尔兰联合王国与美利坚合众国以及其他签字国之过半数将批准书交存时，本宪章即发生效力。美利坚合众国政府应拟就此项交存批准之议定书并将副本分送所有签字国。

四、本宪章签字国于宪章发生效力后批准者，应自其各将批准书交存之日起为联合国之创始会员国。

第一百一十一条

本宪章应留存美利坚合众国政府之档库，其中、法、俄、英、及西文各本同一作准。该国政府应将正式副本分送其他签字国政府。

为此联合国各会员国政府之代表谨签字于本宪章，以昭信守。

公历1945年六月二十六日签订于金山市。

附录5：2005年联合国大会世界首脑会议成果（节选）

一、价值和原则

1. 我们国家元首和政府首脑于2005年9月14日至16日在纽约联合国总部聚集一堂。

2. 我们重申对联合国的信心，对《联合国宪章》的宗旨和原则以及对国际法的承诺，它们都是一个更和平、更繁荣、更公正的世界不可或缺的基础，我们重申决心促使它们获得严格遵守。

3. 我们重申我们在二十一世纪之初通过的《联合国千年宣言》。我们认识到联合国经济、社会及有关领域各次主要会议和首脑会议，包括千年首脑会议，在地方、国家、区域和全球各级动员国际社会以及在指导联合国工作方面发挥了宝贵的作用。

4. 我们重申我们的共同基本价值，包括自由、平等、团结、包容、尊重所有人权、尊重自然和分担责任，对国际关系极为重要。

5. 我们决心按照《宪章》的宗旨和原则在全世界建立公正持久的和平。我们再度承诺将竭力支持一切努力，维护所有国家的主权平等并尊重其领土完整和政治独立，在国际关系中不以不符合联合国宗旨和原则的任何方式进行武力威胁或使用武力，坚持以和平手段并按照正义和国际法原则解决争端，尊重仍处于殖民统治和外国占领下的人民的自决权利，不干涉各国内政，尊重人权和各项基本自由，尊重所有人的平等权利，不分种族、性别、语言或宗教，开展国际合作以解决经济、社会、文化或人道主义的国际问题，以及诚意履行根据《宪章》承担的义务。

6. 为了使我们能够更好地应对世界面临的多层面和相互关联的挑战和威胁，为了在和平与安全、发展以及人权领域取得进展，我们重申按照国际法建立一个有效的多边体系极其重要，要强调联合国的中央作用，我们决意通过贯彻执行联合国的决定和决议来促进并加强联合国的效力。

7. 我们相信，今天我们生活的世界比历史上任何时候都更全球化，相互依存度更高。任何国家都无法完全孤立存在。我们承认，集体安全取决于按照国际法有效合作应付跨国威胁。

8. 我们认识到，当前的事态发展和局势环境要求我们紧急就主要的威胁和挑战达成共识。我们将致力于把这种共识转化为具体行动，包括下定决心，坚决消除产生这些威胁和挑战的根本原因。

9. 我们承认，和平与安全、发展和人权是联合国系统的支柱，也是集体安全和福祉的基石。我们认识到，发展、和平与安全、人权彼此关联、相互加强。

10. 我们重申发展本身就是一个中心目标，在经济、社会以及环境方面的可持续发展构成联合国活动主要框架的关键要素。

11. 我们认识到，国家和国际的良治和法治，对持续经济增长、可持续发展以及消除贫困与饥饿极为重要。

12. 我们重申，两性平等以及促进和保护所有人充分享有一切人权和基本自由，对促进发展及和平与安全极为重要。我们将致力于创建一个适合后代生存的世界，一个考虑到儿童最高利益的世界。

13. 我们重申所有人权的普遍性、不可分割性、互相依存性及相互关联性。

14. 认识到世界的多样性，我们承认各种文化和文明都为人类的丰富多彩作出贡献。我们认识到必须尊重和理解世界各地的宗教和文化多样性。为了促进国际和平与安全，我们将致力于增进世界各地的人类福祉、自由和进步，鼓励不同文化、文明和人民之间的包容、尊重、对话与合作。

15. 我们保证提高联合国的实际作用、效力、效率、问责度和公信力。这是我们共同的责任，也是我们共同的利益。

16. 因此，我们决心创建一个更和平、更繁荣、更民主的世界，并在下列四个领域采取具体措施，继续想方设法落实千年首脑会议以及联合国其他主要会议和首脑会议的成果，以便提出解决问题的多边办法：

- 发展
- 和平与集体安全
- 人权与法治
- 加强联合国

……

三、和平与集体安全

69. 我们认识到，面对一系列各种各样的威胁，我们需要有紧急的、集体的、更为坚定的反应。

70. 我们还认识到，根据《宪章》，为了应对此类威胁，联合国所有主要机关需要在其各自授权范围内开展合作。

71. 我们承认，我们生活在一个相互依存的全球世界中，当今的许多威胁超越国界，相互关联，因此必须根据《宪章》和国际法在全球、区域和国家各级加以解决。

72. 因此我们重申，我们承诺努力建立以下列认识为基础的安全共识：许多威胁相互关联，发展、和平、安全和人权互相加强，没有任何国家通过单独行事就能够使自己获得最佳保护，所有国家都需要一个符合《宪章》宗旨和原则的有实效和效率的集体安全体系。

和平解决争端

73. 我们强调各国有义务根据《宪章》第六章，以和平手段解决争端，包括适当时利用国际法院。所有国家均应按照《关于各国依联合国宪章建立友好关系和合作的国际法原则宣言》行事。

74. 我们着重指出，必须根据《宪章》的宗旨和原则预防武装冲突，我们庄重地再次承诺促进预防武装冲突文化，以此有效应对全世界各国人民所面对的相互关联的安全和发展挑战，同时加强联合国的预防武装冲突能力。

75. 我们进一步着重指出，必须以一致、综合的方式预防武装冲突，解决争端，而且安全理事会、大会、经济及社会理事会和秘书长需要协调彼此在《宪章》规定的各自任务范围内开展的活动。

76. 我们认识到秘书长斡旋工作的重要作用，包括调解争端的重要作用，我们支持秘书长努力增强这方面的能力。

根据《联合国宪章》使用武力

77. 我们重申所有会员国在国际关系中均有义务不以不符合《宪章》的任何方式进行武力威胁或使用武力。我们重申，指导联合国的宗旨和原则，除其他外，包括维护国际和平与安全，在尊重各国人民平等权利和自决原则的基础上发展国家之间的友好关系，采取其他适当措施加强世界和平，并为此目的决心采取有效集体办法，以防止且消除对于和平之威胁，制止侵略行为或其他和平之破坏，并以和平方法且依正义及国际法之原则，调整或解决足以破坏和平之国际争端或情势。

78. 我们重申，必须促进和加强多边进程，严格按照《宪章》和国际法原则处理各项国际挑战和问题。我们进一步强调对多边主义的承诺。

79. 我们重申，《宪章》的有关条款足以处理对国际和平与安全的所有各种威胁。我们进一步重申安全理事会为维护及恢复国际和平与安全而批准采取强制行动的权力。我们强调根据《宪章》的宗旨和原则采取行动的重要性。

80. 我们还重申，安全理事会承担着维护国际和平与安全的主要责任。我们还指出，根据《宪章》相关条款，大会具有维护国际和平与安全的作用。

恐怖主义

81. 我们强烈谴责所有形式和表现的恐怖主义，无论由何人所为、在何地发生、其目的为何，因为恐怖主义是对国际和平与安全的最严重威胁之一。

82. 我们欢迎秘书长确定了一项反恐战略的要点。大会应毫不拖延地发展这些要点，以便通过并执行一项战略，推动在国家、区域和国际级别采取全面、协调、连贯的反恐对策，这项战略还须考虑到助长恐怖主义蔓延的原因。在这方面，我们赞赏为促进各种文明之间的对话、包容和理解而提出的各项倡议。

83. 我们强调，必须全力以赴，在大会第六十届会议期间就国际恐怖主义问题达成一致意见，并缔结一项关于该问题的全面公约。

84. 我们确认，可以考虑在联合国主持下举行一次高级别会议，拟订一项抗击一切形式和表现的恐怖主义的国际对策这一问题。

85. 我们认识到，为打击恐怖主义而进行的国际合作必须遵守国际法，包括《宪章》和有关国际公约和议定书。各国必须确保，为打击恐怖主义而采取的任何措施，都必须符合其根据国际法，特别是人权法、难民法和国际人道主义法承担的义务。

86. 我们再次吁请各国不要组织、资助、鼓励恐怖活动，不为恐怖活动提供训练或其他支助，并采取适当措施确保本国领土不会被用来进行此类活动。

87. 我们确认联合国在反恐斗争中的重要作用，同时强调区域和双边合作的重大贡献，特别是实际的执法合作和技术交流。

88. 我们敦促国际社会，包括联合国，协助各国建立国家和区域反恐能力。我们邀请秘书长向大会和安全理事会提出建议，在各自任务范围内，加强联合国系统协助各国反恐的能力，并改进联合国这方面工作的协调。

89. 我们强调必须向恐怖主义受害者提供支助，帮助他们及其家属应付损失和哀痛。

90. 我们鼓励安全理事会审议如何加强其反恐方面的监测和强制执行作用，包括合并国家报告的规定，同时考虑到并尊重其反恐附属机构的任务规定。我们承诺在三个主管附属机构履行任务过程中与其充分合作，认识到许多国家在执行安全理事会有关决议方面继续需要援助。

91. 我们支持为《制止核恐怖主义行为国际公约》早日生效所作的努力，大力鼓励各国考虑迅速加入该公约，并不再拖延地加入其他十二项反恐国际公约和议定书，并加以执行。

维持和平

92. 我们确认联合国维持和平工作在帮助冲突各方结束敌对行动方面发挥关键的作用，赞扬联合国维持和平人员在这方面作出的贡献，注意到联合国维持和平工作最近几年有所改善，包括在复杂局势中部署综合特派团，并着重指出，启动维和行动需要具备足以应对敌对行动并有效执行任务的能力，为此敦促进一步拟订关于强化可迅速部署能力、以便在发生危机时增援维持和平行动的提案。我们赞同建立一支常备警察队伍的初始运作能力，为联合国维持和平特派团警务部分提供步调一致、卓有成效、有求必应的开办能力，并通过提供咨询意见和专门知识，协助现有的特派团。

93. 我们确认区域组织根据《宪章》第八章的规定对和平与安全作出重要的贡献，确认联合国与区域组织之间必须建立可预测的伙伴关系和安排，并特别指出，鉴于非洲的特殊需要，一个强大的非洲联盟是至关重要的，为此：

(a) 我们支持欧洲联盟和其他区域实体，努力发展诸如快速部署、待命和桥接安排方面的能力；

(b) 我们支持与非洲联盟共同制订并实施一项能力建设十年计划。

94. 我们支持实施 2001 年《从各个方面防止、打击和消除小武器和轻武器非法贸易的行动纲领》。

95. 我们敦促《禁止杀伤人员地雷公约》和《特定常规武器公约第二号修正议定书》缔约国全面履行各自的义务。我们吁请能够向雷患国家提供技术援助的国家，向这些国家提供更多的援助。

96. 我们强调关于联合国维持和平人员性剥削和性虐待问题的秘书长顾问所提建议的重要性，并敦促毫不拖延地全面实行大会根据上述建议通过的相关决议规定的各项措施。

建设和平

97. 我们强调，冲突后建设和平及和解需要采取协调一致的统筹对策，以期实现可持续和平，确认需要有专门的体制机制，负责应付刚摆脱冲突的国家在复原、重新融合和重建方面的特殊需要，协助它们奠定可持续发展的基础，并确认联合国在这方面发挥关键的作用，为此决定设立建设和平委员会，履行政府间咨询机构的职能。

98. 建设和平委员会的主要宗旨是，调动所有相关行为体协力筹集资源，就冲突后建设和平和复原工作提供咨询意见，并提出综合战略。委员会应重点关注冲突后复原所需的重建和体制建设工作，支持制订综合战略，为可持续发展奠定基础。此外，委员会应就如何改进联合国内外所有相关行为体之间的协调提供建议和信息，制订最佳做法，协助确保为早期复原活动筹措可预测的资金，使国际社会长期关注冲突后复原问题。委员会在所有事务上都应根据其成员的协商一致意见行事。

99. 建设和平委员会应将其讨论结果和建议作为联合国文件公布，提供给所有相关机构和行为体，包括国际金融机构。建设和平委员会应向大会提交年度报告。

100. 建设和平委员会应举行各种不同组合的会议。委员会针对具

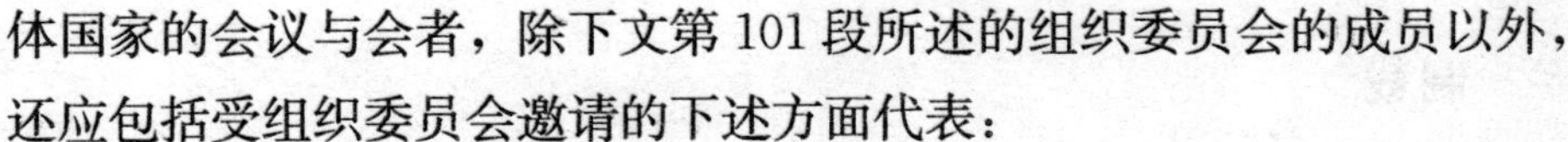

体国家的会议与会者，除下文第101段所述的组织委员会的成员以外，还应包括受组织委员会邀请的下述方面代表：

(a) 审议中的国家；

(b) 区域内参与冲突后进程的国家和参加救济工作和（或）政治对话的其他国家，以及相关的区域和次区域组织；

(c) 参加复原工作的主要资金捐助者、部队派遣国和民警派遣国；

(d) 联合国在实地的高级代表以及其他相关的联合国代表；

(e) 相关的区域和国际金融机构。

101. 建设和平委员会应有一个常设组织委员会，负责制订程序及组织事项，组成如下：

(a) 安全理事会成员，包括常任理事国；

(b) 经济及社会理事会成员，从区域集团选出，要适当考虑经历过冲突后复原的国家；

(c) 联合国预算分摊会费比额最高以及向联合国各基金、方案和机构，包括向建设和平常设基金自愿捐款最多、但不在上文(a)或(b)所选之列的国家；

(d) 向联合国特派团提供军事人员和民警最多、但不在上文(a)、(b)或(c)所选之列的国家。

102. 除邀请秘书长一名代表外，应邀请世界银行、国际货币基金组织和其他捐助机构的代表，以符合其治理安排的方式参加建设和平委员会所有会议。

103. 我们请秘书长设立一个多年常设建设和平基金，用于冲突后建设和平，由自愿捐款供资，并适当考虑到现有的工具。建设和平基金的目标，将包括确保可以立即发放开展建设和平活动所需的资源，有适当的复原资金可以利用。

104. 我们又请秘书长利用现有资源在秘书处内设立一个小规模的建设和平支助办公室，雇用合格的专家，协助和支助建设和平委员会。支助办公室应利用现有的最佳专才。

105. 建设和平委员会应至迟在2005年12月31日开始运作。

制裁

106. 我们强调，为了努力维护国际和平与安全，在不诉诸武力的情况下，制裁仍然是《宪章》规定的一种重要手段。我们决心确保谨慎确定制裁对象，以实现明确的目标，遵守安全理事会实施的制裁，并确保制裁的实施方式，在实现预期结果的效力与可能对人民和第三国造成的不利后果，包括社会、经济和人道主义后果之间取得平衡。

107. 应根据明确的基准有效地实施和监测制裁，并应酌情定期对制裁进行审查。制裁时间不应多于实现制裁目标所必需的时间，这些目标一旦实现，制裁应立即终止。

108. 我们吁请安全理事会在秘书长支持下，改善对制裁实施情况及其效应的监测，确保以可问责的方式实施制裁，经常审查监测工作的结果，并建立一个机制，处理根据《宪章》实施制裁所产生的特殊经济问题。

109. 我们还吁请安全理事会在秘书长支持下，确保订立公正、透明的程序，用于将个人和实体列入制裁名单和从中删除，以及给予人道主义豁免。

110. 我们支持通过联合国加强国家实施制裁规定的能力。

跨国犯罪

111. 跨国犯罪，包括走私和贩运人口、全球麻醉药品问题及小武器和轻武器的非法贸易，对发展、和平与安全及人权造成了负面影响，而且各国日益易受到这类犯罪的冲击，我们对此表示严重关注。我们重申需要做出集体努力，打击跨国犯罪。

112. 我们认识到人口贩运继续对人类构成严重的挑战，需要采取协调一致的国际对策。为此，我们敦促所有国家制订、强制实施和加强有效的措施，打击并杜绝一切形式的人口贩运，遏止对被贩运者的需求，保护受害者。

113. 我们敦促尚未加入针对有组织犯罪和腐败问题的相关国际公

约的所有国家，考虑成为这些公约的缔约国，并在公约生效后，切实履行公约，包括将这些公约的规定纳入本国立法，并加强刑事司法制度。

114. 我们重申，我们毫不动摇地下定决心，作出承诺，通过开展国际合作，实行杜绝非法药品的非法供应和需求的国家战略，解决全球麻醉药品问题。

115. 我们决心在联合国毒品和犯罪问题办事处现有任务授权的范围内，加强其应会员国的要求向它们提供援助的能力。

妇女在预防及化解冲突方面的作用

116. 我们着重指出妇女在预防和化解冲突及建设和平方面的重要作用。我们重申承诺全面、切实地执行安全理事会 2000 年 10 月 31 日关于妇女与和平与安全的第 1325（2000）号决议。我们还强调必须融入社会性别观点，妇女必须有机会平等参加和全面参与维护及促进和平与安全的各项工作，而且需要加强她们在各级决策中的作用。我们强烈谴责在武装冲突局势中侵犯妇女和女孩人权的一切行为，以及利用性剥削、性暴力和性虐待等行径。我们决心制订和执行各种战略，以报告、预防和惩处基于性别的暴力。

保护武装冲突局势中的儿童

117. 我们再次承诺促进并保护武装冲突中儿童的权利和福祉。我们欢迎最近几年所取得的重大进展和创新。我们特别欢迎安全理事会 2005 年 7 月 26 日通过第 1612（2005）号决议。我们吁请所有国家考虑批准《儿童权利公约》及其《关于儿童卷入武装冲突问题的任择议定书》。我们还吁请各国酌情采取有效措施，防止武装部队和武装团体违反国际法，在武装冲突中招募和使用儿童，并禁止这种做法，将之定为犯罪。

118. 我们因此吁请所有有关国家采取具体措施，确保追究严重虐待儿童者的责任，并确保其遵守有关规定。我们还再次承诺，确保武装冲突中的儿童及时获得切实的人道主义援助，包括教育，帮助他们恢复正常生活和重返社会。

119. 我们再度承诺积极保护和促进所有人权、法治和民主，认识到它们彼此关联、相互加强，属于联合国不可分割的普遍核心价值和原则。我们吁请联合国各单位根据其任务授权促进人权和基本自由。

120. 我们重申，我们各国庄严承诺履行义务，根据《宪章》、《世界人权宣言》和有关人权和国际法的其他文书，推动所有人的所有人权和基本自由都得到普遍尊重、遵守和保护。这些权利和自由的普遍性是无可置疑的。

四、人权与法治

人权

121. 我们重申，所有人权都是普遍、不可分割、相互关联、相互依存和相互加强的，必须以公正、公平的方式平等对待所有人权，并给予同样的重视。虽然必须考虑到国家和区域特点以及不同的历史、文化和宗教背景，但所有国家，不论其政治、经济和文化体系为何，均有义务促进和保护所有人权和基本自由。

122. 我们强调所有国家均有责任按照《宪章》尊重所有人的人权和基本自由，不作任何区别，不论种族、肤色、性别、语言、宗教、政治或其他观点、民族血统或社会渊源、财产、出生或其他地位。

123. 我们还决心加强联合国人权机制，以保证所有人均切实享有所有人权，以及公民、政治、经济、社会和文化权利，包括发展权。

124. 我们注意到联合国人权事务高级专员的行动计划，决心加强人权事务高级专员办事处，使它能够有效地履行任务，特别是在技术援助和能力建设领域，应对国际社会在人权方面所面临的各种各样挑战。为此将在今后五年将办事处的经常预算资源翻一番，使其在经常预算资源与自愿捐款资源之间逐步取得平衡，同时铭记发展中国家的其他优先方案，并在经常预算中编列经费，以便在广泛地域分配和性别均衡的基础上，招聘高度胜任的工作人员。我们支持办事处与包括大会、经济及社会理事会和安全理事会在内的所有相关联合国机构，进行更密切的合作。

125. 我们决心提高各人权条约机构的效力，包括更及时提出报告，改进和精简报告程序，并向各国提供技术援助，以加强其报告能力，并进一步加强各条约机构所提建议的贯彻实施。

126. 我们决心将促进和保护人权的工作纳入国家政策，支持进一步将人权置于整个联合国系统的主要位置，并支持联合国人权事务高级专员办事处同联合国所有相关机构进行更密切的合作。

127. 我们重申致力在地方、国家、区域和国际各级促进世界土著民族的人权，在这方面继续取得进展，包括与土著民族协商和合作，并尽快提出联合国土著民族权利宣言最后草案，以便通过。

128. 我们认识到需要特别注意妇女和儿童的人权，并承诺尽一切可能予以促进，包括将社会性别观点和儿童保护观点纳入人权议程。

129. 我们认识到需要确保残疾人能够不受歧视地全面享受他们的权利。我们还申明，需要最后拟订一项关于残疾人权利的全面公约草案。

130. 我们指出，促进和保护在民族或族裔、宗教和语言上属于少数群体的人的权利，有助于实现政治和社会的稳定与和平，使社会的文化多样性和文化遗产更丰富多采。

131. 我们支持促进各级人权教育和学习，包括酌情实施《人权教育世界方案》，并鼓励所有国家在这方面制订各种举措。

境内流离失所者

132. 我们确认《关于境内流离失所问题的指导原则》是保护境内流离失所者的重要国际框架，并决心采取有效措施，加强对境内流离失所者的保护。

保护和援助难民

133. 我们决意捍卫保护难民的原则，履行我们解决难民困苦的责

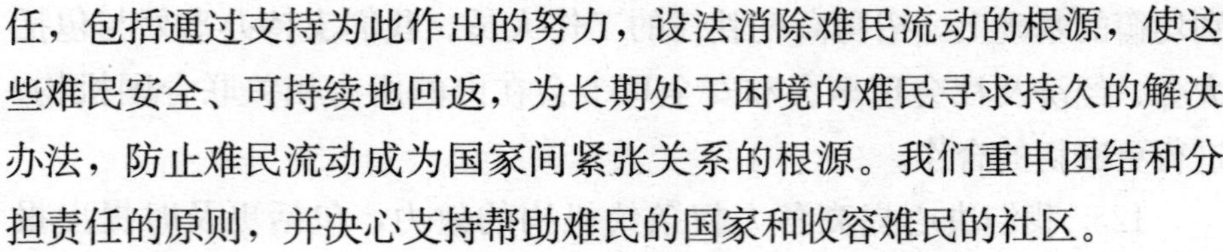

任，包括通过支持为此作出的努力，设法消除难民流动的根源，使这些难民安全、可持续地回返，为长期处于困境的难民寻求持久的解决办法，防止难民流动成为国家间紧张关系的根源。我们重申团结和分担责任的原则，并决心支持帮助难民的国家和收容难民的社区。

法治

134. 我们认识到需要在国家和国际两级全面遵守和实行法治，为此：

(a) 重申决意维护《宪章》的宗旨和原则以及国际法，并维护以法治和国际法为基础的国际秩序，这是国家间和平共处及合作所不可或缺的；

(b) 支持每年一次的条约活动；

(c) 鼓励尚未成为所有有关保护平民条约缔约国的国家考虑加入这些条约；

(d) 吁请各国继续努力，消除歧视妇女的政策和做法，通过保护妇女权利和促进两性平等的法律，促进这方面的实践；

(e) 支持待秘书长向大会提交有关报告后，根据现行相关程序，在秘书处内设立一个法治支助股的意见，以便加强联合国促进法治的活动，包括通过技术援助和能力建设促进法治；

(f) 认识到国际法院作为联合国主要司法机关，在裁决国家间争端方面的重要作用，以及其工作的重大意义，吁请尚未接受法院管辖权的国家考虑根据《法院规约》接受法院管辖权，并审议如何加强法院工作，包括在这方面自愿支持秘书长协助各国通过国际法院解决争端信托基金。

民主

135. 我们重申，民主是一种普遍价值观，基于人民决定自己的政治、经济、社会和文化制度的自由表达意志，基于人民对其生活所有方面的全面参与。我们还重申，虽然民主政体具有共同特点，但不存在唯一的民主模式，民主并不专属于任何国家或区域，并重申必须适当尊重主权和自决权利。我们着重指出，民主、发展与尊重所有人权和基本自由是相互依存、相互加强的。

136. 我们重申决意支持民主，为此加强各国推行民主原则和实践的能力，并决心加强联合国应会员国要求提供协助的能力。我们欢迎在联合国设立民主基金。我们指出，将要设立的咨询委员会应反映不同地域分配。我们邀请秘书长提供帮助，确保民主基金的实际安排适当考虑到联合国目前在这领域开展的活动。

137. 我们邀请各会员国认真考虑向该基金捐款。

保护人民免遭灭绝种族、战争罪、族裔清洗和危害人类罪之害的责任

138. 每一个国家均有责任保护其人民免遭灭绝种族、战争罪、族裔清洗和危害人类罪之害。这一责任意味通过适当、必要的手段，预防这类罪行的发生，包括预防煽动这类犯罪。我们接受这一责任，并将据此采取行动。国际社会应酌情鼓励并帮助各国履行这一责任，支持联合国建立预警能力。

139. 国际社会通过联合国也有责任根据《宪章》第六章和第八章，使用适当的外交、人道主义和其他和平手段，帮助保护人民免遭种族灭绝、战争罪、族裔清洗和危害人类罪之害。在这方面，如果和平手段不足以解决问题，而且有关国家当局显然无法保护其人民免遭种族灭绝、战争罪、族裔清洗和危害人类罪之害，我们随时准备根据《宪章》，包括第七章，通过安全理事会逐案处理，并酌情与相关区域组织合作，及时、果断地采取集体行动。我们强调，大会需要继续审议保护人民免遭种族灭绝、战争罪、族裔清洗和危害人类罪之害的责任及所涉问题，要考虑到《宪章》和国际法的相关原则。我们还打算视需要酌情作出承诺，帮助各国建设保护人民免遭种族灭绝、战争罪、族裔清洗和危害人类罪之害的能力，并在危机和冲突爆发前协助处于紧张状态的国家。

140. 我们全力支持秘书长防止种族灭绝问题特别顾问的任务。

141. 日益众多的儿童被卷入武装冲突以及其他一切形式的暴力，包括家庭暴力、性虐待和性剥削及贩运，并受其影响，我们对此表示惊愕。我们支持采取合作政策，加强国家能力，以改善这些儿童的处境，协助他们恢复正常生活，重新融入社会。

142. 我们决意尊重和确保每个儿童的权利，不加任何歧视，无论儿童本人或其父母或法定监护人的种族、肤色、性别、语言、宗教、政治或其他观点、民族或族裔血统或社会渊源、财产、残疾、出生或其他地位。我们吁请各国作为优先事项考虑成为《儿童权利公约》缔约国。

人的安全

143. 我们强调人民享有在自由、尊严中生活的权利，免受贫困和绝望折磨。我们认识到每一个人，尤其是弱势人民，都应有权免于恐惧、免于匮乏，获得平等机会享受其权利，充分发挥其自身的潜力。为此，我们决意在大会讨论和界定“人的安全”理念。

和平文化以及不同文化、文明和宗教对话的倡议

144. 我们重申大会通过的《和平文化宣言》和《行动纲领》以及《不同文明对话全球议程》及其《行动纲领》，重申关于不同文化和文明对话、包括促进宗教间合作对话的各项倡议的价值。我们决意采取行动，促进地方、国家、区域和国际各级的和平文化与对话，并请秘书长探讨如何加强实施机制并跟进这些倡议。在这方面，我们还欢迎秘书长 2005 年 7 月 14 日宣布的不同文明联盟倡议。

145. 我们强调，体育可以促进和平与发展，有利于创造包容和谅解的气氛。我们鼓励在大会进行讨论，以拟订体育与发展行动计划的提案。

五、加强联合国

146. 我们重申致力于加强联合国，以增强其权威和效率，提高其

根据《宪章》宗旨和原则有效应对当今各种挑战的能力。我们决心重振联合国的政府间机关，使其适应21世纪的需要。

147. 我们强调，联合国各机构为了有效执行《宪章》授予的任务，应当进行良好的合作与协调，共同努力建设一个效力更高的联合国。

儿童权利

148. 我们着重指出，必须及时给予联合国足够的资源，使之能够执行各项授权任务。改革后的联合国必须顺应全体会员国的要求，忠于其创始原则，适合执行其授权任务。

大会

149. 我们重申大会作为主要议事、决策和代表机构的核心地位，以及大会在制定标准和编纂国际法过程中的作用。

150. 我们欢迎大会为加强其作用和权威、加强大会主席的作用和领导而通过的措施，为此我们吁请全面迅速落实这些措施。

151. 我们吁请加强大会与其他主要机关的关系，确保彼此根据各自的任务授权、在需要联合国采取协调行动的专题上更好地协调。

安全理事会

152. 我们重申，按照《宪章》的规定，会员国已将代表其维护国际和平与安全的首要责任授予安全理事会。

153. 改革安全理事会是我们全面改革联合国的一项基本内容。我们支持早日改革安理会，使之具有更广泛的代表性、更高的效率和透明度，从而进一步加强其效力与合法性，加大其决定的执行力度。我们承诺继续努力为此达成一项决定，并请大会在2005年年底前审议上述改革的进展情况。

154. 我们建议安全理事会继续调整工作方法，以酌情加强非安理会成员国对安理会工作的参与，更多地接受广大会员国的问责，并提高其工作的透明度。

经济及社会理事会

155. 我们重申《宪章》和大会赋予经济及社会理事会的作用，并认识到需要一个更有效力的经济及社会理事会，作为一个主要机构，就经济和社会发展问题进行协调、政策审查、政策对话并提出建议，落实联合国各次主要会议和首脑会议商定的国际发展目标，包括千年发展目标。为实现这些目标，经社理事会应：

(a) 推动就经济、社会、环境和人道主义领域的全球政策和趋势开展全球对话，建立伙伴关系。为此，经社理事会应充当会员国之间以及会员国与国际金融机构、私营部门和民间社会就全球新趋势、政策和行动进行高级别接触的优质平台，并提高自身能力，更好、更快地应对国际经济、环境和社会领域的新情况；

(b) 举办两年一次的高级别发展合作论坛，审议国际发展合作的趋势，包括战略、政策和融资问题，推动不同的发展伙伴彼此进一步协调发展活动，并加强联合国规范性工作与业务工作的联系；

(c) 确保联合国各次主要会议和首脑会议的成果，包括国际商定的发展目标得到贯彻落实，并每年举行一次部长级实质性审议会，评估进展情况，在这方面将根据各职司委员会和区域委员会及其他国际机构各自的任务授权，借助这些机构的专长；

(d) 支助和补充国际上为应对国际人道主义紧急情况、包括自然灾害所作的努力，推动联合国更好地采取协调一致的应对行动；

(e) 对整体协调各基金、方案和机构发挥重大作用，确保它们彼此协调一致，避免任务和活动的重叠。

156. 我们强调，为了充分行使上述职能，经济及社会理事会的工作安排、议程和现行工作方法应加以调整。

人权理事会

157. 我们决心进一步加强联合国人权机制，决意创建人权理事会。

158. 人权理事会将负责促进普遍尊重对所有人的所有人权和基本自由的保护，不作任何区别，一律公正平等。

159. 人权理事会应处理各种侵犯人权的情况，包括粗暴、蓄意侵犯人权的事件，并提出有关建议。人权理事会还应促进联合国系统内部的有效协调，推动将人权纳入主流。

160. 我们请大会主席举行公开、透明和包容各方的谈判，并在第六十届会议期间尽快完成谈判，以确定人权理事会的任务授权、模式、职能、规模、组成、成员、工作方法和程序。

秘书处和管理改革

161. 我们认识到，为了有效遵行《宪章》的各项原则和目标，我们需要一个高效得力、接受问责的秘书处。秘书处工作人员应根据《宪章》第一百条，在讲求问责、透明和诚信的组织文化中开展工作。因此，我们：

(a) 确认当前秘书长为加强问责制和监督、提高管理业绩和透明度、强化道德操守而采取的改革措施，并邀请他向大会报告执行工作取得的进展；

(b) 强调秘书处必须建立高效率、高效力的负责和问责机制；

(c) 敦促秘书长根据《宪章》第一百零一条，确保最高标准的效率、胜任能力和诚信是雇用工作人员的首要考虑，同时适当顾及公平地域分配原则；

(d) 欢迎秘书长努力确保道德操守，更多地披露联合国官员的财务资料，加强对联合国内部不法行为揭发人的保护。我们敦促秘书长严格实施现行的行为准则，并制定适用于联合国所有人员的全系统道德操守准则。在这方面，秘书长打算设立享有独立地位的道德操守办公室。我们请秘书长向大会第六十届会议提出有关细节；

(e) 承诺按时向联合国提供足够的资源，使联合国能执行授权任务，实现各项目标，要尊重大会商定的优先事项，而且必须遵守预算

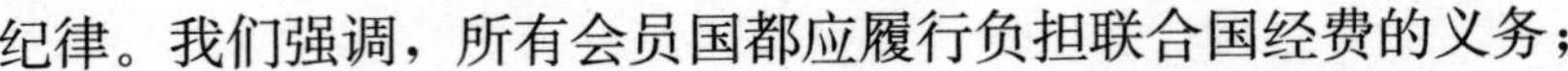

纪律。我们强调，所有会员国都应履行负担联合国经费的义务；

(f) 强烈敦促秘书长为了全体会员国的利益，按照大会商定的明确规则和程序，最佳和最有效地利用资源，采用最佳管理做法，包括有效利用信息和通信技术，以提高效率和组织能力，集中力量执行体现联合国商定优先事项的任务。

162. 我们根据《宪章》第九十七条重申秘书长作为联合国行政首长的作用。我们请秘书长就他有效履行管理职责所必需的条件和措施提出建议，供大会审议。

163. 我们赞扬秘书长过去和当前为强化联合国的有效管理所作的努力，并赞扬他对更新联合国的决心。我们铭记作为会员国的责任，强调需要就进一步改革作出决定，使联合国能更有效率地利用现有财政资源和人力资源，更好地遵照其各项原则，实现目标，完成任务。我们要求秘书长向大会提出实行管理改革的提案，包括下列内容，供大会在2006年第一季度审议并作出决定：

(a) 我们将确保联合国预算、财务和人力资源政策、条例和细则适应联合国当前的需要，使联合国能高效和有效地开展工作，并请秘书长提出一份评估报告和建议，供大会在2006年第一季度作出决定。秘书长的评估和建议，应考虑到为改革人力资源管理和预算过程已开始采取的措施；

(b) 我们决心加强和更新联合国的工作方案，使它适应会员国当前的要求。为此，大会和其他相关机关，将审查源自大会和其他机关决议、历时五年以上的所有任务授权，这项审查将补充目前对各项活动的定期审查。大会和其他机关应在2006年期间完成这项审查，并根据审查结果作出必要决定。为便利审查，我们请秘书长就可以考虑提交大会早日审议的方案调改的可能性等问题，提出分析和建议；

(c) 为改善人员结构和提高人员素质，就工作人员一次性有偿离职框架的详细提案，同时说明所涉费用和确保达成预期目标的机制。

164. 我们认识到迫切需要大力改进联合国的监督和管理工作。我们着重指出，必须确保内部监督事务厅工作的独立性。因此：

(a) 将大力加强内部监督事务厅的审计和调查专才、力量和资源，这是一项紧急工作；

(b) 我们请秘书长就联合国以及专门机构的审计和监督系统，包括管理层的作用和责任提出一份独立外部评价报告，要适当顾及所涉审计和监督机构的性质。这项评价将在治理安排的全面审查范畴内进行。我们请大会第六十届会议在审议评价报告所载建议和秘书长所提建议后，尽早通过措施；

(c) 我们认识到需要采取新的措施，加强监督机关的独立性。因此，我们请秘书长就设立独立的监督事务咨询委员会，包括其任务授权、组成、甄选程序和专家资格提出详细建议，供大会第六十届会议早日审议；

(d) 我们授权内部监督事务厅研究向提出请求的联合国机构提供内部监督服务的可行性，但须确保不妨碍向秘书处提供内部监督服务。

165. 我们坚持，联合国全体人员的行为都必须符合最高标准。目前正大力落实秘书长关于对总部和外地联合国人员性剥削和性凌虐行为实行零容忍的政策，我们对此表示支持。我们鼓励秘书长向大会提出有关建议，以便在 2005 年 12 月 31 日前确定援助受害者的综合办法。

166. 我们鼓励秘书长和所有决策机关采取进一步措施，将社会性别观点置于联合国政策和决定的主要位置。

167. 我们强烈谴责针对联合国活动参与人员安全和安保的一切攻击。我们吁请各国考虑成为《联合国人员和有关人员安全公约》的缔约国，并着重指出有必要在大会第六十届会议期间完成扩大法律保护范围议定书的谈判。

全系统协调一致

168. 我们认识到，联合国汇集了一大批熟悉各种全球问题的难得专才和资源。我们赞赏联合国系统内与发展有关的组织、机构、基金和方案，在各不相同但彼此互补的活动领域具备丰富经验和专才，并赞赏它们对实现千年发展目标和联合国各次主要会议确定的其他发展目标作出的重要贡献。

169. 我们支持通过下列措施加强全系统的协调一致：

政策

(a) 加强联合国系统规范性工作与业务活动的联系

(b) 协调我们派驻发展和人道主义机构理事会的代表，确保他们在全系统范围内指派任务和分配资源时，奉行协调一致的政策

(c) 确保整个联合国在作出决策时考虑到横贯各领域的主要政策主题，如可持续发展、人权和社会性别问题

业务活动

(a) 完成当前的改革，目的是联合国在有关国家派驻更加高效得力、更加协调一致、业绩更佳的力量，加强驻地高级官员的作用，无论是特别代表、驻地协调员或人道主义协调员，包括赋予适当的权力、资源和问责力，建立统一的管理、方案拟订和监测框架

(b) 邀请秘书长着手开展工作，进一步加强联合国业务活动的管理和协调，使其对实现国际商定的发展目标，包括千年发展目标作出更加有效的贡献，包括就更严格地管理发展、人道主义援助和环境领域的实体提出建议，供会员国审议

人道主义援助

(a) 维护和尊重博爱、中立、公正和独立的人道主义原则，依照国际法和国家法的相关规定，确保人道主义行为体可以安全无阻地援助处于困境的民众

(b) 支持各国，尤其是发展中国家提高各级能力，以防备和迅速应对自然灾害，并减轻灾害的影响

(c) 加强联合国人道主义应急行动的效力，特别是提高人道主义资金及时到位和可预测的程度，包括改进中央应急循环基金

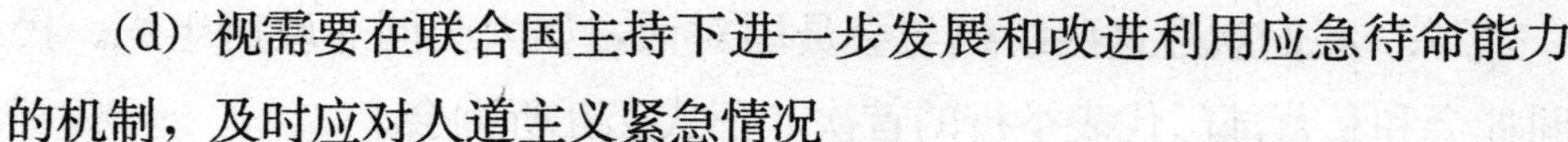

(d) 视需要在联合国主持下进一步发展和改进利用应急待命能力的机制，及时应对人道主义紧急情况

环境活动

(a) 我们认识到联合国系统必须提高环境活动的效率，加强协调，改进政策咨询和指导，增强科学知识、评估与合作，改善条约遵行情况，同时尊重各条约在法律上的独立性，并通过能力建设等办法，更好地在实际作业一级将环境活动纳入可持续发展大框架，因此同意探讨可否借助现有体制、国际商定文书以及条约机构和专门机构，建立更为协调一致的体制框架，包括建立更为统一的环境体制

区域组织

170. 我们支持按照《宪章》第八章加强联合国同区域及次区域组织的关系，因此决意：

(a) 扩大联合国与区域及次区域组织的磋商与合作，为此请各秘书处彼此达成正式协定，并酌情让各区域组织参与安全理事会的工作；

(b) 确保具备预防武装冲突或维持和平能力的区域组织，考虑可否将这种能力纳入联合国待命安排制度的框架；

(c) 加强经济、社会和文化领域的合作。

联合国与议会的合作

171. 我们吁请特别是通过各国议会联盟，加强联合国与国家和区域议会的关系，以期在联合国工作的所有领域推动《千年宣言》的各方面工作，并确保有效实施联合国改革。

地方当局、私营部门和民间社会，包括非政府组织的参与

172. 我们欢迎私营部门和民间社会，包括非政府组织对促进和执行发展和人权方案作出的积极贡献，并强调它们在这些关键领域同各国政府、联合国及其他国际组织继续保持接触的重要性。

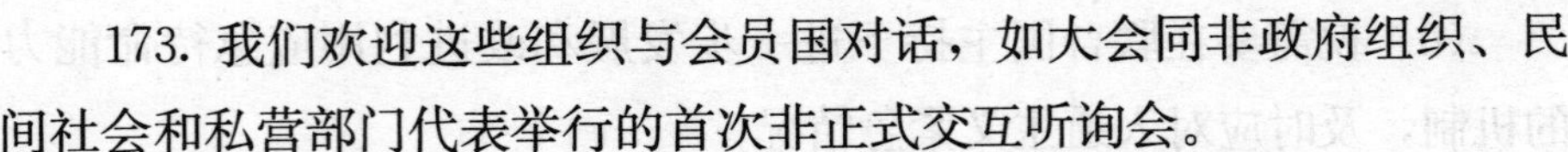

173. 我们欢迎这些组织与会员国对话，如大会同非政府组织、民间社会和私营部门代表举行的首次非正式交互听询会。

174. 我们强调地方当局对实现国际商定的发展目标、包括千年发展目标的重要作用。

175. 我们鼓励采行负责任的经营方式，如全球契约所提倡的经营方式。

《联合国宪章》

176. 我们考虑到托管理事会已不再开会，各项职能都已履行完毕，因此应删除《宪章》第十三章，以及第十二章提及理事会之处。

177. 我们考虑到大会 1995 年 12 月 11 日第 50/52 号决议，回顾大会进行的有关讨论，铭记创立联合国的渊源，展望共同的未来，决意删除《宪章》第五十三条、第七十七条和第一百零七条中的“敌国”提法。

178. 我们请安全理事会审议军事参谋团的组成、任务授权和工作方法。

2005 年 9 月 16 日第 8 次全体会议

参考文献

中文文献部分（包括译文）

第一部分：专著

爱德华·勒克著，裘因、邹用九译：《美国政治与国际组织》，新华出版社 2001 年版。

埃米里·迪尔凯姆著，狄玉明译：《社会学方法的准则》，商务印书馆 1995 年版。

安格斯·麦迪逊著，李德伟等译：《世界经济两百年回顾》，改革出版社 1997 年版。

安格斯·麦迪逊著，伍晓鹰等译：《世界经济千年史》，北京大学出版社 2003 年版。

安妮·玛丽·斯劳特著，任晓等译：《世界新秩序》，复旦大学出版社 2010 年版。

奥兰·杨著，陈玉刚、薄燕译：《世界事务中的治理》，上海人民出版社 2007 年版。

巴瑞·布赞、奥利·维夫、迪·怀尔德著，朱宁译：《新安全论》，浙江人民出版社 2003 年版。

巴瑞·布赞、奥利·维夫著，潘忠岐等译：《地区安全复合体与国际安全结构》，上海人民出版社 2010 年版。

巴瑞·布赞、理查德·利特尔著，刘德斌等译：《世界历史中的国际体系——国际关系研究的再构建》，高等教育出版社 2004 年版。

巴瑞·布赞、琳娜·汉森著，余潇枫译：《国际安全研究的演化》，浙江大学出版社 2011 年版。

白云真、李开盛：《国际关系理论流派概论》，浙江人民出版社 2009 年版。

白云真：《当代中国外交变迁和转型》，中国社会科学出版社 2011 年版。

保罗·肯尼迪著，何力译：《未雨绸缪：为 21 世纪做准备》，新华出版社 1994 年版。

保罗·肯尼迪著，陈景彪等译：《大国的兴衰：1500—2000 年的经济变迁与军事冲突》，国际文化出版公司 2006 年版。

保罗·肯尼迪著，卿劼译：《联合国过去与未来—联合国与建立世界政府的构想》，海南出版社 2008 年版。

彼得·J·卡赞斯坦著，李小华译：《文化规范与国家安全》，新华出版社 2001 年版。

彼得·卡赞斯坦、罗伯特·基欧汉、斯蒂芬·克拉斯纳著，秦亚青等译：《世界政治理论的探索与争鸣》，上海人民出版社 2006 年版。

布鲁斯·拉西特、哈维·斯塔尔著，王玉珍等译：《世界政治》，华夏出版社 2001 年版。

陈东晓等：《联合国：新议程和新挑战》，时事出版社 2005 年版。

陈东晓：《全球安全治理与联合国安全机制改革》，时事出版社 2012 年版。

陈刚：《京都议定书与国际合作》，新华出版社 2008 年版。

陈寒溪：《建构地区制度》，世界知识出版社 2008 年版。

陈乐民：《欧洲文明十五讲》，北京大学出版社 2006 年版。

陈乐民：《二十世纪的欧洲》，生活·读书·新知三联出版社 2010 年版

陈鲁直、李铁城：《联合国与世界秩序》，北京语言学院出版社 1993 年版。

陈世材：《国际组织—联合国体系的研究》，中国友谊出版公司 1986 年版。

陈淑芬：《国际法视角下的清洁发展机制研究》，武汉大学出版社2011年版。

达里奥·巴蒂斯特拉著，潘革平译：《国际关系理论》，社会科学文献出版社2010年版。

大卫·鲍德温主编，肖欢容译：《新现实主义和新自由主义》，浙江人民出版社2001年版。

戴维·伊斯顿著，王浦驹译：《政治生活的系统分析》，华夏出版社1999年版。

戴扬：《东北亚区域合作的历史制度分析》，中国经济出版社2009年版。

德尼兹·加亚尔、贝尔纳代特·德尚等著，蔡鸿滨等译：《欧洲史》，海南出版社2002年版。

杜正艾：《俄罗斯外交传统研究》，上海人民出版社2007年版。

董青岭：《复合建构主义：进化冲突与进化合作》，时事出版社2012年版。

E. 迪尔凯姆著，狄玉明译：《社会学方法的准则》，商务印书馆1995年版。

范菊华：《国际制度的建构主义分析》，贵州人民出版社2007年版。

方柏华：《国际关系格局—理论与现实》，中国社会科学出版社2001年版。

方长平：《国家利益的建构主义分析》，当代世界出版社2002年版。

方连庆：《现代国际关系史1917—1945》，北京大学出版社1990年版。

方连庆、杨淮生、王玖芳：《现代国际关系史资料选辑》（上册），北京大学出版社1987年版。

菲利斯·本尼斯著，陈遥遥、张筱春译：《发号施令—美国是如何控制联合国的》，新华出版社1999年版。

风笑天：《西方社会学理论》，南京大学出版社1997年版。

符浩：《经天纬地》，中国华侨出版社1995年版。

戈登·克鲁格、亚历山大·乔治著，时殷弘、周桂银、石斌译：《武力治国与方略》，商务印书馆2004年版。

高尚涛：《国际关系的权力与规范》，世界知识出版社2008年版

高尚涛：《国际关系理论基础》，时事出版社2009年版。

高尚涛：《国际关系中的城市行为体》，世界知识出版社2010年版。

宫少朋、朱立群、周启朋主编：《冷战后的国际关系》，世界知识出版社1999年版。

郭华榕、徐天新：《欧洲的分与合》，京华出版社1999年版。

郭树勇：《建构主义与国际政治》，长征出版社2001年版。

海伦·米尔纳著，曲博译：《利益、制度与信息：国内政治与国际关系》，上海人民出版社2010年版。

韩彩珍：《东亚地区合作的制度分析》，中国经济出版社2008年版。

韩莉：《新外交，旧世界：伍德罗·威尔逊与国际联盟》，同心出版社2001年版。

赫德利·布尔著，张小明译：《无政府社会：世界政治秩序研究》（第二版），世界知识出版社2003年版。

何剑：《东北亚安全合作机制研究》，东北财经大学出版社2008年版。

华尔脱斯著，汉敖、宁京译：《国际联盟史》，商务印书馆，1964年版。

黄光耀：《联合国与世界和平》，重庆出版社2004年版。

黄惠康：《国际法上的集体安全制度》，武汉大学出版社1990年版。

黄少安：《制度经济学》，高等教育出版社2006年版。

黄瑶：《论禁止使用武力原则——联合国宪章第二条第四项法理分

析》，北京大学出版社 2003 年版。

加利著，张敏谦等译：《永不言败：加利回忆录》，世界知识出版社 2001 年版。

江国青：《联合国专门机构分析》，武汉大学出版社 1994 年版。

焦国新：《利益的权衡：美国在中国加入国际机制中的作用》，世界知识出版社 2009 年版。

卡尔著，秦亚青译：《二十年危机：（1919—1939）国际关系研究导论》，世界知识出版社 2004 年版。

卡尔·莱曼德·波普尔著，傅季重等译：《猜想与反驳》，上海译文出版社 2001 年版。

卡列维·霍尔斯蒂著，王浦劬等译：《和平与战争：1648—1989 的武装冲突与国际秩序》，北京大学出版社 2005 年版。

克雷洛夫：《联合国史料》第一卷，中国人民大学出版社 1955 年版。

克里斯·布朗、克尔斯滕·安利著，吴志成等译：《理解国际关系》，中央编译出版社 2010 年版。

肯尼思·奥耶主编，田野、辛平译：《无政府状态下的合作》，上海人民出版社 2010 年版。

肯尼斯·华尔兹：《国际关系理论》，载：《政治学手册精选》（中文节选本下册，格林斯坦和伯尔斯比编，储复耘译），商务印书馆 1996 年版。

肯尼斯·华尔兹著，信强译：《人、国家与战争：一种理论分析》，上海人民出版社，2012 年版。

肯尼斯·华尔兹著，信强译：《国际政治理论》，上海人民出版社 2003 年版。

肯尼斯·华尔兹著，张睿壮、刘丰译：《现实主义与国际政治》，北京大学出版社出版社 2012 年版。

肯尼思·汤普森著，耿协峰译：《国际思想大师》，北京大学出版社 2003 年版。

肯尼思·汤普森著，梅仁、王羽译：《国际关系中的思想流派》，北京大学出版社 2003 年版。

肯尼思·汤普森著，谢峰译：《国际思想之父》，北京大学出版社 2003 年版。

劳伦斯·迈耶等著，罗飞等译：《比较政治学—变化世界中的国家和理论》，华夏出版社 2001 年版。

劳特派特著，王铁崖、陈体强译：《奥本海国际法》（上卷，第一分册），商务印书馆 1971 年版。

李滨：《世界政治经济中的国际组织》，国家行政学院出版社 2001 年版。

理查德·斯科特著，姚伟、王黎芳译：《制度与组织—思想观念与物质利益》，中国人民大学出版社 2010 年版。

李大光：《国际机制与区域安全》，军事科学出版社 2010 年版。

李浩培：《国际法上的概念与渊源》，贵州人民出版社 1994 年版。

丽萨·马丁、贝思·西蒙斯主编，黄仁伟等译：《国际制度》，上海人民出版社 2006 年版。

李少军：《当代全球问题》，浙江人民出版社 2006 年版。

李少军：《国际关系学研究方法》，中国社会科学出版社 2008 年版。

李少军：《国际政治学概论》，上海人民出版社 2009 年版。

李少军：《国际体系—理论解释、经验事实与战略启示》，中国社会科学出版社 2012 年版。

李铁城：《联合国的历程》，北京语言学院出版社 1993 年版。

李铁城：《联合国 50 年》，北京·中国书籍出版社 1995 年版。

李铁城主编：《世纪之交的联合国》，人民出版社 2002 年版。

李铁城主编：《联合国里的中国人（1945—2003）（上下）》，人民出版社 2004 年版。

李铁城主编：《走近联合国》，人民出版社 2008 年版。

李铁城、钱文荣：《联合国框架下的中美关系》，人民出版社 2006

年版。

李晓燕：《中国主流文化的战略导向：明代个案研究》，世界知识出版社 2011 年版。

李志斐：《东亚安全机制构建》，社会科学文献出版社 2012 年版。

连会新：《日本的联合国外交》，天津社会科学院出版社 2007 年版。

梁西：《梁著国际组织法》第六版，武汉大学出版社 2011 年版。

林民旺：《选择战争：基于规避损失的战争决策理论》，世界知识出版社 2010 年版。

凌青：《从延安到联合国：凌青外交生涯》，福建人民出版社 2008 年版。

刘德斌主编：《国际关系史》，高等教育出版社 2003 年版。

刘恩照：《联合国维持和平行动》，法律出版社 1999 年版。

刘功文：《气候领域的国际合作机制》，吉林大学出版社 2011 年版。

刘宏松：《国际防扩散体系中的非正式机制》，上海人民出版社 2011 年版。

刘华平：《非政府组织与核军控》，中国社会科学出版社 2008 年版。

刘慧：《复杂系统与世界政治研究》，南京大学出版社 2011 年版。

刘靖华：《20 世纪的国际政治逻辑》，生活·读书·新知三联出版社 2007 年版。

柳思思：《外交的文化阐释：俄罗斯卷》，知识产权出版社 2012 年版。

刘铁娃：《霸权地位与制度开放性：美国的国际组织影响力探析（1945—2010）》，北京大学出版社 2013 年版。

刘志云：《国际经济法律自由化原理研究》，厦门大学出版社 2005 年版。

刘志云：《现代国际关系理论视野下的国际法》，法律出版社 2006

年版。

刘志云：《当代国际法的发展：一种从国际关系理论视角的分析》，法律出版社 2010 年版。

鲁德拉·希尔、彼得·卡赞斯坦著，秦亚青、季玲译：《超越范式：世界政治研究中的分析折中主义》，上海人民出版社 2013 年版。

卢凌宇：《论冷战后挑战主权的理论思潮》，中国社会科学出版社 2004 年版。

罗伯特·A. 帕斯特主编，胡利平、杨韵琴译：《世纪之旅：七大国百年外交风云》，上海人民出版社 2001 年版。

罗伯特·阿克塞尔罗德著，吴坚忠译：《合作的进化》，上海人民出版社 2007 年版。

罗伯特·阿克塞尔罗德著，梁捷、高笑梅等译：《合作的复杂性：基于参与者竞争与合作的模型》，上海人民出版社 2008 年版。

罗伯特·阿特著，郭树勇译：《美国大战略》，北京大学出版社 2005 年版。

罗伯特·基欧汉著，苏长和、信强、何曜译：《霸权之后》，上海人民出版社 2012 年版。

罗伯特·基欧汉著，郭树勇译：《新现实主义及其批判》，北京大学出版社 2002 年版。

罗伯特·基欧汉、约瑟夫·奈著，门洪华译：《权力与相互依赖》，北京大学出版社 2002 年版。

罗伯特·基欧汉、海伦·米尔纳著，姜鹏、董素华译：《国际化与国内政治》，北京大学出版社 2003 年版。

罗伯特·吉尔平著，武军等译：《世界政治中的战争与变革》，中国人民大学出版社 1994 年版。

罗伯特·杰维斯著，秦亚青译：《国际政治中的知觉与错误知觉》，世界知识出版社 2003 年版。

罗伯特·诺齐克著，何怀宏译：《无政府、国家与乌托邦》，中国社会科学出版社 1991 年版。

罗纳德·奇尔科特著，高铦、潘世强译：《比较政治学理论》，社会科学文献出版社 1998 年版。

马丁·怀特著，宋爱群译：《权力政治》，世界知识出版社 2004 年版。

玛莎·费丽莫著，袁正清译：《国际社会中的国家利益》，浙江人民出版社 2001 年版。

玛莎·芬尼摩尔著，袁正清、李欣译：《干涉的目的：武力使用信念的变化》，上海人民出版社 2009 年版。

马克斯·韦伯著，韩水法、莫茜译：《社会科学方法论》，中央编译出版社 2002 年版。

马啸原：《西方政治思想史纲》，高等教育出版社 1997 年版。

迈克尔·巴尼特、玛莎·芬尼莫尔著，薄燕译：《为世界定规则：全球政治中的国际组织》，上海人民出版社 2009 年版。

曼瑟尔·奥尔森著，陈郁、郭宇峰、李崇新译：《集体行动的逻辑》，格致出版社 2011 年版。

门洪华：《和平的纬度：联合国集体安全机制研究》，上海人民出版社 2002 年版。

门洪华：《霸权之翼：美国的国际制度战略》，北京大学出版社 2005 年版。

苗红妮：《国际社会理论与英国学派的发展》，中国社会科学出版社 2009 年版。

尼科洛·马基雅维利著，潘汉典译：《君主论》，商务印书馆 1985 年版。

聂军：《冲突中的守望—联合国维和行动成功条件研究》，世界知识出版社 2011 年版。

潘国华：《东亚地区合作与合作机制》，中央编译出版社 2002 年版。

潘家华：《碳预算方案的国际机制研究》，经济科学出版社 2009 年版。

蒲傅：《当代世界中的国际组织》，当代世界出版社 2002 年版。

秦华孙：《出使联合国》，新华出版社 2010 年版。

秦治来：《国际政治系简明教程》，浙江人民出版社 2006 年版。

秦治来：《探寻国际关系研究的历史学传统》，中国社会科学出版社 2010 年版。

秦亚青：《权力·制度·文化—国际关系理论与方法文集》，北京大学出版社 2005 年版。

秦亚青：《霸权体系与国际冲突—美国在国际武装冲突中的支持行为（1945—1988）》，上海人民出版社 2008 年版。

秦亚青：《大国关系与中国外交》，世界知识出版社 2011 年版。

秦亚青：《国际关系理论—反思与重构》，北京大学出版社 2012 年版。

秦亚青：《关系与过程：中国国际关系理论的文化建构》，上海人民出版社 2012 年版。

秦亚青主编：《观念、制度与政策—欧盟软权力研究》，世界知识出版社 2008 年版。

秦亚青主编：《文化与国际社会：建构主义国际关系理论研究》，世界知识出版社 2006 年版。

秦亚青主编：《西方国际关系理论导读》，北京大学出版社 2009 年版。

秦亚青主编：《国际体系与中国外交》，世界知识出版社 2009 年版。

秦亚青主编：《当代西方国际思潮》，世界知识出版社 2012 年版。

青木昌彦著，周黎安译：《比较制度分析》，上海远东出版社 2001 年版。

邱泽奇：《社会学是什么》，北京大学出版社 2002 年版。

让·雅克·卢梭著，李常山译：《论人类不平等的起源》，商务印书馆 1962 年版。

让·雅克·卢梭著，何兆武译：《社会契约论》，商务印书馆 2003

年版。

饶戈平:《国际组织法》,北京大学出版社 1996 年版。

饶戈平主编:《全球化进程中的国际组织》,北京大学出版社 2005 年版。

阮宗泽:《中国崛起与东亚秩序的转型:共有利益的塑造与拓展》,北京大学出版社 2007 年版。

盛洪:《为什么制度重要?》郑州大学出版社 2004 年版。

盛红生等:《武力的边界:21 世纪前期武装冲突中的国际法问题研究》,时事出版社 2003 年版。

盛红生:《联合国维持和平行动法律问题研究》,时事出版社 2006 年版。

时殷弘:《国际政治与国家方略》,北京大学出版社 2006 年版。

斯蒂芬·范·埃弗拉著,何曜译:《战争的原因》,上海人民出版社 2007 年版。

斯蒂芬·克莱斯勒著,李小华译:《结构冲突:第三世界对抗全球自由主义》,浙江人民出版社 2001 年版。

宋伟:《国际关系理论—从政治思想到社会科学》,上海教育出版社 2011 年版。

苏长和:《全球公共问题与国际合作:一种制度的分析》,上海人民出版社 2009 年版。

孙吉胜:《语言、意义与国际政治》,上海人民出版社 2009 年版。

孙萌:《联合国维和行动违法责任研究》,知识产权出版社 2006 年版。

孙学峰:《中国崛起困境:理论思考与战略选择》,社会科学文献出版社 2011 年版。

孙学峰主编:《国际合法性与大国崛起:中国视角》,社会科学文献出版社 2012 年版。

孙学峰、阎学通主编:《国际关系研究实用方法案例选编》,人民出版社 2010 年版。

佘云霞：《国际劳工标准：演变与争议》，社会科学文献出版社 2006 年版。

隋新民：《中印关系研究：社会认知视角》，世界知识出版社 2007 年版。

时殷弘：《国际政治——理论探究、历史概观、战略思考》，当代世界出版社 2002 年版。

詹姆斯·汤普森著，敬乂嘉译：《行动中的组织：行政理论的社会科学基础》，上海人民出版社 2008 年版。

唐颖侠：《国际气候变化条约的遵守机制研究》，人民出版社 2009 年版。

唐永胜、徐弃郁：《寻求复杂的平衡：国际安全机制与主权国家的参与》，世界知识出版社 2004 年版。

田野：《国际关系中的制度选择：一种交易成本的分析》，上海人民出版社 2006 年版。

托布约尔·克努成著，余万里、何宗强译：《国际关系理论史导论》，天津人民出版社 2004 年版。

托马斯·库恩著，金吾伦、胡新和译：《科学革命的结构》，北京大学出版社 2003 年版。

托马斯·霍布斯著，黎思复、黎廷弼译：《利维坦》，商务印书馆 1996 年版。

W. 理查德·斯科特著，姚伟、王黎芳译：《制度组织—思想观念与物质利益》，中国人民大学出版社 2010 年第三版。

W. N. 梅德利科特著，张毓文等译：《英国现代史》，商务印书馆 1990 年版。

王缉思：《国际政治的理性思考》，北京大学出版社 2006 年版。

王杰主编：《联合国遭逢挑战》，中央编译出版社 1995 年版。

王杰主编：《国际机制论》，新华出版社 2002 年版。

王杰、张海滨、张志洲主编：《全球治理中的国际非政府组织》，北京大学出版社 2004 年版。

王绳祖主编：《国际关系史》（1—11卷），世界知识出版社1995年版。

王铁崖主编：《国际法》，法律出版社1981年版。

王铁崖：《国际法引论》，北京大学出版社1998年版。

王玮：《跨越制度边界的互动：国际制度与非成员国关系研究》，上海人民出版社2012年版。

王为民主编：《百年中英关系》，世界知识出版社2006年版。

王宪明：《清洁发展机制（CDM）国际合作研究》，北京邮电大学出版社2011年版。

王学东：《外交战略中的声誉因素研究—冷战后中国参与国际制度研究》，天津人民出版社2007年版。

王逸舟：《当代国际政治析论》，上海人民出版社1995年版。

王逸舟：《探寻全球主义国际关系》，北京大学出版社2005年版。

王逸舟：《西方国际政治学：理论与历史》第二版，上海人民出版社2006年版。

王逸舟：《中国国际关系研究1995—2005》，北京大学出版社2006年版。

王逸舟：《国际政治理论与战略前沿问题》，社会科学文献出版社2007年版。

王逸舟：《国际政治概论》，北京大学出版社2012年版。

王逸舟主编：《全球政治与国际关系经典导读》，北京大学出版社2009年7月。

王治河：《扑朔迷离的游戏——后现代哲学思潮研究》，社会科学文献出版社1998年版。

王子昌：《东亚区域合作的动力与机制》，中国社会科学出版社2004年版。

魏玲：《网络、规范化与地区主义：第二轨道进程研究》，上海人民出版社2010年版。

吴宏伟：《中亚地区发展与国际合作机制》，社会科学文献出版社

2011年版。

武心波主编:《大国国际组织行为研究》,上海人民出版社2010年版。

吴征宇:《肯尼思·华尔兹:国际政治理论研究》,当代世界出版社,2003年版。

托马斯·谢林:《冲突的战略》(赵华译),华夏出版社2011年版。

谢启美主编:《走向21世纪的联合国》,世界知识出版社1996年版。

信夫淳平著,萨孟武译:《国际纷争与国际联盟》,商务印书馆1938年版。

邢爱芬:《亚太多边合作安全机制研究》,文津出版社2007年版。

熊玠著,余逊达、张铁军译:《无政府状态与世界秩序》,浙江人民出版社2001年版。

许光建主编:《联合国宪章诠释》,山西教育出版社1999年版。

许嘉:《权力与国际政治》,长征出版社2001年版。

许通美著,门洪华等译:《探究世界秩序——一位务实的理想主义者的观点》,中央编译出版社1999年版。

徐能武:《国际安全机制理论与分析》,中国社会科学出版社2008年版。

亚当·罗伯茨、本尼迪克特·金斯伯里主编,吴志成等译:《全球治理——分裂世界中的联合国》,中央编译出版社2010年版。

亚历山大·温特著,秦亚青译:《国际政治的社会理论》,上海人民出版社2000年版。

亚里斯多德著,吴寿彭译:《政治学》,商务印书馆1965年版。

阎学通:《国际政治与中国》,北京大学出版社2005年版。

阎学通:《中国国家利益分析》,天津人民出版社1997年版。

阎学通:《中外关系鉴览1949—2005》高等教育出版社2010年版。

阎学通、漆海霞:《中外关系定量预测》,世界知识出版社2009年版。

阎学通、孙学峰：《中国崛起及其战略》，北京大学出版社 2005 年版。

阎学通、孙学峰：《国际关系研究实用方法》，人民出版社 2007 年版。

阎学通、徐进主编：《国际安全理论经典著作导读》，北京大学出版社 2009 年版。

杨光海：《国际安全制度及其在东亚的实践》，时事出版社 2010 年版。

杨善华：《当代西方社会学理论》，北京大学出版社 1999 年版。

杨生茂主编：《美国外交政策史：1775—1989》，北京·人民出版社 1991 年版。

杨泽伟主编：《联合国改革的国际法问题研究》，武汉大学出版社 2009 年版。

伊弗·诺伊曼、奥勒·韦弗尔著，肖锋、石泉译：《未来国际思想大师》，北京大学出版社 2003 年版。

伊曼努尔·康德著，何兆武译：《历史理性批判文集》，商务印书馆 1990 年版。

仪名海：《20 世纪国际组织》，北京广播学院出版社 2003 年版。

仪名海：《联合国大会特别会议》，世界知识出版社 2009 年版。

伊姆雷·拉卡托斯著，兰征译：《科学研究纲领方法论》，上海译文出版社 1999 年版。

易雪玲：《国际环境贸易协调机制》，知识产权出版社 2008 年版。

于宏源：《创新国际能源机制与国际能源法》，海洋出版社 2010 年版。

于琳琦：《国际联盟的历程》，黑龙江人民出版社 2003 年版。

袁士槟、钱文荣主编：《联合国机制与改革》，北京语言学院出版社 1995 年版。

约翰·L. 坎贝尔著，姚伟译：《制度变迁与全球化》，上海人民出版社 2010 年版。

约翰·劳尔著，刘玉霞、龚文启译：《英国与英国外交：1815—1885》，上海译文出版社 2001 年版。

约翰·刘易斯·加迪斯著，潘亚玲译：《长和平：冷战史考察》，上海人民出版社 2011 年版。

约翰·鲁杰著，苏长和等译：《多边主义》，浙江人民出版社 2003 年版。

约翰·洛克著，瞿菊农、叶启芳译：《政府论》，商务印书馆 1964 年版。

约翰·米尔斯海默著，王义桅、唐小松译：《大国政治的悲剧》，上海人民出版社 2003 年版。

约翰·斯特罗克著，渠东等译：《结构主义以来》，辽宁教育出版社 1998 年版。

约翰·伊肯伯里著，门洪华译：《大战胜利之后：制度、战略约束与战后秩序重建》，北京大学出版社 2008 年版。

约瑟夫·凯米莱里、吉米·福尔克著，李东燕译：《主权的终结?》，浙江人民出版社 2001 年版。

约瑟夫·奈著，张小明译：《理解国际冲突：理论与历史》，上海人民出版社 2002 年版。

张德广：《中亚区域合作化机制研究》，世界知识出版社 2009 年版。

张贵洪主编：《国际组织与国际关系》，浙江大学出版社 2004 年版。

张贵洪主编：《联合国秘书长：从赖伊到潘基文》，时事出版社 2010 年版。

詹姆斯·德·代元著，秦治来译：《国际关系理论批判》，浙江人民出版社 2003 年版。

詹姆斯·多尔蒂、小罗伯特·普法尔茨格拉夫著，阎学通、陈寒溪等译：《争论中的国际关系理论》，世界知识出版社 2003 年版。

詹姆斯·G. 马奇著，张伟译：《重新发现制度：政治的组织基础》，三联书店 2011 年版。

詹姆斯·罗西瑙著，张胜军、刘小林等译：《没有政府的治理》，江西人民出版社 2001 年版。

张海滨：《环境与国际关系：全球环境问题的理性思考》，上海人民出版社 2008 年版。

张杰：《秩序重构：经济全球化时代的国际机制》，高等教育出版社 1999 年版。

张小明：《乔治凯南及其遏制战略》，北京语言学院出版社 1993 年版。

张小明：《冷战及其遗产》，上海人民出版社 1998 年版。

张小明：《中国周边安全环境分析》，中国国际广播出版社 2003 年版。

张小明：《国际关系英国学派：历史、理论与中国观》，人民出版社 2010 年版。

张小明：《美国与东亚关系导论》，北京大学出版社 2011 年版。

赵广成：《从合作到冲突：国际关系的退化机制分析》，世界知识出版社 2011 年版。

赵怀普：《英国与欧洲一体化》，世界知识出版社 2004 年版。

赵怀普：《当代美欧关系史》，世界知识出版社 2011 年版。

赵磊：《建构和平—中国对联合国外交行为的演进》，九州出版社 2007 年版。

赵磊：《构建和谐世界的重要实践》，中共中央党校出版社 2010 年版。

赵磊、高心满等：《中国参与联合国维和行动的前沿问题》，时事出版社 2011 年版。

赵理海：《联合国宪章的修改问题》，北京大学出版社 1982 年版。

赵伟明：《中东核扩散与国际核不扩散机制研究》，时事出版社 2012 年版。

赵汀阳：《天下体系—世界制度哲学导论》，江苏教育出版社 2005

年版。

郑启荣：《改革开放以来的中国外交》，世界知识出版社 2008 年版。

郑启荣：《全球视野下的欧盟共同外交与安全政策》，世界知识出版社 2008 年版。

郑启荣、李铁城：《联合国大事编年：1945—1996》，北京语言文化大学出版社 1998 年版。

郑启荣、江国青、牛仲君主编：《为了一个共同的世界—外交学院联合国研究论文选集》，世界知识出版社 2012 年版。

中国联合国协会编：《中国的联合国外交》，世界知识出版社 2009 年版。

周煦：《联合国与国际政治》，黎明文化事业公司 1993 年版。

朱杰进：《国际制度设计：理论模式与案例分析》，上海人民出版社 2011 年版。

朱立群：《欧洲安全组织与安全结构》，世界知识出版社 2002 年版。

朱立群：《国际体系与中欧关系》，世界知识出版社 2008 年版。

朱立群：《国际防扩散体系：中国与美国》，世界知识出版社 2011 年版。

朱立群：《中国与国际体系：进程与实践》，世界知识出版社 2012 年版。

庄贵阳：《国际气候制度与中国》，世界知识出版社 2005 年版。

资中筠、陈乐民：《冷眼向洋：百年风云启示录》（上下册），生活·读书·新知三联书店 2009 年版。

第二部分：期刊文章

曹胜强：《20 世纪国际秩序的历史研究—凡尔赛体系与雅尔塔体系之比较》，载《世界历史》，1997 年第 1 期。

陈鲁直：《联合国秘书长与维持国际和平与安全》，载《美国研究》，1995 年第 2 期。

陈鲁直：《国际组织与世界秩序——为联合国成立 50 周年而作》，载《国际问题研究》，1995 年第 4 期。

陈鲁直：《冷战后联合国秘书长面临的新挑战》，载《国际问题研究》，2000 年第 4 期。

陈鲁直：《美国与冷战后的联合国维持和平行动》，载《国际问题研究》，2001 年第 2 期。

陈秀武：《日本退出国际联盟的"法理"思辨》，载《外国问题研究》，2012 年第 2 期。

陈拯：《新自由制度主义的前沿与困惑—评〈世界政治中的权力、相互依赖和非国家行为体〉》，载《国际政治科学》，2010 年第 3 期。

代兵、程晓燕：《论威尔逊国际政治思想的理论源泉》，载《世界经济与政治》，2004 年第 2 期。

戴颖：《冷战后中美在联合国大会投票行为及影响因素研究(1991—2006)》，载《国际论坛》，2008 年第 2 期。

戴颖、邢悦：《中国未在联合国对美国软制衡》，载《国际政治科学》，2007 年第 3 期。

董青岭：《从事件赋值走向关系赋值：双边关系的定量衡量》，载《外交评论》，2011 年第 2 期。

顾炜：《欧洲安全机制的区域主义分析》，载《南京政治学院学报》2011 年第 4 期。

胡慧敏：《无政府状态下的国际制度的效用》，载《国际论坛》，2004 年第 2 期。

黄达：《对维也纳体系后长时间和平的思考》，载《法制与社会》，2010 年 9 月。

惠耕田：《制度、制度化与国际合作的再解释》，载《国际论坛》，2009 年第 4 期。

贾烈英：《试析联合国秘书长的地位与职能》，载陈鲁直、李铁城主编的《联合国与世界秩序》，北京语言学院出版社 1993 年版。

贾烈英：《西方国际关系论的科学化》，载《延安大学学报》，2004 年第 2 期。

贾烈英：《无政府性与国际制度的有效性—以联合国为例》，载《国际政治科学》，2006 年第 2 期。

贾烈英：《国际体系、国际联盟与集体安全》，载《中共中央党校学报》，2010 年第 5 期。

贾烈英：《欧洲协调的内化过程》，载《国际关系学院学报》，2011 年第 4 期。

江忆恩：《简论国际机制对国家行为的影响》，载《世界经济与政治》，2002 年第 12 期。

李东燕：《联合国研究 60 年：理论·政策·方案》，载《世界经济与政治》，2005 年第 5 期。

李东燕：《中国参与联合国维和建和的前景与路径》，载《外交评论》，2012 年第 3 期。

李杰豪：《联合国宪政及其结构缺陷与路径趋势》，载《国际问题研究》，2008 年第 4 期。

李铁城：《论联合国建立阶段的几个问题》，载《世界历史》，1985 年第 12 期。

李铁城：《联合国宪章与国联盟约的历史研究》，载《世界历史》，1992 年第 5 期。

李铁城：《中国的大国地位及对创建联合国的贡献》，载《中国社会科学》，1992 年第 6 期。

李铁城：《世纪之交联合国面临的挑战》，载《外交学院学报》，1996 年第 3 期。

李铁城：《坚持与弘扬联合国宪章宗旨和原则—回顾新中国恢复联合国合法席位 25 周年》，载《国际问题研究》，1997 年第 1 期。

李铁城：《关于联合国及其改革—纪念联合国成立 60 周年》，（上下）载《思想理论教育导刊》，2005 年第 10 和 11 期。

李小军：《国际机制的有效性与局限性》，载《上海行政学院学报》，2007 年 1 月。

李少军：《论安全理论的基本概念》，载《欧洲》，1997 年第 1 期。

李少军：《国际关系理论与现实》，载《世界经济与政治》，2004 年第 2 期。

李少军：《国际关系大理论与综合解释模式》，载《世界经济与政治》，2005 年第 2 期。

李少军、王玮：《理解国际制度的几个问题》，载《国际观察》，2011 年第 4 期。

李晓燕：《试析国际制度的作用及其局限性》，载《国际关系学院学报》，2003 年第 6 期。

李增刚、董丽娃：《无政府状态下的国际制度起源与实施机制》，载《学习与探索》，2012 年第 10 期。

刘大群：《论联合国安理会的表决程序》，载《法学研究》，1993 年第 2 期。

刘铁娃：《从否决权的使用看美国在联合国安理会中影响力的变化》，载《国际关系学院学报》，2012 年第 6 期。

刘志云：《国际关系与国际法研究的互动方式分析》，载《厦门大学学报》，2007 年第 4 期。

刘志云：《国际机制理论与国际法学的互动：从概念辨析到跨学科合作》，载《法学论坛》，2010 年第 2 期。

刘志云：《中国的国际关系与国际法跨学科研究：回顾与展望》，载《武大国际法评论》，2011 年第 1 期。

刘志云：《国际关系与国际法的学科结合—中国现状、存在问题及解决思路》，载《国际政治研究》，2011 年第 3 期。

毛锐：《近 10 年来国际联盟问题研究的新进展》，载《山东师范大学学报》，2002 年第 47 卷第 1 期。

门洪华：《对国际制度主要流派的批评》，载《世界经济与政治》，2000 年第 3 期。

门洪华：《国际机制的有效性与局限性》，载《美国研究》，2001 年第 4 期。

门洪华：《集体安全辨析》，载《欧洲》，2001 年第 2 期。

门洪华：《论国际机制的合法性》，载《国际政治研究》，2002 年第 1 期。

门洪华：《国际关系理论范式的相互启示与融合之道》，载《世界经济与政治》，2003 年第 5 期。

门洪华：《国际机制与美国霸权》，载《美国研究》，2004 年第 1 期。

聂军：《联合国维和与集体安全辨析》，载《欧洲研究》，2005 年第 3 期。

聂军：《联合国维和行动成功的条件》，载《国际政治科学》2008 年第 2 期。

潘兴明：《战争与现代国际社会—基于联合国应对战争路径的研究》，载《外交评论》，2008 年第 4 期。

秦亚青：《国际制度与国际合作：反思新自由制度主义》，载《外交学院学报》，1998 年第 1 期。

秦亚青：《国际体系的无政府性》，载《美国研究》，2001 年第 2 期。

秦亚青：《国际政治的社会建构—温特及其建构主义国际政治理论》，载《美欧季刊》，台湾国立政治大学国际关系研究中心，第 15 卷第 2 期。

秦亚青：《观念调整与大国合作》，载《现代国际关系》，2002 年第 3 期。

秦亚青：《国家身份、战略文化和安全利益—关于中国与国际社会关系的三个假设》，载《世界经济与政治》，2003 年第 1 期。

秦亚青：《世界政治的文化理论—文化结构、文化单位与文化力》，载《世界经济与政治》，2003 年第 4 期。

秦亚青：《无政府文化与国际暴力—大国的强行崛起与和平发展》，载《中国社会科学》，2004 年第 5 期。

秦亚青：《国际关系研究方法论笔谈—国际关系研究中科学与人文的契合》，载《中国社会科学》，2004 年第 1 期。

秦亚青：《"国际关系研究方法"研讨会发言摘要》，载《世界经济与政治》，2004 年第 1 期。

秦亚青：《从权利政治走向权力政治》，载《世界经济与政治》，2004 年第 5 期。

秦亚青：《权势霸权、制度霸权与美国的地位》，载《现代国际关系》，2004 年第 3 期。

秦亚青：《现实主义的理论发展及其批判》，载《国际政治科学》，2005 年第 2 期。

秦亚青：《国际体系秩序与国际社会秩序》，载《现代国际关系》，2005 年第 1 期。

秦亚青：《国际关系的定量研究与事件分析方法—评"国家双边关系的定量衡量"》，载《中国社会科学》，2005 年第 1 期。

秦亚青：《国际关系理论的核心问题与中国学派的生成》，载《中国社会科学》，2005 年第 4 期。

秦亚青：《观念的力量》，载《世界经济与政治》，2005 年第 10 期。

秦亚青：《建构主义：思想渊源、理论流派与学术理念》，载《国际政治研究》，2006 年第 3 期。

秦亚青：《国际关系理论中国学派生成的可能与必然》，载《世界经济与政治》，2006 年第 3 期。

秦亚青：《结构、进程与权力的社会化—中国与东盟地区合作》，载《世界经济与政治》，2007 年第 3 期。

秦亚青:《中国国际关系理论研究的进步与问题》,载《世界经济与政治》,2008 年第 11 期。

秦亚青:《关系本位与过程建构:将中国理念植入国际关系理论》,载《中国社会科学》,2009 年第 3 期。

秦亚青:《国际体系的延续与变革》,载《外交评论》,2010 年第 1 期。

秦亚青:《主体间认知差异与中国的外交决策》,载《外交评论》,2010 年第 4 期。

秦亚青:《作为关系过程的国际社会—制度、身份与中国崛起》,载《国际政治科学》,2010 年第 4 期。

秦亚青:《文化、文明与世界政治—不断深化的研究议程》,载《世界经济与政治》,2010 年第 1 期。

秦亚青、亚历山大·温特:《建构主义的发展空间》,载《世界经济与政治》,2005 年第 1 期,第 3—8 页。

曲星:《联合国宪章、保护的责任与叙利亚问题》,载《国际问题研究》,2012 年第 2 期。

任晓:《从集体安全到合作安全》,载《世界经济与政治》,1998 年第 4 期。

任晓:《安全——一项概念史的研究》,载《外交评论》,2006 年第 5 期。

任晓:《论安全机制的生成条件和有效性—个案分析与理论探讨》,载《世界经济与政治》,2006 年第 6 期。

沈秋欢:《格莱斯顿欧洲协调思想及其外交实践》,载《国际关系学院学报》,2011 年第 6 期。

盛红生:《再论〈联合国宪章〉》,载《武汉大学学报》,2011 年第 1 期。

盛红生:《嬗变的战争法》,载《国际政治科学》,2006 年第 1 期。

盛红生、汪玉:《国际法上的“使用武力”问题与联合国集体安全机制的改革和完善》，载《国际关系学院学报》，2012 年第 6 期。

苏长和：《安全困境、安全机制与国际安全的未来》，载《世界经济与政治》，1998 年第 5 期。

苏长和：《重新定义国际制度》，载《欧洲》，1999 年第 6 期。

苏长和：《新制度主义与旧制度主义：国际政治生活中的制度因素》，载徐以骅、蒋昌建主编的《世纪之交的国际关系》，上海远东出版社 2001 年版。

苏长和：《中国的国际制度理论研究》，载王逸舟主编的《中国国际关系研究（1995—2005）》，北京大学出版社 2006 年版。

随新民：《国际制度的合法性与有效性——新现实主义、新自由制度主义和建构主义三种范式比较》，载《学术探索》，2004 年第 6 期。

孙洁琬：《加拿大与联合国维持和平行动》，载《国际论坛》，2002 年第 4 期。

孙洁琬：《皮尔逊与第一支联合国维和部队的创建》，载《世界历史》，2003 年第 5 期。

孙洁琬：《冷战后联合国在非洲的维和行动》，载《西亚非洲》，2004 年第 5 期。

孙洁琬：《国际安全的认知与解读》，载《世界经济与政治》，2008 年第 4 期。

田野：《制度分析的层次问题与国际制度研究》，载《教学与研究》，2007 年第 5 期。

田野：《国际制度对国内政治的影响机制—来自理性选择制度主义解释》，载《世界经济与政治》，2011 年第 1 期。

万霞：《冷战后联合国维持和平行动的法律分析》，载《外交评论》，2005 年第 3 期。

王传兴：《制度效果：国际制度理论研究的新领域》，载《世界经济与政治》，2000 年第 4 期。

王存刚：《可借鉴的和应批判的—关于研究和学习英国学派的思

考》，载《欧洲研究》，2005 年第 4 期。

王存刚：《化理论为方法，化知识为智慧—亦谈如何学习、研究和运用欧美国际关系理论的问题》，载《国际政治研究》，2007 年第 2 期。

王存刚：《论国际关系理论研究的历史向度》，载《外交评论》，2008 年第 4 期。

王存刚：《国内学界关于马克思主义国际关系理论及其中国化研究》，载《国际政治研究—进展与问题》，2011 年第 3 期。

王存刚：《当今中国的外交政策：谁在制定？谁在影响？—基于国内行为体的视角》，载《外交评论》，2012 年第 2 期。

王明国：《国际机制对国家行为的影响—机制有效性的一种新的分析视角》，载《世界经济与政治》，2003 年第 6 期。

王明国：《国际制度的有效性：研究现状、路径方法与理论批评》，载《欧洲研究》，2011 年第 2 期。

王明国：《国际制度研究的新进展》，载《教学与研究》，2010 年第 12 期。

王明国：《机制复杂性及其对国际合作的影响》，载《外交评论》，2012 年第 3 期。

王明国：《权力、合法性、国内政治与国际制度的有效性》，载《世界经济与政治》，2006 年第 8 期。

王明国：《遵约与国际制度的有效性：情投意合还是一厢情愿?》载《当代亚太》，2011 年第 2 期。

王彦志：《什么是国际法学的贡献—通过跨学科合作打开国际制度的黑箱》，载《世界经济与政治》，2010 年第 11 期。

沃尔兹：《冷战后国际关系与美国外交政策》，载中国人民大学复印报刊资料《国际政治》，2004 年第 11 期。

王传兴：《制度效果：国际制度理论研究的新领域》，载《世界经济与政治》，2000 年第 4 期。

王延庆：《试论两次世界大战期间史末资的外交政策》，载《西亚非洲》，2003 年第 2 期，第 61 页。

王延庆：《史末资与国际联盟》，载《淮阴师范学院学报》，2006 年 6 月 28 卷。

王义桅：《在科学与艺术之间——质疑国际关系理论》，载《世界经济与政治》，2002 年第 9 期。

王逸舟：《“受困”与“解惑”》，载《世界经济与政治》，2002 年第 11 期。

温特：《世界国家的出现是历史的必然》（秦亚青译），载《世界经济与政治》，2003 年第 11 期。

夏路：《联合国维和：集体安全?》，载《国际政治研究》，2006 年第 3 期。

信强：《无政府状态证义》，载《欧洲研究》，2004 年第 3 期。

徐崇利：《国际社会理论与国际法原理》，载《厦门大学法律评论》，2008 年总第十六辑。

徐崇利：《国际社会的法制化：当代图景与基本趋势》，载《法制与社会发展》，2009 年第 5 期。

徐崇利：《构建国际法之“法理学”—国际法学与国际关系理论之学科交叉》，载《比较法学》，2009 年第 4 期。

徐崇利：《国际关系理论与国际法学之跨学科研究：历史与现状》，载《世界经济与政治》，2010 年第 11 期。

徐弃郁、唐永胜：《从国际联盟到联合国—全球性安全机制的演变及前景》，载《欧洲研究》，2005 年第 3 期。

杨光海：《论国际制度在国际政治中的地位和作用—与权力政治之比较》，载《世界经济与政治》，2006 年第 2 期。

杨泽伟：《欧洲协调对国际组织形成与发展的影响》，载《法学杂志》，1995 年第 5 期。

余敏友、马冉：《联合国集体安全机制对使用武力的法律控制：挑战与改革》，载《武大国际法评论》，2006 年第 6 期。

袁士槟：《美国对联合国政策的演变》，载《世界历史》，1992年第5期。

袁士槟：《联合国安理会表决机制的探讨—对否决权的思考》，载《外交学院学报》，1994年第2期。

詹姆斯·马奇、约翰·奥尔森：《新制度主义详述》（允和译），载《国外理论动态》，2010年第7期。

张海滨：《联合国改革：渐进还是激进?》载《国际政治研究》，2005年第3期。

张小明：《第二次世界大战与国际体系的变迁》，载《世界经济与政治》，2005年第9期。

张小明：《国际关系理论与冷战史研究》，载《史学月刊》，2005年第6期。

赵磊、李海英：《中华人民共和国对联合国的外交行为—建构主义的分析视角》，载《学术探索》，2005年第3期。

赵磊：《中国对联合国的外交政策：1949—1971—以〈人民日报〉涉及的联合国内容的文章为分析文本》，载于《外交评论》，2005年第6期。

赵磊：《中国对联合国维持和平行动的态度》，于《外交评论》，2006年第4期。

赵磊：《中国参与联合国维和行动的类型及地域分析》，载《当代亚太》，2009年第2期。

赵磊：《日本参与联合国维和行动的脉络及特征分析》，载《教学与研究》，2012年第3期。

郑启荣：《联合国维持和平的新发展》，载《外交学院学报》，1992年第3期。

郑启荣：《联合国与维护国际和平及安全》，载《外交学院学报》，1995年第3期。

郑启荣：《试论非政府组织与联合国的关系》，《外交学院学报》，

1999 年第 1 期。

郑启荣：《联合国研究在中国—回顾与思考》，载《外交学院学报》，2002 年第 2 期。

郑启荣：《中国的联合国研究》，载王逸舟主编的《中国国际关系研究（1995—2005）》，北京大学出版社 2006 年版。

郑启荣：《国际格局变化与安理会改革》，载《当代世界》，2011 年第 5 期。

郑启荣、孙洁琬：《和谐世界理念与联合国宪章精神》，载《外交评论》，2006 年第 4 期。

郑先武：《欧洲协调机制的历史与理论分析》，载《教学与研究》，2010 年第 1 期。

周启朋：《联合国预防性外交的提出与问题》，载《当代世界经济与政治》，1994 年第 3 期。

周启朋：《联合国的安全机制》，载《外交学院学报》，1995 年第 4 期。

朱杰进：《国际制度缘何重要—三大流派比较研究》，载《外交评论》，2007 年第 2 期。

朱杰进：《国际制度设计中的规范与理性》，载《国际观察》，2008 年第 4 期。

朱立群：《信任与国家间合作问题》，载《世界经济与政治》，2003 年第 1 期。

朱立群：《制度化安全合作与权力的自我约束》，载《世界经济与政治》，2003 年第 11 期。

朱立群：《联合国改革前景的分析》，载《外交评论》，2005 年第 3 期。

朱立群：《联合国投票变化与国家间关系（1990—2004）》，载《世界经济与政治》，2006 年第 4 期。

第三部分：学位论文

狄会深：《美国思想库对美国外交政策的影响》，外交学院博士论文，2005年。

丁韶彬：《国际无政府状态：一种思想史的考察》，2003年，中国人民大学硕士论文。

韩宇：《试论联合国安理会的改革》，中国政法大学硕士论文，2010年。

霍春龙：《新制度主义政治学视野下的制度有效性研究》，吉林大学博士论文，2008年。

贾健：《英国的联合国外交》，外交学院博士论文，2004年。

扈大威：《预防性外交研究：从设想到实践》，外交学院博士论文，2004年。

胡中波：《欧洲协调机制的瓦解问题研究》，华中师范大学硕士论文，2003年。

惠耕田：《制度化安全合作》，外交学院博士论文，2007年。

李俊义：《非政府间国际组织的国际法律地位研究》，华东政法大学博士论文，2010年。

廖宏斌：《文化、利益与美国公共外交》，外交学院博士文，2005年。

刘国明：《论联合国宪章第九十九条下秘书长的政治权力》，复旦大学硕士论文，2008年。

刘智勇：《中国国家身份与外交战略的选择1949—2004》，外交学院博士论文，2005年。

牛海彬：《有限的合作：美国国会与联合国》，复旦大学博士论文，2006年。

庞华靖：《现实主义无政府状态假设的再思考》，复旦大学硕士论文，2009年。

曲延明：《斯大林与联合国》，外交学院博士论文，2010年。

石磊：《试析哈马舍尔德的预防外交思想》，北京语言大学硕士论文，2011 年。

孙俊华：《美日韩安全三角》，外交学院博士论文，2005 年。

宋秀琚：《国际合作理论：批判与建构》，华中师范大学博士论文，2006 年。

孙艳：《联合国改革：组织有效性视角的考察》，中国政法大学硕士论文，2010 年。

王明国：《国际制度有效性研究—以国际环境保护制度为例》，复旦大学博士论文，2011 年。

王伟：《联合国宪章宪法性研究》，湖南师范大学博士论文，2012 年。

王云芳：《走向有效的多边主义》，中国政法大学博士论文，2007 年。

王昕雪：《顾维钧国际联盟外交实践研究》，北京语言大学硕士论文，2012 年。

信强：《结构现实主义方法论批判》，复旦大学博士论文，2002 年。

徐进：《暴力的限度：战争法的国际政治分析》，清华大学博士论文，2008 年。

叶蓁蓁：《国际能源合作模式与中国的战略选择》，外交学院博士论文，2005 年。

尹保丽：《威尔逊与国际联盟关系研究》，河南大学硕士论文，2010 年。

曾颖：《联合国"保护的责任"问题研究》，北京语言大学硕士论文，2013 年。

第四部分：主要参考的学术期刊及网站

《世界经济与政治》、《国际政治》（人大复印资料）、《政治学》（人

大复印资料）、

清华大学 CNKI 学术数据库、国家图书馆网站、*International Organization*。

英文文献部分

Adler，Emanuel，and Michael Barnett（1996） "*Governing Anarchy*：*A Research Agenda for the Study of Security Communities*，" Ethics and International *Affairs* 10：pp. 63—98.

Adler，Emanuel，and Michael Barnett（ed.）（1998）*Security communities*，Cambridge：Cambridge University Press.

Adler，Emanuel，and Peter M. Haas（1992）"Conclusion：Epistemic Community，World Order，and the Creation of a Reflective Research Program，" *International Organization* 46：pp. 367—390.

Albrecht-Carrie，René，（1968）*the Concert of Europe*，New York：Walker.

——（1973）*A Diplomatic History of Europe Since the Congress of Vienna*，New York：Harper & Row.

Alderson，Kai andAndrew Hurrell（ed.）（2000）*Hedley Bull on International Society*，New York：St. Martin Press.

Ambrosius，Lloyd E.（1987）*Woodrow Wilson and the American diplomatic tradition*，Cambridge University Press.

Angell，Nrman（1911）*The Great Illusion*，New York：Putnam and Sons.

Aron，R.（1967）*Peace and War*：*A Theory of International Relations*，London：Weidenfeld & Nicolson.

Art，Robert J. and Jervis，Robert（1985）*International Politics*，Second Edition，Little，Brown and Company.

Baehr，Peter，and Leon Gordenker，（1999）*The United Nations at the End of* 1990s, London: MacMillian Press Limited.

Baker, Ray Stannard (1923) *Wooodrow Wilson and World Settlement*, 3 vols. New York: Doubleday Page.

Baily, Sydney (1975) *The Procedure of UN Security Council*, Oxford: Clarenden Press.

Betts, Richard K. (1992) "Systems for Peace or Causes of War? Collective Security, Arms Control, and the New Europe," *International Security* 17 (1): pp. 5—44.

Bridge, F. R. and Roger Bullen (2nd, ed.)(2005) *The Great Powers and the European States Systems*, Harlow: Pearson Education Limited.

Brown, Michael E., Lynn-Jones, Sean M., and Miller, Steven E. (1995) *The Perils of Anarchy*, The MIT Press.

Brown, Seyon (1987) *The Causes and Prevention of War*, New York: St. Martin's Press.

Bueno de Mesquita, Bruce, and David Lalman (1992) *War and Reason*, New Haven, Conn.: Yale University Press.

Burkman, Thomas W. (2008) *Japan and the League of Nations*, University of Hawaii Press.

Buzan, Barry, Jones, Charles and Little, Richard (1993) *The Logic of Anarchy: Neo-realism to Structural Realism*, New York: Columbia University Press.

Claude, Innis L., Jr. (1962) *Power in International Relations*, New York: Random House.

—— (1971) *Swords into Plowshares: The Problems and Progress of International Organization*, fourth edition, Random House.

—— (1988) *States and the Global System*, New York: St. Martin's Press.

Chayes, Abram, and Antonia H. Chayes (1995)"On Compliance", *International Organization* 47 (2): pp. 175—205.

Chevallaz, G. A. (1964) *The Congress of Vienna and Europe*, Oxford: Pergameon Press.

Childers and Urquhart (1992) *Towards A More Effective United Nations*, Uppsala, Sweden: Dag Hammarskjold Foundation.

Cooper, John Milton, Jr (2001) *Breaking the Heart of the World*, Cambridge University press.

Crawford, Robert (1996) *Regime Theory in the Post-Cold War World: Rethinking Neoliberal Approaches to International Relations*, Dartmouth Publishing Company.

Diehl, Paul F. (1994) *International Peacekeeping*, Baltimore and London: The John Hopkins University Press.

—— (ed.) (1997) *The Politics of Global Governace: International Organization in an Interdependent World*, Boulder: Lynne Rienner Publishers.

Diehl, Paul et al (1996) "United Nations Intervention and Recurring Conflict," *International Organization* 50: pp. 683—700.

Donnelly, Jack (2000) *Realism and International relations*, Cambridge: Cambridge University Press.

Doyle, Michael W. and Sambanis, Nicholas "International Peacebuilding: Theoretical and Quantitative Analysis," *American Political Science Review* 94 (4): pp. 779—801.

Durch, William J. and Blechman, Barry M. (1992) *Keeping the Peace: The United Nations in the Emerging World Order*, Washington D.C.: The Henry L. Stimson Center.

Durch, William J. (ed.) (1993) *The Evolution of UN Peacekeeping: Case Studies and Comparative Analysis*, New York: St. Martin's

Press.

—— (1996) *UN Peacekeeping*, *American Politics and the Uncivil Wars of the* 1990, New York: St. Martin's Press.

Egerton, George (1978) *Great Britain and the Creation of the League of Nations*, Chapel Hill, N. C. : University of North Carolina Press.

Elrod, Richard B. (1976) "The Concert of Europe: A Fresh Look at an International System," *World Politics* 28, pp. 159—174.

Falk, Richard et al (ed.) (1991) *The United Nations and A Just World Order*, Boulder: Westview Press.

Fassbender, Bardo (1998) *UN Security Council Reform and the Right of Veto*: *A Constitutional Percpective*, The Hague: Kluwer Law International.

Fearson, James D. (1998) "Bargaining, Enforcement, and International Cooperation," *International Organization* 52 (2): pp. 269—305.

Feld, Werner J. et al (1994) *International Organization*: *A Comparative Approach*, Westport: Praeger.

Ferris, Elizabeth G. (ed.) (1992) *The Challenge to Intervene*: *A New Role for the United Nations*? Uppsala, Sweden: Life and Peace Institute.

Foley, Hamilton (1967) *Woodrow Wilson's case for the League of Nations*, Kennikat Press, Kraus Reprint Co.

Frentz, Raitz Von (1999) *A Lesson Forgotten*, Lit Verlag, St. Martins Press.

Gale, Fred (1998) "Cave 'Cave. Hic Dragons'. A Neo-Gramscian Deconstruction and Reconstruction of International Regime Theory," *Review of International Political Economy* 5: pp. 252—283.

George, Scott (1973) *The Rise and Fall of the League of Nations*, London, Hutchinson.

Ghali, Boutros (1992) *An Agenda For Peace: Preventive diplomacy, peacemaking and peace-keeping*, www.un.org/A/47/277 — S/24111. Griffiths, Martin (1998), *Realism, Idealism and International Politics*, London: Routledge.

Goodrich, Leland M. (1947)"From League of Nations to United Nations," *International Organization* 1: pp. 3—32.

Grieco, Joseph (1988) "Anarchy and the Limit of Cooperation: A Realist Critique of the Newest Liberal Institutionalism," *International Organization* 42: pp. 485—507.

—— (1988) "Realist Theory and the Problem of International Cooperation: Analysis With an Amended Prisoner's Dilemma Model," *The Journal of Polics* 50: pp. 600—623.

—— (1990) *Cooperation among Nations*, Ithaca, Cornell University Press.

—— (1993) "Understanding the Problem of International Cooperation: The Limits of Neoliberal Insititutionalism and the Future of Theory," in David A. Baldwin, ed., *Neorealism and Neoliberalism: The Contemporary Debate*, New York: Columbia Univerity Press, pp. 301—338.

Grieco, Joseph, et al (1993) "The Relative-Gains Problem for International Cooperation," *American Political Science Review* 87 (3): pp. 729—743.

Groom, A. J. R., and Paul Taylor (ed.) (1990) *Frameworks for International Cooperation*, New York: St. Martin's Press.

Haas, Ernest B. (1964) *Beyond the Nation State: Functionalism and the International Organization*, Stanford: Calif. Stanford Unversity

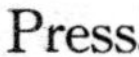

Press.

—— (1975) "On Systems and International Regimes," *World Politics* 27 (2) .

—— (1981)"Conflict Management and Ineternational Organizations, 1945—1981," in Paul F. Diehl, ed., *The Politics of International Organizations: Patterns and Insights*, Chicago: Dorsey Press, 1989, pp. 189—223.

—— (1983) "Words Can Hurt You; or, Who Said What to Whom About Regimes," in Stephen D. Kransner, ed. *International Regimes*, Ithaca: Cornell University Press, pp. 23—60.

—— (1986) *Why We Still Need the United Nations*, Berkeley: Institute of International Studies, University of California.

—— (1986) *The Uited Nations and Collective Management of International Conflict*, New York: Nations Institute for Training and Research.

—— (1998)"Why Collaborate? Issue-Linkage and International Regimes," *World Politics* 32 (3): pp. 357—405.

Haggard, Stephan, and Simmons, Beth A. (1987), "Theories of International Regimes," *International Organization* 41: pp. 491—517.

Haigh, R. H., S., Morris D. and R., Peters A. (1986) *Soviet foreign policy, the League of Nations, and Europe*, 1917—1939, Aldershot, Hants, England.

Haftendorn, Helga (eds) (1999) *Imperfect Union*, Oxford: Oxford University Press.

Hasenclever A., Mayer, Peter. and V. Rittberger (1997) *Theories of International Regimes*, Cambridge: Cambridge University Press.

Hasenclever A., Mayer, Mayer, Peter. and V. Rittberger (2000) "Integrating Theories of International Regimes," *Re view of International*

Studies 26: pp. 3—33.

Henig (2010) *the League of NaRtions*, Hous publishing, Ltd.

Herz, John H. (1950) "Idealist Internationalism and the Security Dilemma," *World Politics* 2 (1), pp. 157—180.

—— (1951) *Political Realism and Political Idealism*, Chicago: University of Chicago Press.

Hill, Stephen M. and Malik, Shahin P. (1996) *Peacekeeping and the United Nations* , Aldershot: Dartmouth.

Hinsley, F. H. (1967) *Power and the Pursuit of Peace: theory and practice in the history of relations between states*, Cambridge: Cambridge University Press, 1967.

Hoffmann, Stanley (1956) "The Role of International Organization: Limits and Possibilities," *International Organization* 10: pp. 357—372.

Holbraad, Carsten (1970) *The Concert of Europe*, London: Longman.

Hollis, Martin and Smith, Steve (1990) *Explaining and Understanding International Relations*, Oxford: Clarendon Press.

Jacob, Philip E. , Atherton, Alexine L. and Arthur M. Wallenstein (1972) *The dynamics of International Organization*, *rev. ed.* Homewood, IL: Dorsey Press.

Jervis, Robert (1978) "Cooperation Under the Security Dilemma," *World Politics* 30: pp. 167—214.

—— (1982) "Security Regimes," *International Organization* 36: pp. 357—378.

—— (1986), "From Balance to Concert: A Study of International Security Cooperation," in Oye Kenneth (ed.), *Cooperation Under Anarchy*, Princeton University Press, pp. 58—79.

—— (1999) "Realism, Neoliberalism, and Cooperation," *Interna-*

tional Security 24：pp. 42—63.

Joffe，Josef（1992）"Collective Security and the Future of Europe，" *Survival* 34（1）：pp. 36—51.

Kagan，Korina（1997），"The Myth of the European Concert：The Realist-Insititutionalist Debate and Great Power Behavior in the Eastern Question，1821—41，" *Security Studies* 7：pp. 1—57.

Katzenstein，Peter J.（ed.）（1996）*The Culture of National Security*，New York，Columbia University Press.

Katzenstein，Peter J.，Stephen D. Krasner，and Keohane，Robert（ed.）（1999）*The Exploration and Contestation in the Study of World Politics*，Boston，MIT Press.

Keeley，James（1990）"Toward a Foucauldian Analysis of International Regimes，" *International Organization* 44：pp. 83—105.

——（1990）"The Latest Wave：A Critique Review of Regime Literature，" in David G. Haglund and Machael K. Hawes，*World Politics：Power，Interdependence and Dependence*，Toronto：Harcourt Brace Jovanovich，pp. 553—569.

Keohane，Robert O.（1983）"The Demand for International Regimes，" in Stephen D. Krasner，ed. *International Regime*，Ithaca and London，Cornell University Press，pp. 141—172.

——（1986）"Realism，Neorealism and the Study of World Politics，" in Robert O. Keohane，ed.，*Neorealiam and Its Critics*，New York：Columbia University Press，pp. 1—26.

——（ed.）（1989）*International Institutions and State Power：Essays in International Relations Theory*，Boulder，Colo.：Westview Press.

——（1993）"Institutional Theory and the Realist Challenge After the Cold War，" in *Neorealism and Neoliberalism：The Contemporary De-*

bate, edited by David A. Baldwin, pp. 269—300. New York: Columbia University Press.

—— (1993) "The Analysis of International Regimes," in Rittberger, ed. *Regime Theory and International Relations*, Oxford: Clarendon Press, pp. 23—48.

—— (1998) "International Institutions: Can Interdependence Work?," *Foreign Policy*, Spring: pp. 82—95.

Keohane, Robert O. and Martin, Lisa L. (1995) "The Promise of Institutionalist Theory," *International Security* 20, 1: pp. 39—51.

King, Gary, Robert O. Keohane, and Sidney Verba (1994) *Designing Social Inquiry*, Princeton. NJ.: Princeton University Press.

King, Wunsz (1965) *China and the League of Nations*, St. Johns University Pr.

Kissinger, Henry A. (1957) *A World Restored: Castlereagh, Mettrnich, and the Restoration of Peace*, 1812—1822, Boston and London: Scott, Foresman.

Knipping, Franz (ed.) (1997) *the United Nations System and its Predecessors*, Vol. 2, Oxford: Oxford University Press.

Knock, Thomas J. (1992) *To end all wars*, Oxford University Press.

Krasner, Stephen D. (1983) *International Regimes*, Ithaca and London, Cornell University Press.

—— (1988) "Sovereignty: An Institutional Perspective," *Comparative Political Studies* 21 (1): pp. 66—94.

Kratochwil, Frederich V. (1989) *Rules, Norms, and Decisions*, Cambridge: Cambridge University Press.

Kratochwil, Frederich V., John Ruggie (1986) "International Organization: A State of the Art on the Art of the State," *International Or-*

ganization 40，4：pp. 754—775.

Kupchan，Charles A. （1994）“The Case for Collective Security，” in Geroge W. Downs，ed.，*Collective Security beyond the Cold War*，Ann Arbe：University of Michigan Press.

Kupchan，Charles A.，and Clifford A. KUpchan（1991） “Concerts，Collective Security，and the Future of Europe，” *International Security* 16（1）：pp. 114—161.

—— （1995）“The Promise of Collective Security，” *International Security* 20（1）：pp. 59—61.

Langhorne，Richard（1981）*The Collapse of The Concert of Europe*：*International Poltics*，1890 — 1914，New York：St. Martin's Press.

Laqua，Daniel（2011）*Internationalism reconfigured*，I. B. Tauris，Distributed in the United States by Palgrave Macmillan.

Larus（1965）*From collective security to preventive diplomacy*，John Wiley & Sons.

Lake，David A. （1996）“Anarchy，Hierachy and the Variety of International Relations，” *International Organization* 50：pp. 1—33.

Levy，Marc，Young，Oran and Zürn，Michael（1995）“The Study of International Regimes，” *European Journal of International Relations* 1：pp. 267—330.

Little，Rechard（1997）“International Regimes，” in John Baylis and Steve Smith，ed.，*The Globalization of World Politics*：*An Introduction to International Relations*，Oxford：Oxford University Press，pp. 231—247.

Long，David（1995）“The Harvard School of International Theory. A Case for Closure，” *Millennium* 24：pp. 489—507.

Lorenz，Joseph P. （1999）*Peace*，*Power and the United Nations*：

A Security System for the Twenty-first Century, Boulder: Westview Press.

Luard, Evan (1988) *Conflict and Peace in the Mordern International System: A Study of the Principles of International Order*, London: Macmillan Press.

Macqueen, Norrie (1999) *The United Nations Since* 1945: *peacekeeping and the Cold War*, Longman.

March, James G., and Johan P. Olson (1984) "The New Institutionalism: Organizational Factors in Political Life," *The American Political Science Review* 78 (3): pp. 734—749.

—— (1998) "The Institutional Dynamics of International Political Orders," *International Organization* 52 (4): pp. 743—769.

Marks, Sally (1976) *The illusion of peace*, London, Macmillan.

Martin, Lisa and Simons, Beth (1998) "Theories and Empirical Studies of International Institutions," *International Organization* 52: pp. 729—775.

May, Ernest R., and Angeliki E. Laiou (ed.) (1998) *The Dumbarton Oaks ConvUniverersation and the United Nations*, 1944—1994, Washington: Harvard University Press.

Mearsheimer, John J. (1994/1995) "The False Promise of International Institution," *International Security* 19: pp. 5—49.

Medlicott, W. N. (1969) *Bismark, Gladestone and the Concert of Europe*. New York: Greenwood Press Publishers.

Mesquita Bueno de, Bruce andLalman, David (1992) *War and Reason*, New Haven, Conn.: Yale University Press.

Mercer, Jonathan (1995) "Anarchy and Identity," *International Organization* 49, 2: pp. 229—252.

Miles, Edward L. (et al.) (2002) *Envirmental Regime Effctive-*

ness, MIT Press.

Milner, H (1991) "The Assumption of Anarchy in International Relations Theory: A Critique," *Review of International Studies* 17, 1: pp. 67—85.

—— (1993) "International Regimes and World Politics: Commenets on the Articles By Smouts, Senarclens and Jonsson," *International Social Science Journal* 45: pp. 51—60.

—— (1992) "International Theories of Cooperation: Strengths and Weakness," *World Politics* 44: pp. 366—396.

Mingst, Karen A., and Karns, Margaret P. (1995) *The United Nations in the Post-Cold War Era*, Boulder: Westview Press.

Murray Gilbert (1948) *From the League to U.N.*, Greenwood Press.

Northedge, F. (1986) *the League of Nations, its life and times*, 1920—1946, New York: Holmes & Meier.

Otunnu, Olara A. and Doyle, Michael W. (1998) *Peacemaking and Peacekeeping for the New Century*, Lanham: Rowman & Littlefiled Publishers.

Oye, Kenneth A. (1985) "Explaining Cooperation Under Anarchy," *World Politics* 38: pp. 11—24.

—— (1986) *Cooperation under Anarchy*, Princeton: Princeton University Press.

Peck, Connie (1996) *The United Nations as a Dispute Settlement System*, The Hague: Kluwer Law International.

Powell, Robert (1991) "Absolute and Relative Gains in International Relations Theory," *The American Political Science Review* 85: pp. 1303—1320.

—— (1994) "Anarchy in International Relations Theory: The Neorealist-Neoliberal Debate," *International Organization* 48: pp. 313—344.

Powell, Walter W., and Paul J. DiMaggo (ed.) (1991) *The New Institutionalism in Organizational Analysis*, Chicao: The University of Chicago Press.

Rantner, Steven R. (1995) *The New UN Peacekeeping: Building Peace in Lands of Conflict after the Cold War*, Houndmills: Macmillan.

Rendal, *Russia, the concert of Europe and the Near East*, 1821—1841: *A status quo state in the Vienna system*, ProQuest Disserttations & Theses.

Richards, John (1999) "Toward a Positive Theory of Intrenational Institution," *International Organization* 53 (1): pp. 1—37.

Rittberger, Volker (ed.) (1993) *Regime Theory and International Relations*, Oxford: Clarendon Press.

Rittberger, Volker, and Zurn, Michael (1991) "Regime Theory: Findings from the Study of 'East-West' Regimes," *Cooperation and Conflict* 26: pp. 165—183.

Rochester, J. Martin (1986) "The Rise and Fall of International Organization as a Field of Study," *International Organization* 40: pp. 777—814.

Ruggie, John Gerald (1985) "The United States and the United Nations: Toward a New Realism," *International Organization* 39: pp. 343—356.

—— (1993) "The U. N.: Wandering in the Void," *Foreign Affairs* 72 (5): pp. 25—31.

—— (1995) " The False Promise of Realism," *International Security* 20 (1): pp. 62—70.

—— (1998) " What Makes the World Hang Together? Neo-Utili-

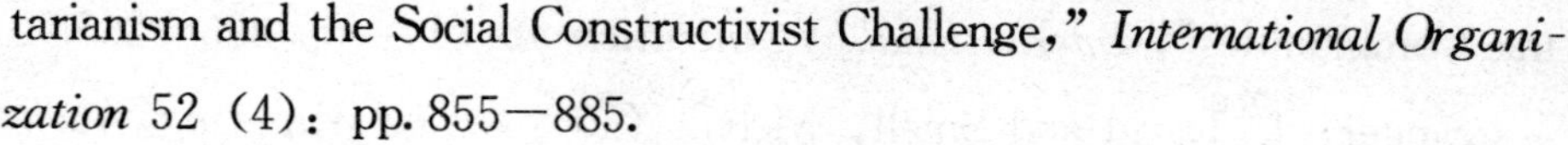

tarianism and the Social Constructivist Challenge," *International Organization* 52 (4): pp. 855—885.

—— (1998) *Constructing the World Polity: Essays on International Institutionalization*, London: Rout ledge Press.

Russell, Ruth B., and Jeanette E. Muther (1958) *A History of the United Nations*, Washington, D. C.

Russett, Bruce (ed.) (1996) *The Once and Future Security Council*, New York: St. Martin Press.

Russett, Bruce, and Oneal, John (2001) *Triangulating Peace: Democracy, Interdependence, and International Organizations*, New York: W. W. Norton & Company.

Schenk, H. G. (1947) *The Aftermath of the Napoleonic Wars: The Concert of Europe—An Ebperiment*, New York: Oxford University Press.

Schroeder, W. Paul (1958) *The Axis Aliiance and Japanese-American Relations*, 1941, Ithaca, N. Y.: Cornell University Press.

—— (1969) *Metternich's Diplomacy at its Zenith*, New York: Greenwood Press.

—— (1972) *Austria, Great Britain, and the Crimean War*, Cornell University Press.

—— (1992) "Did the Vienna Settlement Rest on a Balance of Power?" *American Historical Review* 97: pp. 683—706.

—— (1994) *The transformation of European politics*, 1763—1848, Clarendon Press, Oxford University Press.

—— (2004) *Systems, stability, and statecraft*, Palgrave Macmillan.

Sebenius, James K. (1992) "Challenging Conventional Explanation of International Cooperation: Negotiation Analysis and the Case of Episetemic Communities", *International Organization* 46 (1): pp. 323—365.

Singer, J. David and Small, Melvin (1972) *The Wages of War, 1816—1965, A Statistical Handbook*, New York: John Wiley and Sons.

Sked, Alan (ed.) (1979) *Europe's Balance of Power*, 1815—1848, London: Macmillan.

Slater, Jerome (1965) *A Revaluation of Collective Security: The OAS in Action* , Mershon Center Pamphlet Series, No. 1, Columbus: Ohio State University.

Smith, Anne-Marie (1997) *Advances in Understanding International Peacekeeping*, Washington: United States Institute of Peace.

Snidal, Duncan (1979) "Public Goods, Property Rights, and Political Organizations," *International Studies Quarterly* 23: pp. 532—566.

—— (1985)"Coordination Versus Prisoner's Dilemma: Implications for International Cooperation and Regimes," *The American Political Science Review* 79: pp. 923—942.

—— (1985) "The Limits of Hegemonic Stability," *International Organization*, 39 (4): pp. 479—614.

—— (1986) "The Game Theory of International Politics," in Kenneth A. Oye, ed.. *Cooperation Under Anarchy*, Princeton: Princeton University Press, pp. 25—57.

—— (1991) "Relative Gains: the Pattern of International Cooperation," *The American Political Science Review* 85: pp. 701—726.

Snyder, Jack (2002) "Anarchy and Culture: Insights from the Anthropology of War," *International Organization*, 56: 1, pp. 7—45.

Snyder, Jack and Robert Jervis (ed.) (1993) *Coping with Complexity in the International System*, Boulder: Westview Press.

Spruyt, Hendric (1994) "Institutional Selection in International Relations: State Anarchy as Order," *International Organization*, 48 (4):

pp. 527—557.

Stein, Arthur A. (1983) "Coordination and Collaboration: Regimes in an Anarchic World," in Stephen D. Krasner, ed. *International Regime*, Ithaca: Cornell University Press, pp. 115—140.

—— (1990) *Why Nations Cooperate*, 124 Roberts Place, Ithaca, Cornell University Press.

Stoessinger, John G. (1977) *The United Nations and the Superpower: China, Russia and America*, New York: Random House.

Strange, Susan (1983) "Cave! Hic Dragones. A Critique of Regime Analysis," in *International Regimes*, edited by S. Krasner pp. 337—354, Ithaca, Cornell University Press.

Taylor, Michael (1976) *Anarchy and Cooperation*, London: John Wiley.

—— (1982) *Community, Anarchy and Liberty*, Cambridge: Cambridge University Press.

—— (1987) *The Possibility of Cooperation*, Cambridge: Cambridge University Press.

Taylor, Paul (1990) "Coordination in International Organization," In A. J. R. Groom ander Paul Taylor, ed., *Frameworks for International Cooperation*, New York: St. Martin's Press, pp. 29—43.

—— (1990) "Supranationalism: The Power and Authority of International Institution," In A. J. R. Groom ander Paul Taylor, ed., *Frameworks for International Cooperation*, New York: St. Martin's Press, pp. 109—122.

—— (1990) "Functionalism: The Approach of David Mitrany," In A. J. R. Groom ander Paul Taylor, ed., *Frameworks for International Cooperation*, New York: St. Martin's Press, pp. 125—138.

Wagner, R. Harrison (1983) "The Theory of Games and the Problem of International Cooperation," *The American Political Science Review* 77: pp. 330—346.

Wainhouse, David W. (1966) *International Peace Oberservation: A History and Forecast*, Baltimore: Johns Hopkins University Press.

Warner, Daniel (ed.) (1995) *New Dimensions of Peacekeeping*, The Netherlands: Martinus Nijhoff Publishers.

Webster, Charles (1963) *The Congress of Vienna*, 1814—1815, London: Barnes and Noble.

Weiss, Thomas (1990) *The United Nations in Conflict Management*, New York: International Peace Academy.

—— (ed.)(1993) *Collective Security in a Changing World*, Boulder: Lynne Rienner Publishers.

—— (1995) *The United Nations and the Civil War*, Boulder: Lynne Rienner Publishers.

Wendt, Alexander, and Raymond Duvall (1989) "Institutions and International Order," in Czempiel and James N. Rosenau ed., *Global Changes and Theoretical Challenges: Approaches to World Politics for the* 1990s, Toronto: Lexington Books, pp. 51—74.

Wendt, Alexander (1987) "The Agent-Structure Problem in International Relations Theory," *International Organization*, 41 (3): pp. 335—370.

—— (1992) "Ananrchy is What States Make of it: The Social Construction of Power Politics," *International Organization*, 46 (2): pp. 391—425.

—— (1994) "Collective Identity Formation and the International State," *The American Political Science Review* 88 (2): pp. 384—396.

—— (1995) "Constructing International Politics," *Internationa Security* 20 (1): pp. 71—81.

Werner, Feld J. et al (1994) *International Organizations: A Comparative Approach*, Westport: Praeger.

Wesley, Michael (1997) *Casualties of the New World Order: The Causes of Failure of UN Missions to Civil Wars*, London: Macmillan Press Ltd.

White, N.D. (1997) *Keeping the Peace: the United Nations and the Maintenance of International Peace and Security*, Manchester University Press.

Wight, Martin (1991) *International Theory: The Three Traditions*, Leicester: Leicester University Press.

Wolfers, Arnold (1962) *Discord and collaboration: Essays On International Politics*, Baltimore: Johns Hopkins University Press.

—— (1966) *Britain and France between Two Wars: Conflicting Strategies of Peace from Versailles to World WarⅡ*, New York: W. W. Norton.

Woodhouse, Tom, Bruce, Robert and Dando, Malcolm (1998) *Peacekeeping and peacemaking*, New York: St. Martin's Press.

The UN Department of Public Information (1996) *The Blue Helmets —A Review of United Nations Peace-keeping*, Third edition, New York.

Young, Oran R. (1979) *Compliance with Public Authority: A Theory with International Applications*, Baltimore, Md.: Johns Hopkins University Press.

—— (1980) "International Regimes: Problems of Concepts Formation," *World Politics* 32: pp. 331—356.

—— (1982) *Resources Regimes: Natural Resources and Social Institutions*, Berkeley: University of California Press.

—— (1983) "Regime Dynamics: The Rise and Fall of International

Regimes," in Stephen D. Krasner, ed. *International Regime*, Ithaca: Cornell University Press, pp. 93—114.

—— (1986) "Anarchy and Social Choice: Reflections on the International Polity," *World Politics* 39 (1): pp. 104—122.

—— (1986) "International Regimes: Toward a New Theory of Institutions," *World Politics* 39: pp. 104—122.

—— (1989) *International Cooperation: Building Regimes for Natural Reources and the Environmental*. Ithaca, N. Y.: Cornell University Press.

—— (1991) "Political Leadership and Regime Formation: On the Development of Insititutions in International Society," *International Organization* 45 (3): pp. 281—308.

—— (1991) "The Politics of International Regime Formation: Managing Natural Resources and the Environment," *International Organization* 45 (3): pp. 349—375.

—— (1992) "The Effectiveness of International Institutions: Hard Cases and Critical Variables," in James N. Rosenau and Ernst-Otto Czempiel, ed., *Governance without Government: Order and Change in World Politics*, Cambridge: Cambridge University Press.

—— (1994) *International Governance: Protecting the Enviroment in a Stateless Society*, Ithaca, N. Y.: Cornell University Press.

Young, Oran R. (ed.) (1997) *Global Governance: Drawing Insights from the Enviromental Experience*, Cambridge, Mass.: MIT Press.

Young, Oran and Gail Osherenko (1993) "Testing Theories of Regime Formation," in Rittberger, Volker ed. *Regime Theory and International Relations*, Oxford: Clarendon Press, pp. 223—251.

Zacher, Mark W. (1993) "Multilateral Organizations and the Institution of Multilaterlism," in John G. Ruggie, ed., *Multilaterlism Matters: The Theory and Praxis of an Institutional Form*, New York: Colunbia University Press, pp. 282－314.

后记

进入这一部分，让我想起了很多的人和事，有太多的人值得我感恩，他（她）以不同方式对我的人生产生影响，原谅我不能一一写出他（她）们的名字。

我对国际关系理论产生兴趣始于2001年春天，那时周启朋教授来北京语言大学为2000级研究生授课，作为旁听生，我蹭了一学期的课。可以说周先生是我国际关系理论方面的启蒙老师，之前我仅知道先生的学术兴趣在于联合国及美国外交，不知她在这方面还有很深的造诣。在周老师的介绍下，我又选听了朱立群教授的理论色彩非常浓厚的当代国际关系一课，这门课的授课对象是外交部和中联部等部委的官员，从此我对外交学院在国际关系理论研究中的位置又多了一层了解。

2002年，我有幸投在秦亚青先生门下，攻读西方国际关系理论。先生的人品、学问在国内外有口皆碑。他为人谦和，包容慈悲，温润如玉，气淡若水。他的文章著作，无不散发着语言与逻辑之美。我虽然已经尽力，但深知此书之浅陋。祈愿本书不会让他失望，心里诚惶诚恐，如履薄冰。

本书是在我的博士论文基础上经过多年修改而成，因此从书名、到结构，再到每一节的写作，都得到了先生的精心指导。作为先生的开门弟子，笔者才智有限，生性懒散，先生不吝赐教，教学生做事，更示弟子做人之道。对于学生，他给予的是无尽的鼓励，至今仍清晰地记着2002年春，第一次拜见先生时激动的情景，我谈到自己年龄太大之忧，他以身说法，说他读博时也近四十了，鼓励我这不是问题；2004 年面对开题的选择之苦，先生说，你不必考虑我的学术兴趣与专长，适合你就可以；2006 年，当面临生活的挫折时，先生的关爱、淡定给予我极大的鼓舞与宽慰，他以我易于接受的方式在各方面照顾我，充分考虑到了学生的舒适度。一点一滴，想来是那么自然和亲切，每次与先生见面的期盼，成为生活的巨大幸福，见面后的喜悦、舒适与思考能持续很久。

我要感谢以下老师在本书写作过程中的批评和建议，没有他们的关心和支持，本书的出版是不可想象的，他们是外交学院的郑启荣老师、朱立群老师、周永生老师、北京大学国际关系学院的张小明老师和王逸舟老师，中国社会科学院世界经济与政治所的李少军老师，天津师范大学政治与行政学院的王存刚老师在百忙中就书稿提出了很多可操作性的修改意见，在此深表感谢。

我还要庆幸自己是北京语言大学联合国研究课题组的一员，因为有了这个集体，我能够获得大量的学术营养，这个课题组集中了陈鲁直、李铁城、周启朋、钱文荣、袁士槟、郑启荣、孙洁琬等国内的著名学者，尤其是李铁城老师从 1988 年以来在学术上给予了我很大的帮助，在此深表谢意。

还要感谢外交学院所有教过我的老师，他们是周启朋老师、朱立群老师、赵怀普老师、张晓立老师、张志伶老师、美籍外教 Jeffrey. W. Legro 先生；感谢外交学院 02 级的博士生同学以及我的同门师弟、师妹们，他（她）们是孙俊华、随新民、廖宏斌、刘智勇、阮宗泽、狄会深、叶蓁蓁、佘云霞，苗红妮、高尚涛、赵乾坤、陈刚、李晓燕、孙吉胜、魏玲、刘慧、陈宏、韩志立、董青岭、刘伟华、季玲、景晓强、柳思思、谢婷婷、颜琳、李敏、何银、冷鸿基、尉红池，我们不定期的聚会是学术营养的重要来源。特别感谢董青岭师弟，他费心地帮我联系出版社以及修订、校对、出版事宜，安排我去韩国参加学术会议，他的敏事、勤思和侠气让我难忘。

感谢清华大学当代国际关系研究院的孙学峰教授、中共中央党校战略研究所的秦治来教授、世界银行驻京办事处教育顾问肖丽萍博士、中国劳动关系学院刘元文教授、赵巧萍部长，光大银行总行的陈昌宏总经理、铁道部党校的郑深源教授、美中教育交流协会的陈智勇和黄荣伉俪，他们在本书写作中都先后给予了各种宝贵的帮助。

感谢我早年求学的北京大学国际政治系的老师们，感谢中国传媒大学社科部各位老师，尤其是我的硕士生导师许俊基老师，感谢我的硕士生师姐华小荃和师兄陈志标对我生活的关怀。

感谢北京语言大学的领导和社会科学学院、国际政治系同事们多年来对自己的培养和厚爱，尤其是王路江教授、赵旻教授，两位老领导多年来一直鼓励我在各方面更上一层楼，我希冀没有辜负他（她）们的厚望。

感谢所有和我共享过宝贵时光的北京语言大学的同学们，25 年来，他（她）们求知的眼睛、爽朗的笑声和有深度的发问，是我从事学术研究灵感不竭的源泉。

感谢北京语言大学汉语学院的张黎教授，2005 年我们同去美国加利福尼亚州立大学长滩分校访学结下了深厚的友情，以后他像兄长一样在生活、学业上关心我，让我倍感温暖。感谢我的研究生宫秀川，我们亦师亦友，没有他的一再催促，这部书稿不会这么快地完成修改和出版。

感谢时事出版社的领导和责任编辑高冉女士的辛勤劳动，感谢时事出版社美编杨洋对本书封面的精心设计，感谢时事出版社为本书提供了出版发行机会。同时感谢所有我引用的相关参考文献的版权所有者及其作者，原谅我这里不能一一列出。

感谢开心保健的传承者、中国农业大学的潘朝东老师及其众多学生；感谢仙逝的大成拳巨擘王选杰老师，以及他的优秀传人北京市海淀区体育总会大成拳分会会长霍金来师傅、中日友好医院针灸科的胥荣东老师，他们在我人生的艰难时刻都给予了我极大的鼓励与支持。

我还要感谢我的家人们，感谢妻子姜晶为我所做的一切；女儿童书聪明乖巧，善解人意，她现在中央财经大学攻读金融专业，我们之间的亲密交流屡屡驱散我身心的疲惫。

感谢养育我，至今仍住在武强县皇甫村、年过八旬的老母亲谢桂芬，多年来她为儿女默默地奉献和付出，腰早就累弯了。多少次村口打望，多少次梦回故乡。我想把本书献给识字不多的她，为了她的坚强、博爱与智慧，她是我人生路上永远的温暖和动力。林肯说，我之所有，我之所能，都归功于我天使般的母亲。这句话赞美的是天下母性的高贵情怀，母亲是每个人永远的家，母爱是人世间最美的风景。

贾烈英

2013 年 5 月于北语樱花园